Petra Selnar

Kinder begegnen Gedichten

Gedichtewerkstatt, Karteikarten für die Freiarbeit

Oldenbourg

Oldenbourg PRAXIS Bibliothek 184

Bibliografische Information Der Deutschen Nationalbibliothek
Die Deutsche Nationalbibliothek verzeichnet diese Publikation in der Deutschen Nationalbibliografie; detaillierte bibliografische Daten sind im Internet über http://dnb.d-nb.de abrufbar.

Das Papier ist aus chlorfrei gebleichtem Zellstoff hergestellt, ist säurefrei und recyclingfähig.

Für Peter und Johanna

© 1998 Oldenbourg Schulbuchverlag GmbH, München, Düsseldorf, Stuttgart
www.oldenbourg-bsv.de

Das Werk und seine Teile sind urheberrechtlich geschützt. Jede Nutzung in anderen als den gesetzlich zugelassenen Fällen bedarf der vorherigen schriftlichen Einwilligung des Verlages. Hinweis zu § 52 a UrhG: Weder das Werk noch seine Teile dürfen ohne eine solche Einwilligung eingescannt und in ein Netzwerk eingestellt werden. Dies gilt auch für Intranets von Schulen und sonstigen Bildungseinrichtungen.

Der Verlag übernimmt für die Inhalte, die Sicherheit und die Gebührenfreiheit der in diesem Band genannten externen Links keine Verantwortung. Der Verlag schließt seine Haftung für Schäden aller Art aus. Ebenso kann der Verlag keine Gewähr für Veränderungen eines Internetlinks übernehmen.

Trotz entsprechender Bemühungen ist es nicht in allen Fällen gelungen, den Rechtsinhaber einiger Quellen ausfindig zu machen. Gegen Nachweis der Rechte zahlt der Verlag für die Abdruckerlaubnis die gesetzlich geschuldete Vergütung.

1. Auflage 1998 R06
Druck 10 09 08 07
Die letzte Zahl bezeichnet das Jahr des Drucks.

Umschlagkonzept: Mendell & Oberer, München
Umschlaggestaltung: Lutz Siebert-Wendt, München
Umschlagfoto: Petra Selnar
Lektorat: Stefanie Fischer
Herstellung: Fredi Grosser
Satz: Greipel-Offset, Haag/Obb.
Illustrationen: Jan Birck, München (S. 11, 17, 56, 57, 60, 68, 76, 90, 256, 260, 267, 306)
Helmut Hedrich (S. 222, 223, 308 und Symbole für Arbeitsaufträge auf den Karteikarten)
Druck und Bindung: Schneider Druck GmbH, Rothenburg ob der Tauber

ISBN 978-3-486-**98657**-0
ISBN 978-3-637-**98657**-2 (ab 1. 1. 2009)

Inhalt

Vorwort

I. Zum Umgang mit Gedichten in der Grundschule 10

    1. Leseerziehung in der Grundschule 12

        1.1 Informierendes Lesen 13
        1.2 Sinnerschließendes Lesen 13
        1.3 Distanziertes Lesen 14
        1.4 Kreatives Lesen 15

    2. Gedichte vermitteln individuelle Lese-Erfolgserlebnisse 16

    3. Gedichte motivieren zu aktiver Rezeption – Pädagogisch-didaktischer Hintergrund 19

        3.1 Reaktivierung reformpädagogischen Gedankenguts 19
        3.2 Veränderungen im literaturdidaktischen Denken 21

II. Lyrische Texte im Unterricht der Grundschule

    1. Lyrik für Kinder muss keine Kinderlyrik sein 23

    2. Handlungsorientierte Auswahl lyrischer Texte 26

        2.1 Traditionelle Kinderlyrik 26
        2.2 Lyrik mit epischen und dramatischen Elementen 27
        2.3 Realitätskritische Kinderlyrik 29
        2.4 Konkrete Poesie 30

III. Lyrik als Herausforderung: Sprachliche Kreativität und gestaltende Interpretation

    1. Gedichte vertragen keine methodischen Patentrezepte ... 35

        1.1 Auditiver Zugang 36
        1.2 Meditativer Zugang 37
        1.3 Rezeption mit allen Sinnen 44

    2. Konzeption der Gedichtewerkstatt 46

        2.1 Intentionen 46
        2.2 Sprachliches Handlungsrepertoire 48

- Reimwörter-Domino 49
- Wir erfinden Reimgedichte 53
- Tipps für Dichter 55
- Reimschmiede 58
- Der gereimte Löwe 59

2.3 Handwerker-Utensilien 64
2.4 Methodische Anregungen 65

IV. Gedichtewerkstatt

1. Textrekonstruktionen 69

1.1 Verszeilen zusammensetzen 69
    Das große, kecke Zeitungsblatt (Josef Guggenmos) 69
    Das Paket (Jutta Richter) 74
1.2 Strophen ordnen 77
    Das Liebesbrief-Ei (Janosch) 77
    Der Tintenfisch Augustus (James Krüss) 81
1.3 Ergänzen fehlender Endreime 85
    Flaschenpost (Christa Reinig) 85
    Einladung (Jutta Richter) 88
1.4 Gedicht als Figur anbieten 91
    Gemüseball (Werner Halle) 91
    Das Karussell (Jutta Richter) 94
1.5 Verse aus Prosatext herstellen 96
    Mein Freund Max (Pat Moon) 96
1.6 Gedichte aus wenigen Wörtern: Konkrete Poesie 98
    schweigen (Eugen Gomringer) 98
    Zwei Brüder (Hans Manz) 102
1.7 Schüttelgedicht 103
    Besuch bei den Forellen (Josef Guggenmos)/
    Nachricht (Hans Kasper) 103
1.8 Detektivgedicht 108
    das fanatische Orchester (Ernst Jandl) 108

2. Schreibimpulse 113

2.1 Analogiebildungen 114
    Was (Jürgen Spohn) – Ein Klassengedicht: Was ist Glück? 115
    Gemüseball (Werner Halle) – Unsere Gemüseballstrophen 117
    Eine Ostergeschichte (Mira Lobe) 120

	Taxidriver-Sonett (Karl Riha)	125
2.2	Weiterschreiben in Anlehnung an das Original	128
	März (Alfons Schweiggert) – Parallelgedicht „Oktober" .	128
	Frühling (Christine Nöstlinger) – Figurenaustausch	130
	Ich bau mir ein Nest (Autor unbekannt)	133
	Anja (Marianne Kreft) – Wie bin ich in Wirklichkeit?	135
	Die Wand / Die Brücke (Gerri Zotter, Mira Lobe, Renate Welsh) – Wir erfinden Sehgedichte	138
	Neue Schreibweisen (Hans Manz) – Spiele mit Buchstaben	141
2.3	Kreatives Weiterschreiben	144
	• Lyrik	144
	Urlaubsfahrt (Hans Adolf Halbey) – „schulanfang"	144
	Superman (Lutz Rathenow) / Kein Supermann (Josef Reding) – „Superkid"	148
	• Prosa	151
	Ein unerforschter Zauberspruch (Michael Ende)	151
	Märchen (Hans Arp) – „Mein Traum"	155
2.4	Übersetzen des Textes in eine andere Gattung	158
	Der Herbst steht auf der Leiter (Peter Hacks) – Comic ..	158
2.5	Assoziatives Schreiben zu einem Gedicht	161
	Mein Rad (Christine Nöstlinger)	161
	Kinderkram (Susanne Kilian)	161
3.	**Visuelle Gestaltung**	164
3.1	Schreibgestaltende Interpretationen	165
3.2	Illustrationen	174
	Die knipsverrückte Dorothee (James Krüss)	174
	Das Geisterschiff (Jürgen Spohn)	177
3.3	Bilderbuch herstellen	177
	Das große, kecke Zeitungsblatt (Josef Guggenmos)	178
	Das Liebesbrief-Ei (Janosch)	180
3.4	Gedicht-Collage	184
	Kinder (Bettina Wegner)	184
3.5	Werbeplakat	185
	Mein Lieblings-Frühlingsgedicht	185
3.6	Gedichtposter	188
	Anderssein (Klaus W. Hoffmann)	188
3.7	Impulse für eigene Bilder	192
	Kindergedicht (Jürgen Spohn)	192

4. Szenische Darstellung ... 195
4.1 Lebende Bilder ... 196
Die Wand/Die Brücke (Gerri Zotter, Mira Lobe, Renate Welsh) ... 196
4.2 Erzählkino ... 200
Der letzte Elefant (Peter Härtling) ... 200
4.3 Mäusekino ... 204
Die Bohne (Josef Guggenmos) ... 204
Das Samenkorn (Joachim Ringelnatz) ... 204
4.4 Bühne frei im Schuhkarton ... 213
Gemüseball (Werner Halle) ... 213

5. Unbegrenzte Möglichkeiten ... 218
5.1 Spiel herstellen ... 218
Weisheit der Indianer (Dorothee Sölle) ... 218
5.2 Gedichtpuzzle ... 226
Spur im Sand (Hans Baumann) ... 227
5.3 Gedichte zum Verschenken ... 228
Muttertagstaschen ... 228
Lesezeichen basteln – Auf ein Lesezeichen zu schreiben (Josef Guggenmos) ... 230
Buttons – „Gedichte sind wie Sommerferien" ... 232
Weihnachtsbuch/Adventsheft ... 233
5.4 Sachensucher-Gedicht ... 237
Text: „Pippi wird Sachensucher und gerät in eine Prügelei" (Astrid Lindgren) ... 237
5.5 Hörspiel ... 239
Wer Horror liebt muß Horror reimen (Friederike Mayröcker) ... 239

V. Lust auf Gedichte? – Karteikarten für die Freiarbeit

1. Zur Idee: Fächerübergreifende Arbeitsanregungen ... 245

2. Mut- und Wutgedichte ... 248
2.1 Abfallverwertung (Josef Guggenmos) ... 249
2.2 Vorfreude (Hans Manz)/Ausländer (Siv Widerberg) ... 250
2.3 Werbung (Gudrun Pausewang) ... 252
2.4 Enthüllung (Pat Moon) ... 255

3. Jahr- und Zeitgedichte ... 258
3.1 Lied des Prinzen Karneval (James Krüss) ... 258
3.2 Frühling (Christine Nöstlinger) ... 261
3.3 Der Herbst steht auf der Leiter (Peter Hacks) ... 263
3.4 Die Blätter an meinem Kalender (Peter Hacks) ... 265

4. Sach- und Lachgedichte ... 267
4.1 Gemüseball (Werner Halle) ... 267
4.2 Das große, kecke Zeitungsblatt (Josef Guggenmos) ... 270
4.3 Gehen-laufen-springen (Rosemarie Künzler-Behncke) .. 272
4.4 Die Speisekarte am Parkhotel (Hans Baumann)/
Speisekarte im Jahre 2028 (Michail Krausnick) ... 273

5. Eine Anleitung zum Weiterentwickeln ... 276

VI. Interesse an Gedichten weckt man nicht mit Lesebüchern

1. Thematischer Gedicht-Vergleich: Eine Idee – Viele Autoren „Herbstgedichte" ... 281

2. Steckbrief: Ein Autor – Viele Ideen ... 285

3. Redaktionelle Arbeit: Gedichtezeitung „Im Land der Buntgemischten" ... 293

4. Gedichte aus alter Zeit Buchherstellung fast wie im Mittelalter ... 302

5. Lese-Fitness-Training mit Gedichten („Goldener Gummibär" für den Gedichteprofi) ... 307

6. Mitgestaltung des Schullebens ... 308

Vorwort

„Wenn du ein Schiff bauen willst, dann trommle nicht Männer zusammen, um Holz zu beschaffen, Aufgaben zu vergeben und die Arbeit einzuteilen, sondern lehre sie die Sehnsucht nach dem weiten, endlosen Meer."

Antoine de Saint-Exupéry: Die Stadt in der Wüste. Karl Rauch Verlag, Bad Salzig und Düsseldorf, 1951.

Schon seit Jahren wird im schulischen Umfeld eine immer geringer werdende Bereitschaft zum Lesen im traditionellen Verständnis beklagt und der damit in engem Zusammenhang stehende, ansteigende Einfluss massenmedialer Kommunikation von den Gralshütern des „guten Buches" mit Argwohn beobachtet.
Zu häufig wird eher die larmoyante Stimmung gepflegt, die über den literarischen Bildungsversuchen schwebt, als notwendige didaktische Konsequenzen einzuleiten. Schulische Bildungsangebote müssen überarbeitet werden, damit Schüler Faszination im Umgang mit Druckmedien erfahren und Lese- und Schreibkompetenz entwickeln können. Kinder werden mit Lesestoff in einer Vormittagswelt konfrontiert, die geprägt ist vom Zeittakt der Schulglocke, in der kognitive, überprüfbare Zielsetzungen dominieren und Lesen zur Informationsgewinnung und Wissenserweiterung einseitig gefördert wird.
Ist es in einer staatlich normierten Unterrichtsarena überhaupt möglich, die Sehnsucht nach dem endlosen Meer zu wecken und gemeinsam ein hochseetaugliches Schiff zu bauen, dessen Planken aus Fantasie, Kreativität und Produktivität hergestellt werden, dessen Bauch angefüllt ist mit Literatur jenseits der Lesebuchvorschläge und dessen Segel aus Lesevergnügen, Neugierde und Lust am Sprachspiel gewebt sind?
„Kinder begegnen Gedichten" entstand zum einen aus der persönlichen Begeisterung für Lyrik und der Erfahrung, dass sich Kinder bei geeigneten Methoden unabhängig von ihrer sozialen Herkunft für literarische Texte erwärmen lassen. Zum anderen steht dahinter die Überzeugung, dass der herkömmliche Frontal- und Stillhalteunterricht nicht mehr zu unseren Schülern passt. Damit erreicht man vorwiegend jene Kinder, die vom Elternhaus entsprechend unterstützt werden und auch ohne schulische Einflüsse Interesse für Literatur entwickeln und selbstständig lesen. Sehr viele Schüler jedoch kommen aus einem anderen Milieu, verschiedenen Herkunftsländern und Kulturen. Leistungsschwäche, mangelnde Konzentrationsfähigkeit bis hin zu echten Verhaltensstörungen gehören zu einem normalen Schulalltag.

Zukunftsorientierter erscheint ein Deutschunterricht, der sich das mit Sprache agierende Kind zur Grundlage macht. Ein Unterricht, der die Kraft zu produktiven Träumen entwickelt, spekulative Veränderung vorgegebener Lösungen anbietet und die Umsetzung ungewohnter Ideen anregt.

„Kinder begegnen Gedichten" will Methoden zeigen, die auf einem operativen Zugang basieren, individuelle Zugriffsweisen zu einem Gedicht ausdrücklich fördern und lyrische Texte vorschlagen, deren inhaltliche Aussage, Sprache und Form eine solche Vorgehensweise ermöglichen. Die „Gedichtewerkstatt" schließlich zeigt methodische Grundtypen und eine Auswahl von Verfahren des handlungs- und produktionsorientierten Literaturunterrichts, die in der Primarstufe durchführbar sind.

Die Praxiselemente wollen nicht apodiktisch verstanden, sondern als beliebig variierbare Anregungen eingesetzt sein. Am meisten Gewinn bringt das Buch, wenn man nach einer Erprobungsphase meiner Vorschläge neue, eigene Ideen in seinen Unterricht einbaut. Eine für Lehrer wie Schüler gleichermaßen ermutigende und inspirierende Begegnung mit Poesie darf dann erhofft werden, wenn jede Lehrkraft auf der Basis ihrer persönlichen Zielvorstellungen die Vorgaben überprüft, verändert, weiterentwickelt, auf andere Gedichte und Textsorten überträgt und den konkreten Bedürfnissen der Klasse anpasst. Dazu bedarf es nicht nur einiger Anthologien, sondern auch vieler Ideen, die überall dort zu finden sind, wo man aufmerksam Spiele, Comics, Werbung, Bastelvorlagen, Zeitungen, Zeitschriften und vieles mehr konsumiert.

Die Sehnsucht als Baumeister, Material und Werkzeug verlangt nach einem Lehrer, der sich Flexibilität bewahrt und Innovationen öffnet, bereit ist, seinen Unterricht partiell neu zu gestalten, den oft überraschenden Einfällen der Kinder Raum gibt und mit seinen Schülern spielen will.

Ich wünsche Ihnen und Ihren Schülern beim Schiffsbau viel Freude und Erfolg!

Petra Selnar

I. Zum Umgang mit Gedichten in der Grundschule

> Es ist erwiesen, dass
> Bücher Menschen
> berühren und
> anstecken
> können. Dagegen
> bietet
> die Einschweißfolie
> aus
> Plastik zuverlässigen
> Schutz. Wer sie
> mutwillig entfernt,
> handelt auf eigene
> Gefahr.
>
> (Dieter Wellershoff)

Aus Furcht vor elegischen Bildern und übersteigerten Gefühlsäußerungen, die man als Leser nicht nachempfinden kann oder will, nehmen poetische Texte eine Randposition ein, werden kaum geschätzt und oft belächelt. So scheinen gerade Gedichte, einhergehend mit ihrem manchmal farb- und freudlosen Image, dazu prädestiniert, in Bücherregalen und Schultaschen zu verstauben.

Lesen-Können ist kein Geschenk und es liegt vorwiegend an uns Lehrern, die Lesefertigkeit zu steigern, ein dauerhaftes Leseinteresse über motivierende Erfahrungen aufzubauen und die Welt zwischen den Zeilen zu visualisieren. Trotz der vielleicht anfänglich vorhandenen Berührungsängste kann es für Schüler wie Lehrer ein mitreißendes und anspornendes Erlebnis sein, Lesevergnügen und Leseneugier in der Begegnung mit Gedichten zu erfahren.

Dies trifft allerdings nur dann zu, wenn zwei grundsätzliche Voraussetzungen berücksichtigt werden:

- Die bescheidenen Inhalte vieler Gebrauchsverse und mancher traditioneller Kindergedichte müssen zugunsten anspruchsvollerer Texte überwunden werden. Denn noch immer hält sich hartnäckig der Glaube, Kinderliteratur und insbesondere Gedichte für Kinder haben sich auf triviale oder moralisierende Themen und eine Sprache im Diminutiv zu beschränken.
- Der Zugang zu Gedichten kann für Grundschüler nicht in rigider Interpretation eines literarischen Bildes, dessen symbolischer Deu-

tung und der Analyse der lyrischen Form stattfinden. Ein solcher Ansatz wäre pädagogisch wie didaktisch sicherlich unangemessen. Immer sind es die Inhalte, um derentwillen ein Leseanfänger die Mühe des Selberlesens auf sich nimmt. Nur wenn ein Kind seine Erwartungshaltung erfüllt sieht, wenn der Text etwas mit seinen Hoffnungen, Wünschen, Fragen, Ängsten, Freuden oder Sorgen zu tun hat, wird es Vergnügen am Weiterlesen finden.

Leider wird Leseförderung noch zu oft ausschließlich verstanden als Hinführung zu möglichst guter Literatur. Das ist eine zu enge Vorstellung vom Lesen.

Dieses Buch will dazu anregen, im Unterricht zusammen mit den Schülern die wie auch immer geartete Einschweißfolie zu entfernen, um in Gedichte abzutauchen und sie zum Leben zu erwecken. Es möchte zum Verlassen eingefahrener methodischer Wege einladen und neue Zugriffsweisen vorschlagen.

Abb.1: Öffnen auf eigene Gefahr!

So verstanden eröffnet das Lesen von lyrischen Texten vielfältige Möglichkeiten:

- als Schlüssel zu einer bunten Fantasiewelt, unter Berücksichtigung des primären Lesebedürfnisses der Kinder nach Spaß und Spannung;
- als Anregung und Ermutigung zu einer aktiven wie auch produktiven Lesehaltung und sprachlicher Kreativität;
- als Erfahrung, dass man besonders Gedichte mit seinen Problemen, Interessen und Bedürfnissen in Beziehung setzen kann;
- als individuelles Lese-Erfolgserlebnis.

1. Leseerziehung in der Grundschule

Globalziel einer umfassenden Leseerziehung ist einmal die Vermittlung elementarer lesetechnischer Grundlagen und weiter der Aufbau einer stabilen Lesemotivation über den Umgang mit Texten aller Art.
Die beiden Lernbereiche der Leseerziehung – **Lesetechnik und Bedeutungserschließen** – sind allerdings nicht als zwei gesonderte und aufeinander folgende Gebiete zu sehen. Vielmehr bedingen sich beide wechselseitig. Die Vervollkommnung der Leseleistung gelingt also nur durch die Integration von Lesetechnik und Sinnerschließen.
Den Begriff des Weiterführenden Lesens verdeutlichen vier Zielsetzungen, deren Zusammenspiel erst Lesen ausmacht, und die gerade auch für den Umgang mit Gedichten gelten:

„1. Die Steigerung der Lesefertigkeit ...
 2. Die Differenzierung der Inhaltserfassung,
    des Sinn- und Bedeutungserschließens ...
 3. Die Sensibilisierung der Klanggestaltung,
    des sprecherischen Ausdrucks ...
 4. Die Weckung und Steigerung eines Leseinteresses
    über ein vielfältiges literarisches Angebot und
    motivierende unterrichtliche Maßnahmen."

(aus: *Ritz-Fröhlich, Gertrud*: Weiterführender Leseunterricht in der Grundschule, Bad Heilbrunn/Obb. 1978, S.12)

Lesen heißt Verstehen durch Entschlüsselung grafischer Symbole und Deuten der Aussage. Es setzt also erheblich mehr als eine schlichte Synthese von Buchstaben zu Wörtern voraus. Wie viel mehr wird erst nötig sein bei der Begegnung mit im weitesten Sinne poetischer Literatur?
Die Weiterentwicklung und Verfeinerung der Lesefähigkeiten und -fer-

tigkeiten beinhaltet demnach nicht nur klanggestaltendes, flüssiges und sicheres Lesen sowie eine Steigerung des Lesetempos. Diese Forderung umfasst außerdem auf pragmatischer Ebene das Erlernen differenzierter Lesehaltungen, um die jeweilige Kommunikationssituation angemessen berücksichtigen zu können. Der Schüler soll zur eigenen Lesepraxis ein bewusstes Verhältnis gewinnen, diese weiterentwickeln und zum sachkundigen Umgang mit Texten jeglicher Art angeleitet werden.

Jede Textsorte hat ihre eigene Funktion und Strukturproblematik. Eine Bastelanleitung verlangt nach einer anderen Lesepraktik als ein Gedicht, eine fantastische Erzählung wird im Vergleich zu einem Unfallbericht aus der Zeitung mit völlig anderen Erwartungen rezipiert werden. Die Lesehaltung der spezifischen Eigenart der jeweiligen Textsorte anzupassen zeichnet den mündigen und geübten Leser aus. Angesichts des Alters der Schüler kann es sich in der Grundschule sicher nur um ein Anbahnen und Entwickeln der angesprochenen Leseweisen handeln.

So wird dem formalen Begriff des Weiterführenden Lesens inhaltliche Konkretisierung zuteil als informierendes, verstehendes, deutendes, entdeckendes, kreatives, produktives, einfühlendes, vergleichendes, distanziertes und kritisches Lesen.

1.1 Informierendes Lesen

Lesen als Informationsentnahme ist die grundlegendste Fähigkeit sich mit Texten auseinander zu setzen. Auf diese Weise erfahren die Schüler, dass Geschriebenes Antworten auf in der Regel sachbezogene Fragen geben kann. Die Differenzierung der Inhaltserfassung wird im Unterricht durch gezielte Arbeitsaufträge unterstützt. Dazu gehören:
- das Unterscheiden von Wichtigem und Unwichtigem
- das Hervorheben informationstragender Teile
- das Erfassen und Wiedergeben wesentlicher Gedanken
- das Gliedern des Textes
- die Darstellung der Handlungsabfolge
- die Charakterisierung der Hauptfigur(en)
- das Entnehmen und Durchführen von Handlungsanweisungen aus Sachtexten, Gebrauchsanleitungen u.a.m..

1.2 Sinnerschließendes Lesen

Sinn- und Bedeutungserschließen wird vor allem bei ästhetischen Texten zur wichtigen Lesestrategie. Die Sprache der Lyrik umfasst ein Bedeutungspotential, das weit über den alltäglichen Sprachgebrauch hinausreicht. Nur im nachdenkenden, deutenden Lesen können die entworfenen Metaphern, Verfremdungen oder Provokationen wahrgenommen werden.

Im Gegensatz zum informierenden Lesen, das nach einem schnellen und selektiven Erfassen der Hauptaussagen verlangt, meint deutendes Lesen eine interpretative Auseinandersetzung mit dem Text. In der Unterrichtspraxis wird sich die Lesestrategie als Kombination von stillem Lesen, teilweisem Vorlesen des Textes, Erschließen der Textaussage mittels Reizwörtern, Überschriften, Illustrationen und Leitfragen sowie der antizipierenden Verfahrensweise realisieren lassen. Gerade das Vermuten des Fortgangs der Handlung in mündlicher oder schriftlicher Form, im bildnerischen Ausdruck oder darstellenden Spiel aktiviert die Rolle des Lesers. Durch das Einbringen eigener Erfahrungen, Bedürfnisse und Emotionen, durch das Mitgestalten am Text ist er in der Lage, die Verbindung zwischen den Detailinformationen als Sinnganzes zu begreifen.

1.3 Distanziertes Lesen

Kritischer Leseunterricht will den Schüler von einer rein identifizierenden Lesehaltung und passiver Konsumtion zu distanziertem und Abstand nehmendem Lesen führen. Gleichwohl haben in der Grundschule Anteilnahme und Identifikation beim Lesen große Bedeutung. Daher kann und soll Distanz zum Gelesenen nur ansatzweise hergestellt werden.

Grundsätzlich kommt diese Lesehaltung bei allen Textbereichen zum Tragen. Sie stellt die Intention des Textes und seine Wirkung heraus und kann etwa durch folgende Maßnahmen entwickelt werden:

- Fragen an den Text stellen;
- Überprüfen der Aussage auf ihren Wahrheitsgehalt hin;
- Berücksichtigen der Position des Autors;
- Vergleich verschiedener Texte/Textarten zum gleichen Thema;
- Abschätzen der Textwirkung;
  Warum hast du die Geschichte gern gelesen? Weshalb hat sie dir nicht gefallen?
- Vergleich von Realität und Fantasie im Text;
- Vergleich mit persönlichen Erfahrungen.

1.4 Kreatives Lesen

Produktiver Umgang mit Texten ist auf vier Ebenen möglich:

„1. im fantasievollen Wiedergeben,
2. im weiteren Ausarbeiten,
3. in der Transformation und Umstellung des Gelesenen und
4. im Hinausgehen über das Gelesene."

(aus: *Torrance, E. Paul:* Die Pflege schöpferischer Begabung. In: Mühle, G./Schell, Ch. (Hrsg.): Kreativität und Schule. Reihe Erziehung in Wissenschaft und Praxis, Bd.10, München 1970, S.192)

Kreatives Lesen begreift Rezeption als aktive, fantasievolle und schöpferische Auseinandersetzung mit dem Text. Neben den rezeptiven Sprachvorgängen des Lesens und Verstehens sind damit auch Sprechen und Schreiben als produktive Handlungsweisen angesprochen. Produktives Lesen ermöglicht demnach ein ganz individuelles, vertieftes Reagieren auf Inhalt, Intention und Struktur. Das Kind wird zum Mitautor, indem es aktiv begreifen lernt, dass es für die Interpretation keine apodiktischen Resultate gibt und mehr noch, der Text durchaus verändert, erweitert oder zu einer anderen Lösung geführt werden kann.
Diese Lesepraktik baut auf die individuellen Erfahrungen des Schülers, berücksichtigt und entwickelt seine sinnlichen und gestalterischen Kräfte und ermöglicht einen sehr bewussten Umgang mit Sprache. Nicht zuletzt ist sie Grundlage für die Erziehung zum aktiven, interessierten und motivierten Leser. Erst die Erfahrung, dass Texte mit eigenen Ideen variabel werden, auch manuell formbar sind und unfertige Rohlinge sein und bleiben können, lockt Kinder aus der Reserve und eröffnet ihnen einen handlungsorientierten Zugang.
In diesem Zusammenhang nähert sich eine flexible Lesehaltung dem kreativen Schreiben und musischen Fächern. Produzieren von eigenen Texten in Form von Weiterführungen, Ergänzungen, Analogien oder Paralleltexten, Finden von Alternativen, Transformation und Spielmöglichkeiten skizzieren die wohl anspruchsvollste Form der Auseinandersetzung mit Texten. Konkret ist damit zum Beispiel gemeint:

- über den Schluss eines Textes hinausdenken
- Finden von eigenen, neuen Schlussszenen und diese begründen
- einen unterbrochenen Text selbstständig beenden
- musikalisch-rhythmische Ausgestaltung
- spielerischer Nachvollzug

- bildnerisches Gestalten
- Umsetzung in andere Gattungen
- Brief an den Verfasser oder den Protagonisten
- Verfassen von Texten, die dem Themenkreis angehören

Bereits die Wahl der Beispiele veranschaulicht, dass sich die verschiedenen Lesehaltungen nicht eindeutig trennen lassen. Das kreative Lesen lässt insofern einen Vergleich mit dem deutenden Lesen zu, als beide mit antizipierenden, entdeckenden Lesestrategien umgehen. Kreativität lebt darüber hinaus von der Selbstständigkeit, der Produktivität, der Fähigkeit zum Problemlösen und von schöpferischer Fantasie. Distanziertes Lesen überprüft mithilfe von Fragen an den Text Inhalt und Intention, was auch beim produktiven Umgang mit Texten eine Rolle spielt. In der konkreten Unterrichtssituation ergeben sich die verschiedensten Mischformen mit unterschiedlichen Akzenten.

Die akribische Textanalyse als phonologische, semantische, syntaktische und formale Erschließung des Textes wird **teilweise abgelöst und vor allem ergänzt durch Lesestunden, die neben dem Gespräch über Inhalte eine aktive, fantasievolle und handlungsorientierte Auseinandersetzung mit Texten und eine produktive Weiterarbeit im Schreiben, Gestalten und Darstellen ermöglichen.**

2. Gedichte vermitteln individuelle Lese-Erfolgserlebnisse

Im Zeitalter der elektronischen Medien hat das Buch seine Monopolstellung als Bildungsmittel schon lange eingebüßt. Angesichts konkurrierender Medienfluten sind gerade Kinder einer viel zu großen Fülle von Eindrücken und Einflüssen ausgesetzt. In jeder Klasse sitzt eine erschreckend hohe Anzahl an Schülern, die Medien überwiegend passiv konsumiert.

Lesen als Möglichkeit zur Information und zur Weiterbildung nimmt in unserer Gesellschaft einen hohen Stellenwert ein, doch Lesen als Freizeitgestaltung, als Fantasiereise hat an Bedeutung längst verloren. Die meisten Kinder machen im Elternhaus und im weiteren sozialen Umfeld die Erfahrung, dass Bücher zum Lernen und später für den Beruf gebraucht werden. So erfahren viele eine einseitige Lesehaltung. Das zweckbezogene kognitive und leistungsorientierte Lesen dominiert eindeutig gegenüber einem weitgehend zweckfreien Lesemotiv.

Peter Härtling meint dazu: „Bücher instruieren, informieren. Aber unterhalten, verführen, bedrängen, bestürzen, beglücken sollen sie nun

wirklich nicht! Dafür ist, wenn schon, das Fernsehen vorhanden. Der Blick des Menschen hob sich in den letzten Jahrzehnten von der bedruckten Seite und blieb am bewegten Bild hängen."
(aus: *Peter Härtling*: Das Kind und das Buch. In: Ritz-Fröhlich, Gertrud (Hrsg.): Lesen im 2.-4. Schuljahr, Bad Heilbrunn/Obb. 1981, S.158)

Die zentrale und fundamentale Aufgabe der Leseerziehung besteht darin, die Neugierde des Leseanfängers wach zu halten, ihm Lesespaß zu vermitteln und seine Lesebedürfnisse weiterzuentwickeln. Doch **wie** kann man Schülern das Erlebnis Lesen nahe bringen und Freude am Lesen wecken? Widerspricht die oben skizzierte Ausgangslage nicht einem vermehrten Einsatz von poetischer Literatur im Unterricht?

Abb.2: Ideen muss man haben

Das Vergnügen am Umgang mit schriftlich Fixiertem und das Motivationsgeschehen von Lektüreentscheidungen wird von primären und sekundären Sozialisationsinstanzen wie auch den Massenmedien entscheidend beeinflusst, d.h. es kann angeregt werden, unentwickelt bleiben oder sich verändern. Jeder kindliche Rezipient bringt seine Sozialisation, seine persönliche Disposition und Erfahrungswelt mit ein. Die literarische Förderung des Einzelnen ist zum großen Teil abhängig von der Erziehung und den allgemeinen Umweltbedingungen, die er jeweils vorfindet, nicht aber von einer spezifischen Begabung. Für die literarische Entwicklung ist das Elternhaus von erheblicher Bedeutung. Die Entfaltung sprachlich-literarischer Fähigkeiten beginnt schon in den ersten Lebensjahren. So betrachtet ist die Schule nach Elternhaus, Kindergarten und/oder Vorschule erst die dritte Institution, die die Möglichkeit erhält das Kind zum Leser heranzubilden. Es ist wegweisend, ob ein Kind in einer literaturfreundlichen Atmosphäre aufwächst und zum Lesen ermuntert wird oder ob die Eltern durch eigenes Desinteresse an Literatur einen negativen Einfluss ausüben.
Die Aufgabe der Primarstufe besteht in diesem Zusammenhang darin, zu versuchen die Abhängigkeit des Leseverhaltens von sozialstatisti-

schen Determinanten zumindest partiell aufzulockern. Denn unbestritten existiert noch immer ein enger Kausalzusammenhang zwischen Buchlektüre oder Buchbesitz und sozialer Herkunft. So ist das Leseverhalten auch eine Frage des Angebots, das jedem zugänglich ist. Damit können neue Lesebedürfnisse durch neue Lesestoffe und neue Methoden geweckt werden.

Richard Bambergers These „Viele Kinder lesen keine Bücher, weil sie nicht richtig lesen können; sie können nicht richtig lesen, weil sie keine Bücher lesen." veranschaulicht die **Wechselwirkung von Leseanreiz und Lesekompetenz**. Die Freude am Lesen kann sich demnach erst durch die Erfahrung entwickeln selbstständig mit Texten umgehen zu können. Umfangreiche Lesestoffe entmutigen Kinder häufig, weil sie die dafür notwendige Leseleistung und Konzentration (noch) nicht aufbringen. Kürzere, einfach zu rezipierende Geschichten sind häufig banal und inhaltlich wenig ansprechend. Durch den dauerhaften Konsum von Fernsehen, Videos und Kassetten entsteht eine zunehmende Diskrepanz zwischen dem Vermögen Texte zu erlesen und dem Vermögen Texte zu verstehen. Dies führt sicherlich zu Motivationsproblemen im Unterricht, da die angebotenen Texte dem außerschulisch entwickelten Anspruchs- und Verarbeitungsniveau der Schüler in vielen Fällen nicht mehr entsprechen.
Hier gilt es als Lehrer anzusetzen, was sich zum einen auf das **Textangebot** bezieht und zum anderen **abwechslungsreiche Methoden der Texterschließung** erforderlich macht.
Sicher sind auch Gedichte nicht der didaktisch-methodischen Weisheit letzter Schluss. Doch bieten sie im Vergleich mit den literarischen Großformen beachtliche Vorteile, um derentwillen es sich lohnt, sie vermehrt in den Unterricht einzuplanen.
Gedichte sind in sich geschlossene, kurze und überschaubare Textganze mit großer Aussagekraft. Sie sind besonders einprägsam und überfordern weder die Konzentrationsfähigkeit noch das Aufnahmevermögen eines jungen Lesers.

Man kann mit lyrischen Texten
- erfahren, dass sich hinter wenigen Sätzen große Geschichten verbergen.
- staunen über die Treffsicherheit mit wenigen Worten.
- sich freuen an Wiederholungen, Übersteigerungen, Metaphern, Klängen und Rhythmen.
- Lust am Spiel mit der Sprache erleben und sich unterhalten lassen.

- spüren, dass sie sich mit eigenen Problemen, Interessen und Bedürfnissen in Beziehung setzen lassen.
- fühlen, dass Gedichte Stimmungen auslösen: Betroffenheit, Erleichterung, Wut, Trauer, Hoffnung usf..
- merken, dass gedruckte Worte auf Fragen Antworten geben können, aber auch neue Fragen aufwerfen, nachdenklich machen, angreifen, anklagen und verspotten.

Mit einem überlegten Textangebot, das sicher über das Lesebuch hinauswachsen muss, und ihm angepasste kreativ-produktive Methoden wird das Vertrauen in die eigene Kompetenz gestärkt, ein Gedicht zu lesen, zu verstehen, mit ihm zu spielen und selbst zu schreiben.

3. Gedichte motivieren zu aktiver Rezeption – Pädagogisch-didaktischer Hintergrund

Leseneugier kann nur dann geweckt und aufgebaut werden, wenn es dem Lehrer gelingt, handlungsorientierte Schülerinteressen aufzugreifen. Es geht also um Ideen rund um das Gedicht, um abwechslungsreiche Methoden der Texterschließung, die erfolgversprechender sind, weil sie sich eben nicht nur auf das bloße Lesen von Gedichten und ein sich anschließendes monotones Frage- und Antwortspiel beschränken.

Lyrik für Kinder ermöglicht Selbsttätigkeit und subjektive Auseinandersetzung, indem sie neue Gedanken anregt, die Möglichkeit zur Kommunikation mit anderen eröffnet und zum Handeln auffordert. In der Grundschule kann bei der Arbeit mit Dichtung nicht die literarische Form im Vordergrund stehen, sondern eine Begegnung mit Lyrik, die den kindlichen Möglichkeiten der Rezeption entspricht.

Denke, sprich, erzähle, träume, verändere, gestalte! sind Angebote für den Schüler und Imperative für den Lehrer, die es bei einem kindgemäßen Umgang mit Gedichten zu realisieren gilt. So verstanden befriedigt Lyrik ganz originäre Bedürfnisse nach Spaß und Spannung, lässt die Lust am Spiel mit der Sprache erleben und ermöglicht entdeckendes Lernen.

3.1 Reaktivierung reformpädagogischen Gedankenguts

Historische Ansätze zum Verständnis eines handlungs- und produktionsorientierten Leseunterrichts finden sich in der Grundschule von 1920. Die Reformpädagogen propagierten, beeinflusst von Naturalismus, Jugendbewegung und Kulturkritik, die Ausrichtung der Schule an den Bedürfnissen und der Denk- und Erlebnisweise des Kindes. In den

Bemühungen ein neues Bildungsideal aufzubauen, wurde der Mensch in den Mittelpunkt gerückt, der innerhalb seiner individuellen Anlagen durch Pflege seiner produktiven Kräfte und unter Einbezug seines Gefühlslebens zur Persönlichkeit gebildet werden sollte.
Schlüsselworte wie Spontaneität und Originalität, Selbsttätigkeit, Aktivität, Produktivität und Kreativität umreißen programmatisch die grundlegende Bedeutung für den Bildungsprozess. Es konnte sich ein neues pädagogisches Verständnis ausbilden mit dem Leitgedanken, die kindliche Individualität stärker zu berücksichtigen.
Allerdings ist eine für den gegenwärtigen Literaturunterricht sinnvolle Reaktualisierung reformpädagogischen Gedankenguts nicht denkbar ohne die in den sechziger Jahren anzusiedelnde Reform des Primarbereichs. Obwohl die Reformleitlinie „Wissenschafts-, Fach- und Lernzielorientierung aller Lehr- und Lernprozesse" zu einer verkürzten Bildungsaufgabe der Grundschule führte, ist es ihr Verdienst, eine Vermittlungsschule überwunden zu haben, die – fußend auf einer reifungstheoretisch bestimmten Entwicklungspsychologie – mit überwiegend pflegerischem, gesamterzieherischem Charakter die eigentliche Schulfähigkeit erst herbeiführen sollte. Richtungsweisend war demgegenüber eine Neubestimmung der kindlichen Lebenswirklichkeit, sowohl im Hinblick auf die gesellschaftliche Realität als auch auf die Möglichkeiten des Grundschulkindes, sich mit ihr auseinander zu setzen. Ein neues Verständnis von Begabung und Lernen verlagerte den pädagogischen Ansatz auf Förderung und individualisierende Lernangebote *(Ausgleichende Erziehung)*. Studien der Sozialpsychologie und empirischen Soziologie eröffneten den engen Zusammenhang zwischen der Entwicklung des Menschen und seiner soziokulturellen Umgebung. Lernen wird demnach in eine abhängige Verbindung mit Umwelt, Lernanregungen und -anforderungen gebracht. Schließlich erschöpft sich Gemeinschaftserziehung nicht in Integration, sondern muss auch die freie Entfaltung des Kindes im Sozialverband ermöglichen *(Freisetzende Erziehung)*.
Das pädagogische Konzept der heutigen Grundschule ist als Synthese unter dem Anspruch des Kindes zu verstehen, weil es einmal den einseitig akzentuierten Leistungsgedanken und die damit einhergehende Verarmung des affektiv-emotionalen Bereiches überwand. Weiter erfolgte eine Rückwendung zum Kind, die allerdings nicht von nostalgischer Reue gekennzeichnet war, sondern auf der Grundlage der oben knapp skizzierten Forschungsergebnisse eine Neuformulierung der Kriterien „Kindgemäßheit" und „Lebensnähe" notwendig werden ließ. Die kindlichen Lerninteressen und Lernformen bedingen die Umsetzung wissen-

schaftlicher Inhalte in konkrete und anschauliche Probleme sowie aktive Lernverfahren.

Die Anerkennung der Subjektivität des Kindes und seiner individuellen Lebendigkeit als Grundvoraussetzung jeder pädagogischen Beziehung hat in Verbindung mit den Erkenntnissen der sozial-kognitiven Lerntheorie partiell ähnliche Folgen, wie sie aus der Reformpädagogik bekannt sind:

- Erziehung zur Lernfreude und Leistungsbereitschaft;
- Entwicklung von Selbsttätigkeit und Selbstständigkeit durch die Vermittlung entsprechender Arbeitstechniken (Sachkompetenz und kommunikative Kompetenz) und durch die Förderung sozialer Lernprozesse (Sozialkompetenz);
- teilweise Differenzierung der Lernanforderungen und des Lernangebots gemäß der individuellen Möglichkeiten;
- Differenzierung nach Interessen durch selbst gewählte Aktivitäten und spielerisches, entdeckendes Lernen.

3.2 Veränderungen im literaturdidaktischen Denken

Seit den sechziger Jahren bestimmten im Wesentlichen vier Richtungen die literaturdidaktische Diskussion:

1. Die erlebnispädagogisch orientierte Literaturdidaktik um 1960, beeinflusst von der Kunsterziehung.
2. Die formalistische Literaturdidaktik um 1965, mit Helmers als wichtigster Vertreter. Das Hauptinteresse gilt dem literarischen Werk, dessen Form, Struktur und Symbolik. Ziel ist die literaturästhetische Bildung des künftigen Lesers.
3. Die jugendpsychologische bzw. leseorientierte Literaturpädagogik gegen Ende der sechziger Jahre („Leseerzieher").
4. Die kritische, problemorientierte und gesellschaftlich-politisch orientierte Literaturdidaktik seit etwa 1970.

Man stellte den traditionellen Bildungsbegriff zur Diskussion, was zu einer Neubesinnung und veränderten Blickrichtung in Pädagogik und Didaktik führte. Vor allem wurden die Gegenstände, Inhalte und Methoden des herkömmlichen Literaturunterrichts heftig kritisiert.

Für den unterrichtlichen Umgang mit Gedichten bewirkte die Wandlung der Literaturdidaktik:

- die Entwicklung neuer Verfahren zum Umgang mit Texten, also die Überwindung ausschließlich werkimmanenter Betrachtungsweisen zugunsten eines eher textkritischen Verhaltens;

- die Erkenntnis des gesellschaftlich-kommunikativen Charakters von Literatur;
- die Orientierung an den Bedürfnissen und Interessen des Kindes.

Gegenwärtig aktuelle literaturdidaktische Ansätze vertreten die Ansicht, dass der produktive Umgang mit Texten eine Lesehaltung ist, die der kindlichen Lernspezifik besonders entspricht. Produktiver und handlungsorientierter Literaturunterricht stellt zum einen interpretative Konstrukte und das damit verbundene einfühlende Nacherleben der Autorenabsicht infrage. Zum anderen relativiert er Verfahren ausschließlich analysierenden Zugriffs.

Literaturtheoretischen Hintergrund bildet die didaktische Rezeptionsforschung, die der Frage nach Formen der Selbsttätigkeit im Umgang mit Literatur nachging und Rezeptionsaktivitäten von Schülern zu typologisieren versuchte. So umfasst der Leseprozess nicht nur das Entnehmen von Informationen aus dem Text, sondern stellt immer auch eine Interaktion zwischen (hier) Gedicht und Schüler dar.

Kreative Methoden im Umgang mit Gedichten fördern die Mitarbeit am Sinngehalt eines Textes, das Einbringen individueller Erwartungshaltungen und einer subjektiven Erfahrungswelt. Die Hinführung zu poetischen Texten erfolgt via produktiver Erfahrungen und aktiver Auseinandersetzung mit deren Inhalten und Formen. (Dazu sei auf zwei grundlegende Werke verwiesen; Waldmann, Günter, Produktiver Umgang mit Lyrik, Baltmannsweiler, 1992 und Ingendahl, Werner, Umgangsformen: Produktive Methoden zum Erschließen poetischer Literatur, Frankfurt/M., 1991.)

Kinder eignen sich Texte an, indem sie zu ihnen malen, singen, sie spielerisch umsetzen, sie rhythmisch begleiten, sie sich vorsprechen, mit ihnen experimentieren und zu ihnen schreiben.

Eine sinnvolle didaktische Zielvorstellung ergibt sich allerdings nur dann, wenn Schüler Gelegenheit erhalten Gedichten **emotional, intellektuell und manuell** zu begegnen. Die Synthese dieser drei Zugriffsweisen unter Berücksichtigung des jeweiligen Gedichttypus, der Individualität der Kinder und der didaktischen Intention ist erreicht,
- wenn kognitive Tätigkeiten in der Auseinandersetzung mit einem lyrischen Text nicht völlig unterbleiben;
- wenn der Leser auch Raum erhält, die Metaphorik, den Klang, Reim und Rhythmus und damit den Zauber von Poesie zu erleben;
und
- wenn Aktivitäten mit dem Gedicht nicht den Platz eines methodischen Zusatz-Mätzchens am Ende einer Lesestunde einnehmen.

II. Lyrische Texte im Unterricht der Grundschule

1. Lyrik für Kinder muss keine Kinderlyrik sein

Das Wesen der Lyrik liegt in der Selbstaussage eines dichterischen Ichs. In dieser vorherrschenden Subjektivität übermittelte lyrische Dichtung lange Zeit eine Aussage intensiver Sehnsüchte, Leidenschaften, Sinnlichkeit, Ergriffenheit und Melancholie. Solche Empfindungen sind untrennbar mit Namen wie Goethe, Brentano, Eichendorff oder Heine verbunden.
Es ist kein Wunder, dass eine so verstandene Dichtung in der Schule, und schon gar in der Grundschule, eine ungeliebte Position einnimmt. Angeblich kommt man ihr nur über ein einfühlendes Nacherleben nahe. Nicht wenige methodische Vorschläge beginnen noch namentlich mit dem Artikulationsschritt *Einstimmung*.
Lyrik als seelische Gestimmtheit ist aber keineswegs die einzige Erscheinungsform dieser Gattung. Balladen, Versfabeln, Sprachspiele, Spott-, Abzähl- oder Werbereime, dadaistische Lautsymbolik und andere Texte der experimentellen Lyrik erfüllen die unterschiedlichsten Funktionen und unterliegen anderen Kategorien. Der Begriff des Lyrischen darf demnach nicht auf eine ausdrucksstarke Erlebnisdichtung verengt werden.
Möglich wird diese Einschätzung aufgrund von bereits angesprochenen Veränderungen im literaturdidaktischen Denken innerhalb der letzten 30 Jahre.
Während der didaktischen Reformphase der späten sechziger und frühen siebziger Jahre wurde der traditionelle Bildungsbegriff heftig kritisiert. Ebenso griff man die Inhalte der Kinder- und Jugendliteratur als überholte und illusionäre Fernhalte- und Schonraumpädagogik an. Kurzfristig führte diese Bildungseuphorie zu einer Verwerfung alles Emotionalen zugunsten eines gnadenlosen Realismus. Baumgärtner äußerte über diese Tendenz in der Kinderliteratur großes Unbehagen:

„Das arme, gutherzige und in gebotenen Grenzen hübsche Mädchen, das Krankenschwester wird und den jungen Chefarzt bekommt - das war die Lüge von gestern. Und die Lüge von heute? Gelegentlich hat man den Eindruck, sie lässt sich auf die Formel 'schwanger, obdachlos und rauschgiftsüchtig' bringen."

(aus: *Baumgärtner, A.C.*: Realistische Literatur für Kinder. In: Jugendbuchmagazin, 1/1979, S.6)

Nach Ausleben und Abflauen aller Extrempositionen blieb aber doch eine gründliche Wandlung der Literaturdidaktik zurück, die für die Textauswahl innerhalb des Deutschunterrichts im Folgenden bedeutete:

- Ausweitung des Literaturbegriffs auf Texte aller Art;
- damit einhergehend der Einzug neuer Textbereiche in den Unterricht wie Trivialliteratur, Comics oder Konkrete Poesie;
- Kinderliteratur wird als eigenständige Gattung ernst genommen und ist legitimer Bestandteil einer Leseerziehung.

Verlage wie Schriftsteller erkannten die Marktlücke für das anspruchsvolle Kinderbuch und Kindergedicht. Ernst zu nehmende Erwachsenen-Autoren entdeckten das jugendliche Leserpublikum als Adressaten wie z.B. Peter Härtling, Siegfried Lenz, Walter Kempowski, Max von der Grün und Janosch. Die Verlegerin Gertraud Middelhauve setzte sich mit ihrer Anthologie „Dichter erzählen Kindern" (Köln 1966), in der eine Reihe bekannter Erwachsenen-Schriftsteller publizierten, für anspruchsvolle Kinderbücher und damit verbundene literarische Qualität ein. Bei nicht wenigen Verlagen und auch einigen Autoren begann sich also die strenge Zweiteilung – hier Literatur für Erwachsene, da Drucke für Kinder/ Kinderkram – freundlicher zu gestalten.

Kinderkram
Hans Stempel/Martin Ripkens

Taschenmesser, Luftballon,
Trillerpfeife, Kaubonbon,
Bahnsteigkarte, Sheriffstern,
Kuchenkrümel, Pflaumenkern,
Bleistiftstummel, Kupferdraht,
Kronenkorken, Zinnsoldat,
ja, sogar die Zündholzdose
findet Platz in Peters Hose.
Nur das saubre Taschentuch
findet nicht mehr Platz genug.

(aus: *Ulrike Enders* u. a., Purzelbaum, Verse für Kinder. Ellermann Verlag, München 1972)

Kinderkram
Susanne Kilian

Ein Kind weint still,
das andere will
einfach
verstanden sein.
Dies brüllt vor Wut,
und dem geht's gut,
schläft
geliebt und geborgen ein.
Ob ein Kind glücklich lacht,
sich Gedanken macht
oder vor Angst
in die Kissen wühlt:
Als Kinderkram
wird oft abgetan,
was ein Kind
so denkt und fühlt.

(aus: *Susanne Kilian*, Kinderkram. Beltz Verlag. Weinheim und Basel 1987. Programm Beltz & Gelberg, Weinheim)

Die Gegenüberstellung der beiden gleich benannten Gedichte ist wertneutral zu verstehen. Ein Inhaltsvergleich macht die unterschiedliche Sichtweise von Kindheit deutlich.

Das linke Gedicht begreift „Kinderkram" im besten Sinn des Wortes. Es beschreibt die Idylle einer unbeschwerten, glücklichen Kindheit, in der ein Kind die Phase der Sammelleidenschaft mit genügend Freiraum und entsprechendem Gelände zum Spielen unbekümmert ausleben kann. Das rechte Gedicht dagegen zeichnet ein anderes Bild, indem der Begriff „Kinderkram" kritisch hinterfragt wird. Die Autorin tritt dafür ein, sich mit Ängsten, Sorgen und Fragen von Kindern ernsthaft auseinander zu setzen.

Hans-Joachim Gelberg schrieb im Nachwort seiner 1969 erschienenen Anthologie „Die Stadt der Kinder": „Die Moral klebt am Kindergedicht wie Fliegenleim". Bis heute aber ist die Ansicht, eine literarische Erziehung habe erst in der Sekundarstufe einzusetzen, weit verbreitet. Noch immer spukt in manchen Grundschulklassen ein Gespenst, das den Leseunterricht als Propädeutik echter, weil vermeintlich aussagekräftiger Literatur der späteren Schuljahre missbraucht.

Ein Grundschullehrer sollte nicht mitmachen bei der Geringschätzung seiner Schüler, die erst noch geübte Leser werden müssen und deshalb dümmliche oder langweilende, weil nichtssagende sog. Kindergedichte vorgesetzt bekommen.

Es gilt Gedichte auszuwählen, die eben nicht mit halber Sprache eine halbe Realität und Literatur zweiter Wahl darstellen.

„Unsere Kinder stellen wir uns gerne glücklich vor, glücklich spielend im warmen Sommersonnenlicht. Dass sie auch frösteln und erstarren in Kälte, Leid und Angst, das möchten wir leugnen. Wenn sie Gedichte auswählen, die auch und bevorzugt die düsteren, schweren Seiten des Lebens spiegeln, zeigen sie uns, dass sie diese Verleugnungen nicht wollen oder nicht brauchen, auch wenn sie im Alltag uns zuliebe mitmachen."

(aus: *Ute Andresen*, Versteh mich nicht so schnell: Gedichte lesen mit Kindern. Weinheim, Berlin: Quadriga, 1992, S.43)

Sicher bedeutet das nicht, nur melancholische Inhalte für seinen Unterricht auszusuchen. Doch kann man durchaus erfolgreich mit Gedichten arbeiten, die auf den ersten Blick keine Kinderthemen beinhalten. Es ist ein Irrtum, Lyrik für Kinder auf simple Aussagen, gleichmäßige rhythmische Wiederholungen und gereimte Endungen zu beschränken. So ist Vorsicht geboten bei der Textauswahl um nicht in das naive Fahrwasser einer idyllischen Kinderwelt zu geraten. Sonst wird der Versuch, Kindern Lyrik zugänglich zu machen und deren Interesse für ein Mauerblümchengenre zu wecken, kläglich scheitern.

2. Handlungsorientierte Auswahl lyrischer Texte

Die Auswahl, die der Einzelne für seinen Unterricht vornimmt, ist immer begrenzt und bleibt im Grunde willkürlich, weil sie von individuellen Erfahrungen und persönlichen Vorlieben abhängt. Obwohl kein verbindlicher Kanon der Textauswahl existiert, sollen zumindest vier Gesichtspunkte Berücksichtigung finden:

- Einbezug aller wesentlicher Formen lyrischer Texte
- Vermittlung eines möglichst weiten Autorenfeldes
- Berücksichtigung der unterschiedlichen sprachlichen Kompetenz und Interessen der Schüler
- Möglichkeit produktiver und kreativer Erfahrungen mit dem Text, d.h. Gedichte zum Anfassen und zum Verändern

Um so gezielt vorgehen zu können, wird es nötig, den Begriff **Lyrische Texte für Kinder** zu konkretisieren. **Was ist damit eigentlich gemeint?**
Die Frage der Gattungsarten ist in der Literaturwissenschaft strittig und noch immer ungelöst. Es gibt viele unterschiedliche Kategorisierungen, je nach Theorieansatz, die allerdings für die Praxis des Leseunterrichts der Grundschule von untergeordneter Bedeutung sind. Die vorgenommene Einteilung setzt Schwerpunkte, verändert und kürzt. Streng textwissenschaftlich betrachtet ist die dabei entstandene Typologie nicht ganz korrekt, dafür aber brauchbar für den Unterrichtsalltag der Primarstufe.
Neben dem Bereich der Gebrauchsverse, der hier vernachlässigt wird, gibt es vier Hauptgattungen. Sie werden im Folgenden überblickartig vorgestellt, kurz umrissen und mit jeweils einem Beispiel veranschaulicht. Der Abriss soll der schnellen Information und Orientierung dienen und will Selektionshilfen geben.

2.1 Traditionelle Kinderlyrik

Der Bereich umfasst vor allem Natur- und Tiergedichte, die eine Domäne der traditionellen Kinderlyrik darstellen. Gemäß des vor rund dreißig Jahren vorherrschenden Zeitgeistes und der damit verbundenen Auffassung von Erziehung thematisieren sie in der Regel eine romantische Vorstellung von Kindheit. Kritiklos, sentimental, oft humorvoll, manchmal moralisierend und meist anthropomorphisierend ermöglichen sie pure Unterhaltung. Aus aktueller Sicht müssen solche Texte als realitätsfremd bezeichnet werden. Dennoch sind sie, die Sensibilität und das Erleben anregend, legitimer Bestandteil des Unterrichts. Bei vorsichtiger Auswahl erlauben sie unseren Kindern naive, unbelastete Lesefreude und Entspannung, die man ihnen nicht vorenthalten darf.

Winter
Wolfgang Borchert

Jetzt hat der rote Briefkasten
eine weiße Mütze auf,
schief und verwegen.
Mancher hat bei Glatteis
plötzlich gelegen,
der sonst so standhaft war.
Aber der Schnee hat leis
und wunderbar
geblinkt auf den Tannenbäumen.
Was wohl jetzt die Schmetterlinge träumen?

(aus: Das Gesamtwerk. Copyright © 1949 by Rowohlt Verlag, Hamburg)

2.2 Lyrik mit epischen und dramatischen Elementen

Für die Kinderlyrik bedeutsame Formen dieser Subgattung sind Ballade, Versfabel und Erzählgedicht. Sie umspannen ein komplexes Spektrum an Intentionen, wollen informieren, unterhalten, befremden, aber auch belehren und provozieren. Die dramatisch verdichtete Handlung der Ballade, die eine Lehre vermitteln wollende Versfabel als didaktisches Instrument, wie auch die Dominanz epischer Elemente im Erzählgedicht machen die Textaussage anschaulich und damit leichter verständlich und nachvollziehbar. Der große Vorteil für einen Einsatz in der Grundschule liegt demnach im epischen Moment, wodurch es möglich wird, Lesen als aktive Interpretation zu erleben. Die gestische, mimische, pantomimische, musikalische oder zeichnerische Umsetzung eines Textinhaltes eröffnet konkrete Realisierungsformen und gibt schülerbezogenen Entwürfen breiten Raum.

> **Ballade**
Der Zauberlehrling *(Goethe)*
Der Handschuh *(Schiller)*
Der Knabe im Moor *(Droste-Hülshoff)*
Herr von Ribbeck auf Ribbeck im Havelland *(Fontane)*
John Maynard *(Fontane)*

> **Versfabel**
Das Paradebeispiel schlechthin:
Die Vögel warten im Winter vor dem Fenster *(Brecht)*

Das freche Schwein
Monika Seck-Agthe

Der Maulwurf Tom ist jede Nacht
verärgert und sehr aufgebracht.
Ein dickes, freches, altes Schwein
quetscht sich in seine Hütte rein.

Da drin ist's mollig, weich und warm.
Tom friert und schlägt deshalb Alarm:
„Dies Haus ist meins! Ich hab's bezahlt!
Und auch noch selber angemalt!"

So jammert Tom, es nützt nicht viel:
Das Schwein ist dreist und auch stabil.
Tom klettert auf sein spitzes Dach
und hält sich mit der Zeitung wach.

„Lies vor!" So herrscht das Schwein ihn an.
„Was ist passiert? Nun sag's schon, Mann!"
Der Maulwurf schluckt, ihm ist nicht gut.
Ganz tief im Bauch, da wühlt die Wut.

Das Leben könnte schöner sein,
jedoch nur ohne dieses Schwein.

(aus: *Hans-Joachim Gelberg* (Hrsg.), Überall und neben dir. Beltz Verlag, Weinheim und Basel 1986. Programm Beltz & Gelberg, Weinheim)

> **Erzählgedicht**
Anderssein (*Klaus W. Hoffmann*; siehe S. 188)

2.3 Realitätskritische Kinderlyrik

Texte dieser Art stehen seit gut 25 Jahren im Mittelpunkt der Produktion und sind sicherlich ein Produkt der bereits erwähnten literaturdidaktischen Veränderungen um 1970.

Man kann Gedichte dieser Gruppe als neuere Lyrik bezeichnen, mit freilich verschobener Perspektive, nämlich jenseits der bürgerlichen Anpassungspädagogik. Die Texte repräsentieren demnach das am Kinderalltag orientierte, realitätskritische Gedicht. In ihnen spiegeln sich veränderte Kindheitsmuster und zeitgenössische pädagogische Leitvorstellungen. So nimmt es nicht Wunder, dass die ersten Gedichte dieser Gattung gemäß der antiautoritären Erziehungsvorstellung die Emanzipation von den infrage gestellten Erziehungsansprüchen der Eltern, Lehrer, Kirche und Gesellschaft zum Thema hatten. Nachdem solche Extrempositionen wieder relativiert wurden, kamen noch andere Themen hinzu, die für ein Grundschulkind sicher ebenso bedeutsam und reflektierbar sind:

- **Umweltschutz**
  Besuch bei den Forellen *(Josef Guggenmos)*
- **Friedensbewegung**
  Kindergedicht *(Jürgen Spohn)*
- **Toleranz**
  Einladung *(Jutta Richter)*
  Mein Freund Max *(Pat Moon)*
- **Gesellschaftskritik**
  Mein Rad *(Christine Nöstlinger)*
- **Persönliche Probleme;** Sorgen, Probleme mit Gleichaltrigen, Umgang mit Gefühlen
  Anja *(Marianne Kreft)*

Anm.: Die exemplarisch aufgeführten Titel werden im Praxisteil in voller Länge abgedruckt.

Es gibt eine Fülle von Produktionen zu diesen Themen. Obwohl Inhalte und Intentionen weit gefasst sind, beschäftigen sich jene Gedichte insgesamt immer mit aktuellen, familiären und gesellschaftlichen Problemen und den altersspezifischen Sorgen der jungen Leser. Gemeinsam ist allen Texten die Sichtweise von Kindheit:

Das Kind als ernst zu nehmender Heranwachsender, dem man nicht nur eigene Gedanken zutraut, sondern auch zu individuellen Meinungsäußerungen auffordert. Solche Gedichte wollen wachrütteln, herausfordern, Mut machen, zu Misstrauen ermuntern und kritische Distanz gegenüber dem gedruckten Wort und der Omnipotenz Erwachsener entwickeln.

Kleine Frage
Erich Fried

Glaubst du
du bist noch
zu klein
um große
Fragen zu stellen?

Dann kriegen
die Großen
dich klein
noch bevor du
groß genug bist

(aus: *Erich Fried*, Lebensschatten. Verlag Klaus Wagenbach, Berlin 1981, NA 1996)

2.4 Konkrete Poesie

Konkrete Poesie ist seit den fünfziger Jahren die Richtung in der modernen Lyrik, die von Buchstaben, Wörtern und Lauten als konkretem Material ausgeht. Sprachmaterial wird neu und teilweise verfremdend kombiniert, sodass eine akustisch, optisch oder auch ornamental wirkende Gruppierung entsteht. Kombination und figurale Beziehungsgefüge ersetzen Syntax, Vers und Zeile. Hier wird also Sprache zu Material **und** Thema der Lyrik gemacht. Daher auch der synonym verwendete Begriff *Experimentelle Lyrik*.

Für Kinder im Grundschulalter sind Texte der Konkreten Poesie besonders geeignet, weil wesentliche Elemente dieser Gattung den Bedürfnissen und Interessen der Altersstufe entgegenkommen:

- der visuelle oder akustische Aspekt
- das Unbekannte und manchmal Rätselhafte oder Spaßige
- der spielerisch-experimentelle Charakter
- die Vielzahl an Interpretations-, Assoziations- und Gestaltungsmöglichkeiten

Oft liegt eine *Sprachspielregel* zugrunde, die es zunächst einmal zu erkennen gilt. Der Reiz, den diese Erkenntnis in sich birgt, stimuliert dazu, ähnliche Texte selbst herzustellen.
Experimentelle Lyrik weckt die kreative Gestaltungslust der Schüler, weil sie deren Fantasie, Assoziationsvermögen und Lust auf spielerischen, han-

delnden Umgang mit Sprache anspricht. Sie können eigene Erfahrungen einbringen und analoge Formen schaffen oder völlig andere Gebilde erfinden.

> Visuelle Gedichte (Grafische Ebene)

Zu diesem Bereich der modernen Poesie gehören vor allem Typogramme (Buchstabenbilder), Ideogramme (Wortbilder), Piktogramme (Textbilder/Figurengedichte) und Konstellationen. Allen gemeinsam ist die Reduktion des Gedichts auf seine grafische Form. Eine Konstellation ist nach Eugen Gomringer, dem Vater dieser poetischen Form, wie ein Bild aufgebaut. „Wesentliches Merkmal ist sowohl bei Buchstaben- wie bei Wort- und Satzkonstellationen der Einbezug des Raumes als Zwischen- und Umgebungsraum, der einzelne Elemente nicht nur trennt, sondern auch verbindet und dabei Assoziationsmöglichkeiten schafft."

(aus: *eugen gomringer*, konkrete poesie. deutschsprachige autoren. Philipp Reclam jun., Stuttgart 1991, S.165)

Zwei Brüder
Hans Manz

      MAXU
    MAXMAXR
MAXMAXMAXS

(aus: *Hans-Joachim Gelberg* (Hrsg.), Überall und neben dir. Beltz Verlag, Weinheim und Basel 1986. Programm Beltz & Gelberg, Weinheim)

> Akustische Gedichte (Phonetische Ebene)

Sprache ist immer auch durch Klangfarben, -formen und -folgen bestimmt, durch ein melodisches Element. Neben dem Spaß, den phonetische Sprachspiele Kindern bereiten, begründen zwei weitere Leistungen den Einsatz onomatopoetischer Lyrik in der Grundschule. Sie kann Vorstellungskraft und Fantasie aktivieren und Sensibilität für den Klang einer Sprache wecken. Der Umgang mit phonologischen Strukturen lässt Schüler erfahren, dass ein Gedicht einen Teil seiner Bedeutung immer via seiner vom Leser zu realisierenden Lautgestalt übermittelt.

Der Bereich kann unterteilt werden in:

- *Lautnachahmende Formen* (Lautmalerei)

Das Geisterschiff
Jürgen Spohn

Es pfeift & kneift	Ein Bums & Rums
& keift & lacht	& Plumps & Schrei
es blitzt & spritzt	mit Ach & Krach
& flitzt & kracht	& Gift & Blei
bei Luke 8	Bei Luke 3
im Geisterschiff	im Geisterschiff
um Mitternacht	ist Keilerei

(aus: *Jürgen Spohn,* Flausen - Sausen. Otto Maier, Ravensburg 1990. © Barbara Spohn 1992)

- *Lautsymbolische Formen* (Reine Lautgedichte)

Hier wird der Laut, das Phonem, zum Sinnträger. Er bildet nicht wie bei lautmalenden Texten etwas anderes nach, sondern übermittelt selbst eine Bedeutung.

Sattsam bekannte Texte sind Christian Morgensterns „Gruselett" und „Das große Lalula". Letzteres ist zwar ein reines Lautgedicht, verzichtet aber nicht auf Stropheneinteilung und Verszeilen. Hugo Balls „Karawane" dagegen geht als dadaistisches Lautgedicht formal noch deutlich weiter, da es in freien Versen ohne metrisches Schema die Vorstellungskraft seiner Leser herausfordert.

Karawane
Hugo Ball

jolifanto bambla o falli bambla
grossiga m'pfa habla horem
egiga goramen
higo bloiko russula huju
hollaka hollala
anlogo bung
blago bung
blago bung
bosso fataka
ü üü ü
schampa wulla wussa olobo
hej tatta gorem
eschige zunbada
wulubu ssubudu uluw ssubudu
tumba ba - umf
kusagauma
ba - umf

(aus: *Karl Otto Conrady* (Hrsg.), Das große deutsche Gedichtbuch. Artemis & Winkler Verlag, München und Zürich 1991)

- *Lautspiele*

Aufbauprinzip ist der lautliche Gleichklang oder eine systematische Verfremdung durch Vokal- oder Konsonantenvertauschung. Ein wohl allen Lehrern bekanntes Beispiel stellt „ottos mops" von Ernst Jandl dar, der mit Vokalgleichklängen arbeitet.
An dieser Stelle wird einem anderen Jandl-Text der Vorzug gegeben, den Grundschüler aufgrund seines spielerisch-verfremdenden Charakters höchst amüsiert und mit großer Begeisterung rezipieren. Die vordergründige Handlung ist auf eine Minimalsyntax ohne Satzzeichen reduziert. Dennoch lässt sich das Gespräch leicht nachvollziehen, ruft gerade deswegen vielfältige Assoziationen hervor und eröffnet eine breite Palette an Interpretations- und Handlungsmöglichkeiten.

die tassen
Ernst Jandl

bette stellen sie die tassen auf den tesch
                                                  perdon
      stellen sie die tassen auf den tesch
                                                  perdon
             die tassen auf den tesch
                                                  perdon
                       auf den tesch
                                                perdon

nöhmen
nöhmen
nöhmen sö söch
nöhmen sö söch eune
nöhmen sö söch eune tass
                    eune tass
                                donke
                                donke

eun stöck zöcker
zweu stöck zöcker
dreu stöck zöcker
                                donke
                                zörka zweu stöck
                                zöcker

follen
follen
hünuntergefollen
                    auf dön töppüch
                                        neun
                                     nur dör hönker üst wög
                    pördon
bötte bötte

(aus: Ernst Jandl. Werke in 10 Bänden, hrsg. von Klaus Siblewski. © 1997 Luchterhand Literaturverlag GmbH, München)

III. Lyrik als Herausforderung: Sprachliche Kreativität und gestaltende Interpretation

1. Gedichte vertragen keine methodischen Patentrezepte

„Also ich", sagte Gabi, „finde Gedichte manchmal schön und weiter gar nichts und dann gefallen sie mir eben. Ist das nun sehr schlimm?"
Herr Leipzig lachte.
So scharf, sagte er freundlich, wolle er die Frage nun eben nicht stellen,
dafür seien die Kinder ja noch Kinder und ihre literarischen Ansprüche naturgemäß noch unentwickelt, doch werde, und da nickte er zuversichtlich, doch werde die Schule ihnen sicher noch beibringen,
was ihnen zu gefallen habe und was nicht.

(aus: Franz Fühmann, Die dampfenden Hälse der Pferde im Turm von Babel. Der Kinderbuchverlag, Berlin 1978, S.219)

Die Methoden des Umgangs mit Gedichten sind so verschieden wie die Gegenstände selbst.
Der Königsweg klassischer Gedichtstunden war die nach Einstimmung und Textdarbietung sich anschließende phonologische, semantische, syntaktische und formale Analyse des Textes. Im ehrfürchtigen Nacherleben der Autorenabsicht sollte die Erlebnis- und Empfindungsfähigkeit für Lyrik geweckt werden. Die traditionelle Gedichtstunde, in der das lyrische Werk als ästhetische Ganzheit im Mittelpunkt stand, muss in ihrer Ausschließlichkeit inzwischen als überholt aufgefasst werden. Sie entsprach noch nie den Bedürfnissen und Erwartungshaltungen von Grundschulkindern, weil sie als fremde Zugangsweise weder Fantasie freisetzen noch Improvisation angemessenen Raum geben kann.
Kinder lieben Gedichte und begegnen ihnen zunächst noch ganz unbefangen und neugierig. Erst die fortgesetzte methodische Domestizierung kindlicher Kreativität und Spontaneität erzeugt Langeweile und Leseunlust.

1.1 Auditiver Zugang

Goldene Welt
Georg Britting

Im September ist alles aus Gold:
Die Sonne, die durch das Blau hinrollt,
das Stoppelfeld,
die Sonnenblume, schläfrig am Zaun,
das Kreuz auf der Kirche,
der Apfel am Baum.
Ob er hält? Ob er fällt?
da wirft ihn geschwind
der Wind in die goldene Welt.

(aus: Gesamtausgabe. Bd. IV. List Verlag, München 1996, S. 303)

Um Himmels willen, wird jetzt vielleicht der eine oder andere ausrufen, was soll ich denn in meiner Klasse mit so einem Ladenhüter anfangen! Lesen, zuhören, darüber sprechen, genießen und erleben, dass es auch mit Game boy-kids möglich ist, ein traditionelles, naturlyrisches Gedicht aktiv und mit Erfolg zu rezipieren.
In einfacher, bildhafter und gereimter Sprache wird die heitere, auch naive Atmosphäre eines sonnendurchfluteten Septembertages aufgebaut. Hier soll allerdings nicht die Absicht des Dichters nachvollzogen und die Form betrachtet, sondern ein individueller Zugang zu der im Herbst vorherrschenden Grundstimmung gefunden werden.
Im Sitzkreis hören die Kinder den *Herbst* aus Vivaldis „Vier Jahreszeiten". Zusätzlich liegen am Boden möglichst viele verschiedene Farbquadrate, die zum *Hörauftrag* überleiten, sich jene Farben auszusuchen, die zur Musik passen. Beim Besprechen der Höreindrücke und der Farbauswahl können u.a. folgende Schüleräußerungen erwartet werden:

„Da ist was Glitzerndes dabei!"
„Ich habe Gold genommen, weil mich die Musik ruhig und froh macht."
„Es war so ein komisches Flimmern drin."
„Es ist langsam und irgendwie traurig. Dazu passt braun."

Ein sich anschließendes Unterrichtsgespräch über den Herbst und die Frage „Was ist jetzt im Herbst alles aus Gold?" mündet in einen Gedichtvortrag durch den Lehrer. Dabei empfiehlt sich den Schülern vorzuschlagen, es sich ganz bequem zu machen, die Augen zu schließen und sich den Bildern, der Melodie und der Stimmung des Gedichts zu öffnen. Immer wieder überrascht die Begeisterung, mit der sich die Kinder dann dieses doch sehr brave, schlichte Gedicht in nicht enden wollender Geduld gegenseitig vorlesen. Von selbst ergibt sich eine musikalische Umsetzung des Textes mit eigenen Klangproduktionen und begleitendem Lesen, die in Partner- oder Gruppenarbeit realisiert wird. Sicher wird es eine erstaunliche Anzahl von Kindern geben, die am nächsten Tag das Gedicht noch einmal lesen wollen und es, intrinsisch motiviert, abschreiben möchten.

Es ist durchaus möglich, dass auch Kinder der neunziger Jahre über Musik, Rhythmus und Sprachklang einen elementaren, unreflektierten Zugang zu Gedichten finden. Man muss es nur einmal ausprobieren. Schüler sollten Gelegenheit erhalten Naturlyrik intuitiv zu begegnen und auf diesem Wege eine Bereicherung ihrer sensitiven Wahrnehmung zu erfahren. Unter diesem Aspekt ist es von untergeordneter Bedeutung, den Text explizit semantisch und phonologisch zu kodieren.

1.2 Meditativer Zugang

Frühlings-Gedanken

Frühling ist wie eine Blume, die
aufknackst. Die Bienen summen
und suchen wieder Honig. Auf
dem Baum sitzt eine kleine Amsel
und singt. Und da ist eine Blätterfee,
die mit hellen Farben bemalt ist.

Melanie, 9 Jahre

Diese Gedanken, die eine Schülerin in den Morgenkreis mitbrachte, waren willkommener Anlass zu einer lebhaften Diskussion über das Phänomen „Frühling". Der selbst verfasste Text motivierte die Klasse zu einem breiter angelegten **Projekt mit dem Thema** *Frühlingsgefühle – Frühlingsgedanken,* dessen Beginn im Folgenden skizzenhaft dargestellt wird:

① **Ein Schneeglöckchen**

Zunächst wird den Kindern mittels einer Folie das Bild von „Sofie" und „Jakob" gezeigt, die sich über ein Schneeglöckchen beugen. Nach ersten gemeinsamen Überlegungen dazu erfahren die Schüler mehr über das Gespräch zwischen den beiden Kindern. Auf der jetzt vollständig aufge-

deckten Folie lesen sie den Text einmal still, dann mit verteilten Rollen. Die Unterhaltung der zwei Freunde und deren Freude über das Entdecken erster Frühlingsboten sind geeignete Identifikationshilfen um den Einstieg in ein Gespräch über schwer formulierbare Emotionen zu erleichtern.
Warum kribbelt es im Bauch? Was sind Frühlingsgefühle? Worüber freust du dich?

Ein Schneeglöckchen

Jakob: Ein Schneeglöckchen!
Sofie: Jetzt kommt der Frühling!
Jakob: Pssst, hörst du die Amsel singen?
Sofie: Bald können wir wieder draußen spielen.
Jakob: In meinem Bauch kribbelt es.
Sofie: Ich glaube, du hast Frühlingsgefühle.
Jakob: Komm, jetzt schreiben wir ein Gedicht!

Abb.3 Ein Schneeglöckchen

(Nach einer Idee aus: Aliki, Gefühle sind wie Farben. Beltz Verlag, Weinheim und Basel 1978, S.6)

② **Frühling**
Christine Nöstlinger

Eines Morgens
ist der Frühling da.
Die Mutter sagt,
sie riecht ihn in der Luft.

Pit sieht den Frühling.
An den Sträuchern im Garten
sind hellgrüne Tupfen.

Anja hört den Frühling.
Neben ihr, auf dem Dach,
singen die Vögel.

Unten vor dem Haus
steigt Vater in sein Auto.
Er fühlt den Frühling.
Die Sonne scheint warm
auf sein Gesicht.

Aber schmecken
kann man den Frühling
noch nicht.
Bis die Erdbeeren reif sind,
dauert es noch lange.

(aus: Der Frühling kommt. Hermann Schroedel Verlag, Hannover 1971)

Im freien Vers schildert das Kindergedicht auf sehr plastische Weise die Stimmung eines gewöhnlichen Frühlingsmorgens, an dem jedes Familienmitglied gleich seiner gewohnten Arbeit nachgehen wird. Die besondere Qualität des Textes besteht darin, dass die Autorin den in der Lyrik stets favorisierten Themenbereich „Frühling" nicht romantisch verklärt darstellt, sondern ihn scheinbar sachlich in den Alltag und die Lebenswirklichkeit von Kindern transponiert. Gerade deshalb verfügt er über eine intensive Aussagekraft, die die Rezeptionsfähigkeiten jüngerer Leser berücksichtigt, auf deren Bedürfnisse eingeht und an deren Erfahrungen anknüpft.

Lenkt man das Interesse auf die Verben, erkennen die Schüler schnell, dass der Frühling in jeder Strophe durch einen anderen Sinn wahrgenommen, an einer Person festgemacht und konkretisiert wird. Erst in der letzten Strophe, die keine Identifikationsfigur mehr bietet, wird der Leser selbst angesprochen. *Bis die Erdbeeren reif sind, dauert es noch lange ...* – Dazu kann jedes Kind etwas mitteilen und spürt dabei eine unerklärliche Sehnsucht zwischen den Zeilen, die Poesie sehr nahe kommt.

Ein assoziatives Sammeln von Wörtern **(Cluster)** zu den verschiedenen Sinneseindrücken *„riechen, sehen, hören, fühlen, schmecken"* schließt die erste Begegnung mit dem Gedicht ab.

Abb.4 Cluster: Mit allen Sinnen den Frühling erleben

③ **Frühling liegt in der Luft!**

Die Kinder machen es sich mit einem Kuschelkissen am Boden bequem. In einer vertrauensvollen Atmosphäre soll eine Art meditative Ruhe geschaffen werden um die Schüler psychisch zu entspannen und sie für Gefühle, Empfindungen und Naturerleben zu öffnen. Versehen mit einem gezielten Auftrag, den wirklich alle Kinder befolgen sollten, lauschen sie den Geräuschen und Klängen eines Frühlingsmorgens (Entsprechende Aufnahmen sind häufig auf Meditationskassetten zu finden.):

*„Schließt eure Augen und versucht euch die strahlende
Sonne, das frische Grün, den Geruch der Luft, die Vögel,
die Wärme und die Lust auf das Leben vorzustellen."*

Anschließend gehen die Kinder nach draußen – in den Pausenhof oder einen nahen Park – um den Frühling dort zu suchen. Sie finden ihn auf

der Wiese, an Büschen und Bäumen, riechen die Luft, schnuppern den Blumenduft, spüren die wärmenden Sonnenstrahlen auf der Haut und hören bewusst dem Zwitschern der Vögel zu.
Zurück im Klassenzimmer wird die Fülle der Eindrücke spielerisch verarbeitet:

Dazu liegen **Schnupperbeutel** bereit. In fest zugebundenen Stofftaschentüchern sind eine Reihe von Naturgegenständen verpackt wie Moos, feuchte Erde, Knospen, junge Triebe eines Nadel- und Laubbaumes, Kirschblüten, Zwiebel eines Frühblühers, frische Grashalme, Osterglocke usf. Reihum wird nun geschnuppert, gerätselt und beratschlagt, welcher Frühlingsbote sich in den einzelnen Säckchen verbergen könnte. So werden die vielfältigen Faktoren des Frühlings sensitiv erlebt und aus auditiven, visuellen, taktilen und osmorphen Mosaiksteinen entsteht bei jedem Kind allmählich eine ureigene, subjektive Vorstellung von „Frühling".

④ **Wenn Käfer auf den Blättern tanzen**

So vorbereitet, kann nun jeder Schüler damit beginnen sein individuelles Frühlingsgedicht zu verfassen. Die Kinder wollen schreiben und sind ganz erfüllt davon, ihre persönlichen Gedanken schriftlich auszudrücken. Dazu erhalten alle „Dichter" ein Blatt mit vorgegebenen Satzanfängen, die Formulierungshilfen sein wollen, aber in keinem Fall Restriktionen sein sollen. So bleibt es jedem selbst überlassen, die einzelnen Strophen analog fortzusetzen oder frei weiterzuschreiben. Die Praxis zeigt, dass die meisten Schüler ihre individuelle Erlebnisweise vertiefen, mit dem angebotenen Wortmaterial experimentieren und sämtliche Variationsmöglichkeiten ausgeschöpft werden.

```
┌─────────────────────────────────┐
│  Mein Frühlingsgedicht          │
│                                 │
│  Frühling ist ein _____    │
│  _____    │
│  _____    │
│  _____    │
│                                 │
│  Frühling ist wie ein _____   │
│  _____    │
│  _____    │
│  _____    │
│                                 │
│  Frühling ist, wenn _____   │
│  _____    │
│  _____    │
│  _____    │
│                                 │
└─────────────────────────────────┘
```

(Nach einer Idee aus: *Gudrun Krause*, Unterrichtsmodelle für das dritte Schuljahr. Klett Verlag, Stuttgart 1980, S.118)

Sicher wird Banales wie Beachtliches zu Papier gebracht werden. Es gibt keine Garantie für das Gelingen von Texten. Doch sollte man sich von der Annahme freimachen, dass dazu eine besondere Begabung oder gar Begnadung erforderlich sei. Die Erwartung, dass meditative Schreibimpulse Assoziationen und Fantasie freisetzen, bestätigt sich in den Ergebnissen: Gefühle und Gedanken sind artikulierbar, Vergleiche unterstützen als sprachliches Mittel die Textproduktion, neue Ausdrucksmöglichkeiten werden erprobt.

Frühling ist ein toller Tag, wenn die Vögel
zwitschern. Dann kann man wieder Rollschuh
fahren und mit Freunden eine Radtour machen
und dazwischen ein Eis essen.

Frühling ist wie ein Wind, der ganz fest pustet: Frühling! Da kann man lange unterwegs bleiben und mit seinen Geschwistern im Garten spielen. Man kann sich richtig wohl fühlen wie ein kleiner Junikäfer, der das Fliegen gelernt hat.

Frühling ist, wenn neue Farben da sind. Dann würde ich am liebsten auf den Spielplatz gehen. Frühling ist, wenn tausend Vögel singen. Frühling ist, wenn Käfer auf den Blättern tanzen.

Julia, 3. Schuljahr

Frühling ist ein wahrer Traum, wie wenn ganz viel Leben erscheint. Frühling ist wie eine frohe Leinwand voller Farben.

Frühling ist wie ein großes Bild mit Blumen und einem Wasserfall, mit viel Leben, mit Sonne, die ins Gesicht scheint.

Frühling ist, wenn alles erscheint und Vögel und andere Tiere zum Leben erwachen und überhaupt die Natur erwacht.

Nissanka, 3. Schuljahr

Frühling ist ein Gefühl, bei dem man mehr Lust auf etwas hat. Frühling ist eine Zeit, in der die Natur geweckt wird. Frühling ist ein Musikinstrument. Frühling ist ein bunter Garten.

Frühling ist wie ein Freudenerwecker.
Frühling ist wie ein Vogelland
Frühling ist wie ein Blumenöffner.
Frühling ist wie ein Traum.

Frühling ist, wenn die Vögel ihre Lieder singen. Frühling ist, wenn der Bach plätschert. Frühling ist, wenn die Frühlingsträume wahr werden. Frühling ist, wenn ihr fröhlich seid.

Sabrina, 3. Schuljahr

Frühling ist eine Schaukel im Winde.
Frühling ist ein Geheimnis der Sonne.
Frühling ist eine schöne Zeit, in der man
spürt, dass die Wärme kommt.

Frühling ist wie ein Gewühl.
Frühling ist wie ein gutes Eis.
Frühling ist wie ein Gedicht.
Frühling ist wie ein Tag voller Freude.

Frühling ist, wenn die Natur bunt ist.
Frühling ist, wenn die Blumen wieder blühen.
Frühling ist, wenn die Sonne am Himmel steht.
Frühling ist, wenn die Menschen froh sind.

Cindy, 3. Schuljahr

Ein buntes Ausstellungsplakat ist schnell hergestellt, wenn man die Bemühungen der Kinder ins rechte Licht rücken will. Dazu schneidet jeder Schüler aus Tonpapier eine Blütenform und klebt sein Gedicht auf. So sorgen die Frühlingsträume einer Klasse noch länger für Gesprächsstoff und stärken das Vertrauen in die eigenen Schreibfähigkeiten. Derart motiviert können sich noch vielfältige Aktivitäten rund um das Thema „Frühlingsgedichte" anschließen. Einige weitere Ergebnisse im Rahmen dieses Projekts sind im Praxisteil der Gedichtewerkstatt aufgenommen:

- Figurenaustausch mit „Frühling"/ Christine Nöstlinger (siehe S. 130 ff.)
- Werbeplakat des „Lieblings-Frühlingsgedichts" (siehe S. 185 ff.)
- Mäusekino mit „Die Bohne"/ Josef Guggenmos (siehe S. 204)

1.3 Rezeption mit allen Sinnen

Es gibt kein endgültiges Rezept für den unterrichtlichen Umgang mit Lyrik, schon allein nicht aufgrund der individuellen und sehr verschiedenen Ausgangslagen in den einzelnen Klassen und Schulen. Allerdings sollte der Lehrer seinen Zugang zu Gedichten einbringen. Er muss seine persönlichen Vorlieben kennen und sie ins Klassenzimmer mitbringen, um glaubwürdig Gedichte vermitteln zu können.
Poesie hat etwas „Rätselhaftes" und Rätsel, Geheimnisse und Experimente machen gemeinhin neugierig. Der fortgesetzte Zwang Gedichte zu interpretieren und zu zerpflücken, zerstört das Geheimnis- und Reizvolle. Diese Vorgehensweise hat schon immer zu einem schwer heilbaren Überdruss an Literatur geführt.

Wie ist es möglich, im Unterricht mit lyrischen Texten umzugehen, ohne dass sie glanzlos werden, ohne dass die Lust am Lesen und Schreiben schal wird?

Statt dieser unnatürlichen Art über den Text und die Autorenabsicht sprechen zu müssen, gibt es eine breite Palette von Möglichkeiten, sich Gedichte anzueignen, sie zu rekonstruieren, zu illustrieren, zu vertonen, sie in andere Gattungen zu übersetzen, sie zu verändern, fortzuschreiben, sie zu zerschneiden, auf Streichholzschachteln zu kleben, auf Packpapier zu malen, sie zu spielen oder zu tanzen. Ein Reservoir an unausgeschöpften Möglichkeiten liegt vor uns!
Wer ein Gedicht verändern, eine Szene gestalten oder etwas dazu schreiben will, der muss sich intensiv mit dem Gelesenen auseinander setzen. Im Vordergrund steht zunächst also nicht die kognitive Rezeption, sondern die Umsetzung von Geschriebenem in Sichtbares, in Gestisches, in Laute. Was kommt dem Entwicklungsstand und der Interessenlage eines Grundschulkindes näher?
Unter der Prämisse, dass die einst innovative pädagogische These „learning by doing" (Dewey) in den TV- und PC-flimmernden Neunzigerjahren noch mehr an Relevanz gewinnt, unterstützt auch ein handlungs- und produktionsorientierter Umgang mit Gedichten den Verständnisprozess. Die Freude am Spiel mit der Sprache in Verbindung mit geeigneten methodischen Möglichkeiten, die alle Sinne ansprechen, erleichtert den Zugang zu Form und Aussage von Gedichten. Kinder begegnen Gedichten, indem sie sie hören, die Bilder spüren, sie mit anderen erleben und neben der eigenen Fühl-, Denk- und Schreibweise auch die des Dichters und der Mitschüler kreativ hinterfragen können.
Es ist wichtig, Raum für einen eigenen, persönlichen Zugang zu schaffen und gleichzeitig Möglichkeiten des Zugangs aufzuzeigen.
Allerdings kann sich die Auseinandersetzung mit Gedichten nie darin erschöpfen, Informationen zu erwarten oder Handlungsanweisungen zu suchen. Zum Umgang mit Lyrik gehört auch ein Bereich des Unwägbaren. Diese für eine poetische Rezeption so typischen, nicht kontrollierbaren Vorgänge muss man als Lehrer zulassen können und auch wollen. Durch apodiktische Umsetzung eines aktiv-kreativen Umgangs mit Lyrik im Unterricht ist jedoch nichts gewonnen. Es wäre bedauerlich, wenn Schüler und Lehrer nun in puren Aktionismus verfielen. Manchmal möchte man mit einem Gedicht eben „nichts" tun. Man möchte es schlicht und ergreifend genussvoll lesen, sich darüber freuen, gedanklich darin verweilen, die Augen schließen und auf Fantasiereise gehen u n d vom Lehrer in Ruhe gelassen werden!

2. Konzeption der Gedichtewerkstatt

2.1 Intentionen

> gedicht von gedichten
> *Kurt Marti*
>
> ein gedicht
> das nicht zu begreifen ist
> möchte vielleicht betastet
> sein
>
> ein gedicht
> das nicht zu betasten ist
> möchte vielleicht betreten
> sein
>
> ein gedicht
> das nicht zu betreten ist
> möchte vielleicht betrachtet
> sein
>
> ein gedicht
> das nicht zu betrachten ist
> möchte vielleicht begriffen
> sein

(aus: *Kurt Marti*, Gedichte, Alfabeete & Cymbalklang. Wolfgang Fietkau Verlag, Berlin 1966)

Betasten, Betreten, Betrachten, Begreifen sind Tätigkeiten, die eine manuelle, affektive und intellektuelle Auseinandersetzung mit Lyrik umreißen.
Sprachkompetenz und Sprachhandlungsfähigkeit sind ostentative Bildungsziele des Deutschunterrichts. Sie können nur angebahnt werden, wenn Kinder die Komplexität sprachlicher Gestaltung erahnen, sich ihr mit wechselnder Blickrichtung spielerisch annähern und sich wesentlicher textproduktiver Verfahren handelnd bemächtigen. Es wäre sicher ein zu enger Blickwinkel, riefe man „Verstehen durch Handeln" als alleiniges Postulat bei der Vermittlung literarischer Texte aus. Bei einem Höchstmaß an Schüleraktivitäten müssen reflektive, rezeptive und produktive Sprachtätigkeiten miteinander verbunden werden. **Der Vielfalt der Textsorten sollte eine Vielzahl von didaktischen Rezeptionsformen entsprechen.**

Texte „mit wachsender Sensibilität als etwas Gemachtes und damit auch - zumindest versuchs- und probeweise - Veränderbares verstehen, produktiv und aktiv mit ihnen umgehen, ihnen nicht nur mit Gedanken, sondern auch mit Gefühlen begegnen, auf sie in jeder findbaren Form reagieren" umschreibt die sprachliche Herausforderung, der sich eine Gedichtewerkstatt stellen will.
(aus: *Haas, Gerhard,* Handlungs- und produktionsorientierter Literaturunterricht in der Sekundarstufe I, Schroedel, Hannover 1984, S.8)

Wird aber nicht die Ästhetizität eines poetischen Textes durch Variation, Modifikation, Ergänzung, Veränderung oder gar Verfremdung desselben zerstört?
Das Werkstatt-Prinzip greift nur dann, wenn Gedichte nicht als unantastbare Werke im Rahmen einer Genie-Ästhetik betrachtet werden, sondern als produzierte Texte. Zugegeben – der lyrische Text besitzt unter diesem Kollektivbegriff seine eigenen Kommunikationsbedingungen, weil er durch Elemente der Mehrdeutigkeit, Originalität, Abgegrenztheit und spezifischer Strukturiertheit gekennzeichnet ist. Gerade aber, weil er aufgrund dieser Merkmale nicht in eine Abfolge von Lerneinheiten gezwängt werden kann, eignet er sich für operative Verfahren.

Produktives Verstehen poetischer Texte macht nur dann Sinn, wenn auch Lyrik in den Bedingungszusammenhang „Autor - Text - Leser" eingeordnet wird. Der Autor fungiert als Sender, der mithilfe des Kommunikationsgegenstandes „Text" Informationen, Motive und Intentionen encodiert. Der Inhalt der im Kommunikationsvorgang übertragenen Mitteilung muss anschließend vom Leser decodiert werden, damit er die gesendete Information übernehmen kann, d.h. er muss **verstehen.**
Das Gedicht wird kommunikativ aufgefasst, nämlich als Prozess, der von der Produktion über die Distribution zur Rezeption und eventuell zu einem direkten oder indirekten feedback führt. Hierin liegt der entscheidende Aspekt einer handlungs- und produktionsorientierten Hermeneutik. **Lyrik als Produkt eröffnet über sprachliche Kreativität und gestaltende Interpretation die Möglichkeit zur Kommunikation.** Ein Gedicht „hat seine konkrete literarische Existenz noch nicht als bloßer Text, sondern erst in dessen Rezeption durch den jeweiligen Leser, wodurch der Leser zu so etwas wie dem 'Koproduzenten' des literarischen Werkes wird. Deshalb ist es didaktisch sinnvoll, diese 'Koproduktion' des Lesers als solche zu organisieren und zu inszenieren, um so in

konkretes Lesen einzuüben und den Text als ‚mitproduzierten' zu verstehen."

(aus: Waldmann, Günter/ Bothe, Katrin, Erzählen. Eine Einführung in kreatives Schreiben und produktives Verstehen von traditionellen und modernen Erzählformen. Klett Verlag, Stuttgart 1993, S.6)

Im Vordergrund bleibt der lyrische Text als Lese-Grundlage. Das aktive Handeln ebnet deutlich mehr Lernenden den Weg zu einer Auseinandersetzung mit dem Gedicht. Vor-, Mit- und Nachgestalten fordern eine starke persönliche Beteiligung heraus, die den Aufbau einer stabilen Lesemotivation erhoffen lässt.
Neben veränderten Methoden steckt dahinter also vor allem eine andere Sichtweise und Erwartungshaltung Kindern gegenüber und ein freier Umgang mit Literatur.

2.2 Sprachliches Handlungsrepertoire

Bescheidenheit bei der Textauswahl und didaktische Reduktion im Vorfeld der Planung sind oberstes Prinzip.
Es kann nicht Aufgabe der Grundschule sein, Lese- und Schreibanfänger mit phonologischen, semantischen und syntaktischen Strukturen zu überfordern und zu demotivieren. Man muss sich als Lehrer auch der Gefahr bewusst sein im Spiel mit der Sprache lediglich Klischees anzuregen. Dies kann beispielsweise bei Reimversuchen geschehen, die über den Originaltext hinausgehen. Das Mitteilen von Inhalten in einer strengen Zeilen- und Reimbindung überfordert Kinder häufig.
In der ersten Begegnung mit Gedichten wird deutlich, dass viele Schüler zunächst noch kein Sprachgefühl für Reime entwickelt haben und mit Begriffen wie „Reimwort" oder „Reimpaar" nichts anzufangen wissen. So ist eine gewisse Vorarbeit und Übung erforderlich, um mit Teilen der Werkstatt im Unterricht gewinnbringend arbeiten zu können und die Kommunikation über Gedichte zu erleichtern. Den Kindern müssen einige Grundbegriffe der Lyrik geläufig sein, damit sie ökonomisch und zielorientiert agieren können.
Die wesentlichen poetischen Grundelemente sind neben der inhaltlichen Aussage Rhythmus, Klang und Reim.
Vorausgesetzt wird hier, dass die Kinder einen vorgegebenen Rhythmus aufnehmen und mit Klanggesten oder Rhythmusinstrumenten wiedergeben können. Weiter sollten sie rhythmische Strukturen von Gedichten erkennen und in Klanggesten wie Klopfen, Klatschen und Stampfen umsetzen können. Die Schüler müssen auch in der Unterscheidung und

Umschreibung von Klangqualitäten wie hell - dunkel oder laut - leise eine gewisse Übung haben.

Begriffe wie „Verszeile", „Vers" und „Strophe" lassen sich im konkreten Umgang mit einem Gedicht rasch anschaulich erklären. Der Schwerpunkt liegt an dieser Stelle auf dem Bereich „Reim". Die folgende Lernsequenz ermöglicht dazu eine spielerische Hinführung. Sie ist flexibel zu handhaben, da Zeitdauer und Umfang des Einsatzes der Klassensituation angepasst werden müssen. Es sind Einstiegsübungen in altersgemäße lyrische Versuche ohne Anspruch auf hohen Sinngehalt.

Dabei sollen die Schüler
- den abstrakten Begriff „Reimwort" im Spiel verstehen,
- den Endreim als Gleichklang erkennen,
- mit vorgegebenen oder selbst gewählten Reimwörtern ganze Verszeilen ergänzen und selbst Verse erfinden,
- einfache Reimfolgen erkennen und benennen,
- selbstständig klanglich und inhaltlich passende Reimwörter finden.

- **Reimwörter - Domino**

Spielanleitung (für 2 – 4 Spieler)

Das Reimwörterspiel besteht aus 30 Kärtchen, auf denen in geteilten Feldern je ein Wort abgedruckt ist (siehe AB 1 a – c). Da die Spielkarten beidseitig angelegt werden können, ist jedes Reimwort zweimal abgebildet. So ist es auch beim Umdrehen ohne Schwierigkeiten zu erkennen und keiner der Spieler ist gezwungen in Spiegelschrift zu lesen.

Die Doppelkarten werden gemischt. Jeder Mitspieler erhält danach 5 Karten. Der Rest bleibt als Häufchen liegen. Von diesem Stapel wird die unterste Karte genommen und in die Mitte gelegt, sie bildet umgedreht den Spielanfang.

Der Erste, der in seinen Karten ein passendes Reimwort findet, darf anlegen. Jetzt ist das erste Reimpaar hergestellt. Jeder Spieler kann hintereinander so viele Karten ansetzen, wie er passend besitzt. Erst, wenn er „Fertig!" meldet, beginnt der nächste Spieler. Von nun an wird im Uhrzeigersinn weitergespielt. Wer kein Reimwort anlegen kann, sagt „Weiter!" oder nimmt sich eine Karte vom Stapel und gibt weiter, wenn wieder kein passendes Wort dabei ist.

Gewonnen hat derjenige, der als Erster alle seine Reimwörter-Karten anlegen kann.

Vampir Vampir	Sternschnuppe Sternschnuppe	Osterhase Osterhase	kugelrund kugelrund
Sofakissen Sofakissen	Ziegenbock Ziegenbock	Spitzenborte Spitzenborte	Tablette Tablette
Kuchenform Kuchenform	Haustier Haustier	Leckerbissen Leckerbissen	Blumenvase Blumenvase
Bienenstock Bienenstock	Winterhose Winterhose	Badewanne Badewanne	Klavier Klavier
Zipfelmütze Zipfelmütze	Segelschiff Segelschiff	Spülmaschine Spülmaschine	Tellerrand Tellerrand

AB 1 b

Glückwunschworte	kunterbunt	Goldkette	Leibspeise
Dosensuppe	Babyrassel	Zuckerzange	Schatztruhe
Fernreise	Brillenschlange	Felsenriff	Henriette
Walfischflosse	Malerpinsel	Schottenrock	Regenpfütze
Käsesoße	Nebelhorn	Deutschland	Barbie-Puppe

AB 1 c

Kaffeekanne	Vorratsdose	Hecke	Rumpraline
Turnschuhe	Berglawine	Sahnetorte	Gartenrose
Sandstrand	Küchentisch	Popcorn	Schnecke
Sommersprosse	Zimmertanne	Kellerassel	Schatzinsel
Decke	Bohnenstange	kerngesund	Tintenfisch

Variation A: Die Karten dürfen nur aneinander reihend rechts oder links angelegt werden.

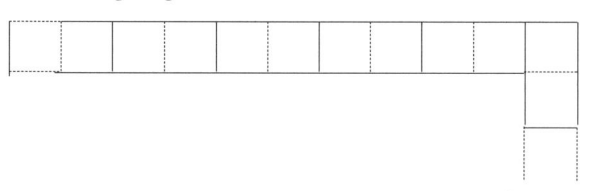

Variation B: Reimwörter können nach allen Richtungen angelegt werden.

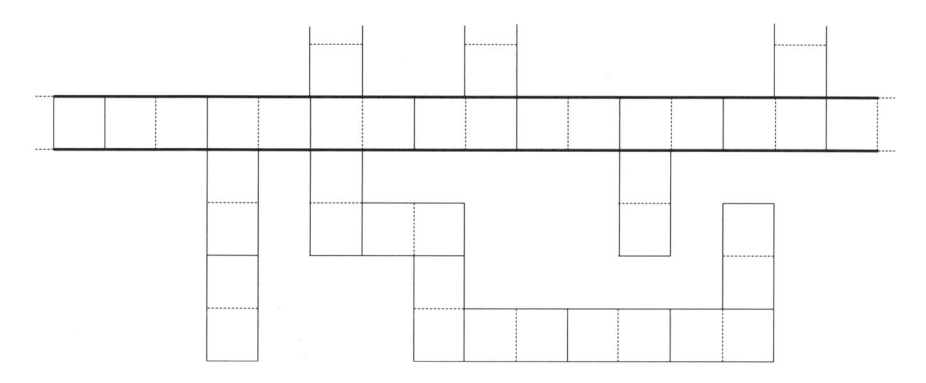

- **Wir erfinden Reimgedichte**

Die Dinge reden
Georg Bydlinski

„Ich reime mich auf Zuckerbäcker",
sagt der alte Rasselwecker.

„Ich reime mich auf Nasenflügel",
sagt der linke Brillenbügel.

Es brummelt stolz die Tiefkühltruhe:
„Ich reime mich auf Stöckelschuhe."

Und die Standuhr sagt:
„Merkt ihr es nicht?
Wir sind ein Gedicht!"

(aus: *Hans-Joachim Gelberg* (Hrsg.), Überall und neben dir. Beltz Verlag, Weinheim und Basel 1986. Programm Beltz & Gelberg, Weinheim)

Was, das soll ein Gedicht sein?! Das ist ja ganz leicht!
So lauten übliche Schüler-Kommentare nach der ersten Konfrontation mit dem Text. Die anfängliche Zurückhaltung bei einigen Kindern und die zögernde Annäherung an Lyrik löst sich im Lachen über den Inhalt auf. Mancher Gedichtemuffel beginnt nun, begeistert mitzumachen.
Der Text ist einfach aufgebaut und lebt von der Freude am Spiel mit der Sprache. Im rhythmischen Sprechen und Klatschen ist die Struktur schnell wahrgenommen:

Zunächst drei Verse mit je einem Reimpaar im gleichen Rhythmus; dann der Rhythmus- und Formwechsel im abschließenden Dreizeiler, der das Erstaunen der Dinge nachvollziehen lässt, gemeinsam ein Gedicht zu bilden. Anthropomorphisierte Gegenstände aus dem Alltagsleben unterhalten sich humorvoll über Reime, bis die weise, alte und behäbige Standuhr in Form eines Frage- und Antwortsatzes ein Schlusswort spricht.
Die Reimpaare einschließlich der isolierten Stellung des letzten Gegenstands werden hervorgehoben und mit rhythmischen Bausteinen unterlegt.

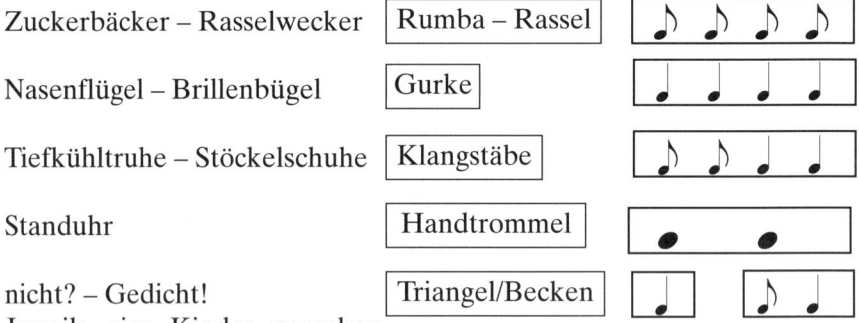

Zuckerbäcker – Rasselwecker	Rumba – Rassel	♪ ♪ ♪ ♪
Nasenflügel – Brillenbügel	Gurke	♩ ♩ ♩ ♩
Tiefkühltruhe – Stöckelschuhe	Klangstäbe	♪ ♪ ♩ ♩
Standuhr	Handtrommel	● ●
nicht? – Gedicht!	Triangel/Becken	♩ ♩ ♪ ♩

Jeweils vier Kinder sprechen nun das Gedicht. Andere begleiten mit den oben angegebenen Rhythmusinstrumenten nur die Reimwörter und das Wort *Standuhr*.
Anschließend werden passende Wörter aus dem Haushalt, Kinderzimmer und Klassenzimmer gemeinsam gesucht und an der Tafel aufgelistet. So vorbereitet schreiben die Kinder in Partner- oder Gruppenarbeit ein analoges Gedicht. Je nach Klassensituation erfinden manche Gruppen selbstständig einen Text, bei einigen Dichtern muss der Lehrer Unterstützung geben.

Ein Schülerbeispiel:

„Ich reime mich auf Kaffeetasse",
sagt die alte Spielzeugkasse.

„Ich reime mich auf Mohrenkopf",
sagt der bunte Blumentopf.

Es klingelt frech die Mikrowelle:
„Ich reime mich auf Suppenkelle."

Und der Fernseher sagt:
„Merkt ihr es nicht?
Wir sind ein Gedicht!"

- **Tipps für Dichter**

Die **Reimstellung**, also die Anordnung der Reimpaare oder Reimgruppen zueinander, ist ein wichtiges Instrument, das alle Kinder beherrschen sollten. Nur so kann man unabhängig von Lehrer oder Mitschüler experimentieren, Arbeitsanweisungen schnell erfassen ohne langatmige Erklärungen aufnehmen zu müssen und selbstständig analoge Formen bilden. Doch gilt es, sich auf die wichtigsten und gebräuchlichsten Formen zu beschränken. Kompliziertere Reime können sich interessierte Schüler dann ohne Anleitung erschließen oder in Phasen freier Arbeit den Lehrer danach fragen.
So umfassen die **„Tipps für Dichter"**

- **Kreuzreim,** bei dem sich jede Verszeile mit der übernächsten Zeile reimt (**abab**);
- **Paarreim,** bei dem sich stets zwei aufeinander folgende Verszeilen reimen (**aabb**);
- **Umschließender Reim,** wo sich die erste mit der vierten und die zweite mit der dritten Verszeile reimt (**abba**).

Auch wenn die Buchstaben für Kinder zunächst sehr abstrakt und unverständlich wirken, ist es im Rahmen der Arbeit mit der Gedichtewerkstatt unabdingbar, sie einzuführen. Verstehenshilfe ist jeweils ein Drachenpärchen, das durch seine Position zueinander die jeweilige Reimstellung visualisieren und veranschaulichen soll. Haben die Schüler das Prinzip verstanden, ist es hilfreich, ein wie in Abb. 5 gestaltetes Plakat im Klassenzimmer langfristig aufzuhängen.

Kreuzreim

Die Blätter an meinem Kalender,	a
die sind im Frühling klein	b
und kriegen goldene Ränder	a
vom Märzensonnenschein.	b

Paarreim

Der Maulwurf Tom ist jede Nacht	a
verärgert und sehr aufgebracht.	a
Ein dickes, freches, altes Schwein	b
quetscht sich in seine Hütte rein.	b

Abb. 5: Tipps für Dichter

Umschließender Reim

Im Winter geht die Sonn   a
Erst mittags auf die Straße   b
Und friert in höchstem Maße   b
Und macht sich schnell davon. a

Abb. 5: Tipps für Dichter

- **Reimschmiede**

Aufbauend auf den **Tipps für Dichter** wird an der Tafel ein Reimschema vorgegeben, das mit beliebigen Paarreimen nach Schülervorschlägen vergegenständlicht wird. Danach versuchen die Schüler allein oder zu zweit die Zeilen zu füllen. Am Ende wird eine erste, gemeinsame Strophe an der Tafel festgehalten.

Beispiel einer Tafelanschrift:

a	**Traum**	In meinem letzten **Traum**
a	**Baum**	hockte ich auf einem **Baum**.
b	**Affe**	Ich lebte dort als **Affe**
b	**Giraffe**	und verliebte mich in eine **Giraffe**.

Die für Erwachsene banal klingenden Reime bereiten Kindern große Freude. Mit Eifer machen sie sich daran, neue Strophen zu finden. Als Weiterführung eignet sich folgende Partnerübung:
Beide wählen ein Schema aus den Dichtertipps und schreiben die Buchstaben untereinander auf ein Blatt. Jetzt werden die Blätter ausgetauscht und entsprechende Reimwörter dahinter geschrieben. Wenn sie an den Absender zurückgegeben sind, versucht jeder auf seinem Blatt zu den Reimen ein Gedicht zu entwerfen.
Variante: In der Gruppe werden die Blätter reihum gereicht und jeder darf nur ein Reimwort ergänzen. Die so entstandenen Texte werden vorgelesen, besprochen und eventuell verbessert.
Jeder schreibt danach sein Gedicht noch einmal sauber ab und malt einen Schmuckrand oder etwas inhaltlich Passendes dazu. Danach werden sie zum Plakat **Tipps für Dichter** gehängt, dessen Reimvorgaben durch eigene Entwürfe eine sehr persönliche Konkretisierung erfahren. Die Reimschmiede übt auf meine Schüler immer einen großen Reiz aus. Sie wird in der Folgezeit vor Unterrichtsbeginn, in Phasen der Freiarbeit oder im Rahmen der inneren Differenzierung fortgesetzt.

- **Der gereimte Löwe**
(Unterrichtspraktisches Beispiel)

Der gereimte Löwe
James Krüss

Ein Löwe, groß und fürchterlich,
Begann vor Wut zu weinen:
Er suchte einen Reim auf sich,
Doch leider fand er keinen.

Er lief durchs ganze Afrika
(Am Tag oft zwanzig Stunden)
Und fraß so manchen Dichter da,
Der keinen Reim gefunden.

Am Kap der Guten Hoffnung, ach,
War Afrika zu Ende.
Allein er dachte weiter nach,
Wie er ein Reimwort fände.

Er saß betrübt am Meeresstrand,
Wo wilde Wellen schäumen,
Bedenkend, dass sich rings im Land
Fast alle Tiere reimen.

Es reimt sich, sprach er, Kuh auf Gnu
Und Stiere auf Vampire.
Auch Marabu und Känguru
Sind reimverwandte Tiere.

Warum reimt sich der Löwe nicht?
Soll er stets reimlos bleiben?
Wird niemals jemand ein Gedicht
Mit Löwenreimen schreiben?

Der arme Löwe saß und sann,
Im Ufersande schabend.
Da kam ein weißer Vogel an
Und sagte: Guten Abend!

Lass mich allein! Entferne dich!
Erwiderte der Löwe.
Ich suche einen Reim auf mich.
Da sprach der Vogel: Möwe!

Zwar reimt sich, sprach sie, Hunz auf Kunz
Und andre dumme Sachen;
Jedoch auch wir zwei reimen uns.
Und sie fing an zu lachen.

Der Löwe lachte ebenfalls
Und raste vor Entzücken.
Er fiel der Möwe um den Hals,
Als wollt er sie erdrücken.

Er rief: Ich habe einen Reim!
Hoch lebe jede Möwe!
Jetzt kehre ich beruhigt heim
Als der gereimte Löwe.

Seitdem sagt jedes Löwenkind
Zu jeder Möwe Tante,
Weil sie doch jetzt Verwandte sind –
Zumindest Reimverwandte.

(aus: *James Krüss*, Der wohltemperierte Leierkasten. © 1961 C. Bertelsmann Jugendbuchverlag, München)

Ein Folienbild gibt Anlass zu ersten Vermutungen über den Kummer und die Herkunft des Löwen:

Abb. 6a: Der gereimte Löwe

Textdarbietung
Der Lehrer trägt Strophe 1 – 4 vor. Die Schüler können im folgenden Unterrichtsgespräch jetzt Genaueres erzählen.

Eigene Gestaltungsversuche
Die Sprechblase des Löwen wird auf der Folie ausgetauscht:

Abb. 6b: Der gereimte Löwe

Erste Überlegungen zur Aussage des Löwen münden in einen *Arbeitsauftrag:*
Suche gemeinsam mit deinem Nachbarn Tiernamen, die sich reimen. Einer von euch schreibt sie auf den Block.

Die Ergebnisse werden vorgetragen.
Einige davon schreiben der Lehrer oder auch Schüler auf den Tageslichtprojektor in die Lücken der Sprechblasen. Eventuell lässt sich eine gemeinsame Lösung finden.

Nachgestalten
Impuls: Der Löwe hat an folgende Tiere gedacht!
  (Tafel links wird aufgeklappt)

Känguru	Gnu
Kuh	Vampire
Stiere	Marabu

Nach lautem Vorlesen werden die Karten so umgeheftet, dass sich Reimpaare gegenüberstehen. Angeregt durch rhythmisches Klatschen finden die Schüler auch heraus, dass *Marabu* und *Känguru* sowie *Kuh* und *Gnu* ein Paar bilden.

Arbeitsauftrag:
Jede Gruppe erhält jetzt den Lückentext (Anm.: Kopie der Folie 6 b). Überlegt gemeinsam, wie die Tiernamen eingesetzt werden können. Die Reimform ist abab, also ein Kreuzreim. Der Gruppenschreiber notiert erst dann, wenn ihr euch einig seid.
Bei den Lösungen der Kinder sollten Reim und Rhythmus stimmen. Durchaus können jedoch die Tiere im Gegensatz zum authentischen Text vertauscht sein. Die Gruppen lesen ihre Strophen vor und heften das Blatt unter die Tiernamen an der Tafel.

Rückkehr zum Gedicht
Aufklappen der rechten Tafelhälfte:

Es reimt sich, sprach er, Kuh auf Gnu
Und Stiere auf Vampire.
Auch Marabu und Känguru
Sind reimverwandte Tiere.

Warum reimt sich der Löwe nicht?
Soll er stets reimlos bleiben?
Wird niemals jemand ein Gedicht
Mit Löwenreimen schreiben?

Impuls: James Krüss, so heißt der Autor des Textes, hat sich das so gedacht!
Beim Vergleich mit dem Original werden sich manche Kinder freuen, die Idee des Autors gefunden zu haben. Doch müssen auch andere Lösungen deutlich positiv beurteilt und als gleichwertig behandelt werden.
Ein guter Leser trägt Strophe 6 vor, die ebenfalls an der Tafel steht. Die Schüler äußern sich frei dazu.

Ergänzen ausgesparter Endreimwörter
Die Kinder erhalten ein Blatt mit den restlichen Strophen 7-12 des Gedichts (siehe AB 2).
Beim Betrachten des Arbeitsblattes erkennen sie selbst die Gestaltungsaufgabe und formulieren etwa:
Wir sollen jetzt Wörter einsetzen, die zum Inhalt passen und sich reimen.
Sehr gute Leser arbeiten selbstständig, indem sie die Wörter zunächst auf dem Block festhalten. Die anderen bekommen ein zweites Blatt mit den fehlenden Teilen, die sie ausschneiden, probierend arrangieren und schließlich an die passende Textstelle legen. Für alle hilfreich ist noch einmal der Hinweis auf den Kreuzreim.
Nach gemeinsamer Kontrolle werden die Wörter eingesetzt.

Abschluss-Möglichkeiten
- Zu den Sprechblasen malen die Kinder Löwe und Möwe auf das Blatt.
- Abschließend erhalten die Schüler den gesamten Text, der in Variationen laut gelesen wird:
  mit verteilten Rollen;
  strophenweise mit 14 Kindern;
  als Partnerübung unter Betonung des Kreuzreims, d.h. A liest 1.Zeile, B die 2.Zeile, A die 3.Zeile usf.
- Ein Exemplar des Gedichts „Der gereimte Löwe" wird im Klassengedichteband abgeheftet.

| Name _____ | Datum _____ | **AB 2** |

Der gereimte Löwe (James Krüss)

Der arme Löwe saß und sann,
Im Ufersande schabend.
Da kam ein weißer Vogel _____
Und sagte: Guten _____!

Lass mich allein! Entferne dich!
Erwiderte der _____.
Ich suche einen Reim auf mich.
Da sprach der Vogel: _____!

> Zwar reimt sich, sprach sie, Hunz auf Kunz
> Und andre dumme _____;
> Jedoch auch wir zwei reimen uns.
> Und sie fing an zu _____.

Der Löwe lachte ebenfalls
Und raste vor _____.
Er fiel der Möwe um den _____,
Als wollt er sie erdrücken.

> Er rief: Ich habe einen _____!
> Hoch lebe jede _____!
> Jetzt kehre ich beruhigt _____
> Als der gereimte _____.

Seitdem sagt jedes _____
Zu jeder Möwe _____,
Weil sie doch jetzt Verwandte sind –
Zumindest Reimverwandte.

Findest du die passenden Reimwörter?
Denke an den Kreuzreim **abab**!

✂

Löwe	Tante	Möwe
Abend	Sachen	Löwenkind
Hals	Möwe	Reim
an	heim	Löwe
lachen		Entzücken

2.3 Handwerker-Utensilien

Voraussetzung für einen erfolgreichen und zunehmend selbstständigen Umgang mit der Gedichtewerkstatt ist das richtige Material in ausreichendem Umfang.

Am besten bittet man Eltern und Schüler um Mithilfe. Im Laufe der Zeit sammelt sich ohne großen finanziellen Aufwand genügend „Handwerkszeug". Dabei muss der Lehrer jedoch gezielt vorgehen um hinterher keinen Müllplatz für ausrangierte Haushaltsrollen und Kaffeedosen im Klassenzimmer vorzufinden. Es ist von Vorteil, wenn die Kinder am Entstehungsprozess beteiligt sind. Sie wissen dadurch sehr genau, welche Dinge zur Verfügung stehen und was eventuell noch fehlt. Umständliche Einweisungen entfallen. Außerdem zeigen Schüler dann auch mehr Mitverantwortung bei der Verwendung der Gegenstände.

Das Material muss appetitlich verpackt werden und in offenen Regalen bzw. an einem festen Platz allen zur Verfügung stehen. Schließlich soll es **Angebotscharakter** haben!

Sicher kann man notwendiges Unterrichtsmaterial auch von jedem Schüler einzeln mitbringen lassen. Das schließt sich auch bei einer gut gefüllten Materialsammlung in Einzelfällen nicht aus. Doch es ist lästig, immer wieder Sachen zum Mitbringen aufschreiben zu lassen, deren Vollständigkeit zu überprüfen und bei manchen Schülern mehrmals nachhaken zu müssen. Ganz abgesehen vom Ärgernis für Eltern, allzu oft Zusätzliches besorgen zu müssen.

Viel wichtiger ist aber zu verhindern, dass spontane Aktionen oder originelle Ideen, die plötzlich in der Auseinandersetzung mit Gedichten entstehen können, aufgrund Materialmangels zunächst nicht durchgeführt werden können.

Was brauchen wir? Wie bewahren wir es auf?
So können Handwerker-Utensilien für Dichter strukturiert und aufgehoben werden:

- Größere Schuhkartons (Stiefel, Skistiefel, Wanderschuhe) werden mit buntem Papier beklebt und erhalten folgende Etiketten:
  Kataloge/Prospekte
  Zeitungen/Zeitschriften
  Stoffe/Filz
  Bunt- und Tonpapier
  Wolle

- Tapetenrollen, große Bögen Plakatkarton und Packpapier werden in einem Behälter verstaut. Dazu eignen sich ein hoher Papierkorb, ein

ausgedienter Wäschesammler oder ein Pappkarton aus einem schwedischen Möbelhaus.
- Einmachgläser nehmen auf:
Dicke Buntstifte
Faserschreiber
Textmarker
- **Künstlerkoffer**
Es ist sehr motivierend, wenn tatsächlich ein alter Koffer zur Verfügung steht. Er enthält:
Fingerfarben, Textilmarker, Tusche, Hefter, Locher, Büroklammern, Tesafilm, Klarsichthüllen, Folien, Karteikarten, Schaschlikstäbe, ...
- **Requisitentruhe**
Hilfsmittel für szenische Umsetzung:
Große Stoffreste/Stoffbahnen, Wäscheklammern und Sicherheitsnadeln zum Drapieren, Teile von Faschingskostümen, Masken, alte Hüte, Gürtel, Kleidung, Modeschmuck, Perücken, Tücher, Schals, Tüll, Federn, Stirnbänder, Tischdecke, Bettlaken, Papierblumen, Plastikschwert und vieles mehr.
- Für musikalische Ausgestaltungen sollten Orff-Instrumente griffbereit sein. Zumindest müssen Möglichkeiten zum Selberbasteln vorhanden sein.

2.4 Methodische Anregungen

Das Werkstatt-Prinzip verweigert sich einer Haltung, die Lyrik analysieren will und dressierte Schüler nach der Botschaft des Autors fragen lässt.
Kinder verfügen über ein hohes kreatives Potential. Sie sollen erleben, dass sie beim Entdecken von Sprache ihre eigenen Erfahrungen, Fragen, Interessen und Fantasien miteinbringen können. Die Gedichtewerkstatt gibt inhaltliche Ideen und methodische Anregungen für:

- die Freude am Wortspiel und die Freiheit im Umgang mit Wörtern.
- einen spielerischen und fantasievollen Umgang mit Lyrik.
- eine experimentelle und selbstständige Auseinandersetzung mit Textelementen.
- die Überwindung von Schreibängsten.
- die Möglichkeit Aussagemittel in unterschiedlichen Gattungen und Medien zu erproben.
- die Erarbeitung eigener Stellungnahmen zu Gedichten in gestaltender Form.

Die Gedichtewerkstatt zeigt methodische Grundtypen und eine Auswahl von Verfahren des handlungs- und produktionsorientierten Literaturunterrichts, die in der Primarstufe durchführbar sind.

Die Auflistung unter Teil IV versteht sich nicht als Summe einzulösender Möglichkeiten. Es sind vielmehr Unterrichtselemente, die zusammengefasst ein Instrumentarium für die Hand des Lehrers bilden. Damit können über die gezeigten Beispiele hinaus auch andere lyrische Texte entsprechend kreativ interpretiert werden. Welches Verfahren für ein Gedicht am geeignetsten und für eine Textbegegnung am Erfolg versprechendsten ist, lässt sich pauschal nicht sagen. Erst wenn der Lehrer über ein Methodenrepertoire verfügt, kann er entscheiden, was er für den konkreten Text einsetzen will. Das gewählte Verfahren muss zum Gedicht passen, der Klassensituation im Hinblick auf Leistungsvermögen und motivationelle Faktoren entsprechen und persönliche Zielsetzungen erfüllen.

Die gezeigten Gedichte sind eine subjektive Auswahl der Autorin. Allerdings wurde auf ein möglichst vielfältiges Angebot lyrischer Texte Wert gelegt.

Manches Gedicht erscheint in Varianten bei verschiedenen textproduktiven Verfahren. Zum einen liegt das daran, dass alle Beispiele in der Praxis erprobt wurden. Schon allein aus unterrichtspraktischen und zeitlichen Gründen müssen manche Texte mehrmals bemüht werden. Zum anderen aber fällt dabei auch der starke interdisziplinäre Bezug als besonderer Aspekt der Lyrik ins Gewicht. Damit sind auch Projekte angesprochen, doch stellen sie Ausnahmen im Schuljahr dar und sind aufgrund der erhöhten Anforderungen nicht alltagstauglich. Bei einer produktiven Tätigkeit mit Gedichten entstehen jedoch fächerübergreifendes Lernen und Arbeiten von selbst. So entwickelt sich aus der konkreten Unterrichtssituation oft zwanglos der Wunsch, sich mit einem Gedicht noch länger auseinander zu setzen und andere Aktivitäten miteinzubeziehen.

Im Idealfall ermöglicht der Umgang mit der Gedichtewerkstatt differenzierenden und individualisierenden Unterricht. Nach einer Anfangsphase, die sicher weitgehend vom Lehrer initiiert ist, wissen die Schüler, was man alles mit Gedichten machen kann. Viele entwickeln nun eigene Ideen und begegnen einem Gedicht nach ihren Vorlieben. Dies geschieht am besten im Rahmen des Wochenplanunterrichts, ist aber auch phasenweise im Frontalunterricht möglich. Wenn es gar nicht anders geht, kann man damit auch 45-Min-Einheiten planen. Fortsetzungsfolgen sind erwünscht!

Um mit Nachdichten, Gedichteschreiben, freiem Schreiben und anderen Gestaltungsleistungen beginnen zu können, brauchen die Kinder eigentlich kaum besondere Anstöße. Während der Produktion sind Anregungen jedoch sehr hilfreich. Der Lehrer muss sich dabei weitgehend zurückhalten und seine sonst eher dominierende Rolle verändern und erweitern.

Werkstatt heißt „selber machen" und verlangt nach einem Lehrer, der Impulse setzt und seine Schüler begleitet, berät, fördert und ermutigt.

Rezeption ist etwas Subjektives und darf sich nicht darauf beschränken, Informationen zu geben und Handlungsanweisungen aufzulisten. Sowohl Deutung wie Umfang der Auseinandersetzung können nicht allgemeingültig festgelegt werden. Über die Gedichtewerkstatt erhalten die Schüler Freiräume zum Selberdenken, zum Erfinden, zum Spielen, zum Forschen, zum Entdecken und zum kritischen Betrachten.

Immer müssen die fertigen Texte angemessen gewürdigt werden. Damit ist keine Auswertung im üblichen Sinn gemeint, sondern der Einbezug der Arbeiten ins Schulleben oder eine organisch darauf aufbauende Beschäftigung mit der Eigenproduktion.

Dies kann nur in einer Atmosphäre stattfinden, in der sich jeder akzeptiert fühlt, keine Angst vor negativer Kritik herrscht und in der Experimentierfreude, Selbsttätigkeit und Selbstständigkeit gefördert werden. Dazu können vorher oder erst bei gegebenem Anlass Spielregeln gemeinsam diskutiert und erstellt werden. Sie sollen allen Kindern wichtige Grenzen aufzeigen und emotionale Sicherheit vermitteln.

Spielregeln in der Gedichtewerkstatt

☺

Ich kann alles sagen, was mir zu einem Gedicht einfällt.

☺

Keine Idee wird ausgelacht!

☺

Andere dürfen sich zu meinem Werk in Freundschaft äußern und ich bin bereit zuzuhören.

☺

Ich gebe Anregungen und mache Vorschläge.

☺

Ich kann mir Hilfe bei einem Partner oder beim Lehrer holen.

☺

Wenn ich allein arbeiten will, müssen die anderen darauf Rücksicht nehmen.

Abb. 7: Spielregeln in der Gedichtewerkstatt

IV. Gedichtewerkstatt

1. Textrekonstruktionen

Beim antizipierenden Gestalten wird den Kindern das Gedicht nicht als abgeschlossenes Werk eines Autors dargeboten, sondern in einer unvollständigen, veränderten oder verfremdeten Form. Im Vor- und Nachgestalten müssen sie auf spielerische Weise Strophen herstellen, ordnen, zusammensetzen, vervollständigen, Reime suchen, Formen enträtseln und anderes mehr.
Im Unterschied zur Präsentation eines fertigen Produkts sind die Schüler hier am Aufbau der Gestalt beteiligt. Sie erfahren also bei dieser Vorgehensweise, welcher Sprachgestaltungsprozess einem Gedicht vorausgeht. Solche operativen Verfahren bedingen eine Gestaltungsarbeit, die Lyrik besser begreifbar machen kann. Durch die intensive Auseinandersetzung mit den Textteilen, dessen Inhalt und Struktur und durch den Versuch, dem Original möglichst nahe zu kommen, wird ein besseres Textverständnis erreicht. Die ganze Aufmerksamkeit ist zunächst auf das WIE der Gestaltung gerichtet.
Bei allen Varianten erfolgt hinterher der Vergleich mit dem Original. Doch oft ist es sekundär, die originäre Form zu finden. Das Herstellen der individuellen Form ist in vielen Fällen Ergebnis genug.

1.1 Verszeilen zusammensetzen

① *Das große, kecke Zeitungsblatt* von Josef Guggenmos

Das große, kecke Zeitungsblatt
Josef Guggenmos

Heut wanderte durch unsre Stadt
ein großes, keckes Zeitungsblatt,
mir selber ist's begegnet.

Herab die Straße im Galopp
kam es gelaufen, hopp, hopp, hopp,
von weitem mir entgegen.

Allmählich wurd es müd. Es kroch,
es schlurfte nur, es schlich nur noch.
Und legte still sich nieder.

Da lag's, wie eine Flunder platt.
Dann aber tat das Zeitungsblatt
ganz plötzlich einen Sprung.

Stieg steil empor in kühnem Flug,
wobei es ein paar Saltos schlug,
und landete dann wieder.

Da saß es nun und duckte sich.
Jetzt krieg ich dich! - Doch es entwich
mit tausend Purzelbäumen.

(aus: *Josef Guggenmos,* Oh, Verzeihung, sagte die Ameise. Beltz & Gelberg, Weinheim 1990)

Überlegungen zum Text
Wer nach lebendigen und ehrlichen Gedichten für Kinder sucht, darf die Lyrik von Josef Guggenmos nicht vernachlässigen. Seine Texte zeichnen sich aus durch eine verständliche, konkrete Sprache und ein genaues Beobachten und Beschreiben von oft erstaunlich einfachen Begebenheiten aus dem Alltag.
Als Ich-Erzähler beschreibt er mit epischen Elementen den Bewegungsablauf eines Zeitungsblattes durch die Straßen einer Stadt. Der Erzähler scheint es zu jagen, beobachtet es genau und bekommt es am Ende doch nicht zu fassen. Das Adjektiv „keck" verhilft dem Zeitungsblatt zu menschlichen Zügen und unterstellt Handlungsfähigkeit. Mit Absicht scheint es seinen Jäger an der Nase herumzuführen. Ein Umstand, der besonders Kindern im Grundschulalter große Freude bereitet. Da jeder auf eigenes Erleben mit einem davonflatternden Blatt zurückgreifen kann, ist die Handlung gut zu visualisieren und nachzuerleben.
Das Erzählgedicht besteht aus sechs Strophen mit je drei Verszeilen; die Reimform ist durchgängig aab.

Einsatz in der Gedichtewerkstatt
Gedichte, sagte Josef Guggenmos einmal selbst, seien „für den Gebrauch da. Man kann – je nach seiner Besonderheit – mancherlei mit ihm machen. Man darf es, wenn dadurch das Gedicht fesselnder, liebenswerter, besitzenswerter wird."

(aus: *Josef Guggenmos,* Zum Gebrauch, in: Josef Guggenmos zu Ehren. Beltz Verlag, Weinheim 1992)

Noch lange bevor die Schüler also das Original kennen lernen, erhalten sie das zeilenweise zerschnittene Gedicht mit der Aufgabe, den Text aus dem vorgelegten Material zu rekonstruieren (siehe AB 3). Kinder, die auf diese Weise mit einem Gedicht konfrontiert werden, können ihrer Entdeckerfreude freien Lauf lassen. Immer wieder erlebe ich im Schulalltag, dass sich Schüler dann wesentlich intensiver und engagierter mit Inhalt und Form auseinander setzen. Im Lesen, Nachdenken, Experimentieren und Kombinieren der Zeilen vollziehen sie den Weg des Autors nach und erleben eine selbsttätige Form der Interpretation.

Doch kann nicht jedes Gedicht in Textfragmenten dargeboten werden, ohne dessen Harmonie zu zerstören. Immer muss die gewählte Textanalyse dem Inhalt und Stil des jeweiligen Gedichtes entsprechen.

Hier erhalten die Kinder einzelne Verszeilen, die in Anlehnung an die Zeitungsblattepisode herumwirbeln und in Unordnung geraten sind. Überschrift, erste und letzte Strophe werden vollständig vorgegeben, um den Nachvollzug des Bewegungsablaufes zu vereinfachen. Der Vorteil dieses Textes besteht darin, dass eine Rekonstruktion über die Handlung des Erzählgedichtes und die Form möglich ist. Bei Kindern, die im operativen Umgang mit Gedichten noch wenig Übung haben, ist es sicher hilfreich, Reimform und fehlende Strophenanzahl vorzugeben. Sonst aber kann man es auch lassen, wartet Schülerergebnisse ab und erörtert im anschließenden Gespräch und Vergleich mit dem Original die Beweggründe der Kinder, den logischen Aufbau und das Reimschema.

Arbeitsaufträge zur Partnerarbeit:
1. Lest euch den Text noch einmal gegenseitig leise vor.
2. Schneidet die einzelnen Streifen aus.
3. Versucht durch Legen und Hin- und Herschieben den Weg des Zeitungsblattes herauszufinden.
4. Wenn ihr euch einig seid und alle Streifen verwendet habt, klebt ihr euer fertiges Gedicht auf ein Zeitungsblatt.
   (Einzelne Seiten aus einer Tageszeitung liegen an einem Tisch für alle Schüler zur Verwendung bereit.)
5. Wer noch Zeit hat, kann dazu etwas malen.

Name _____ Datum _____ **AB 3**

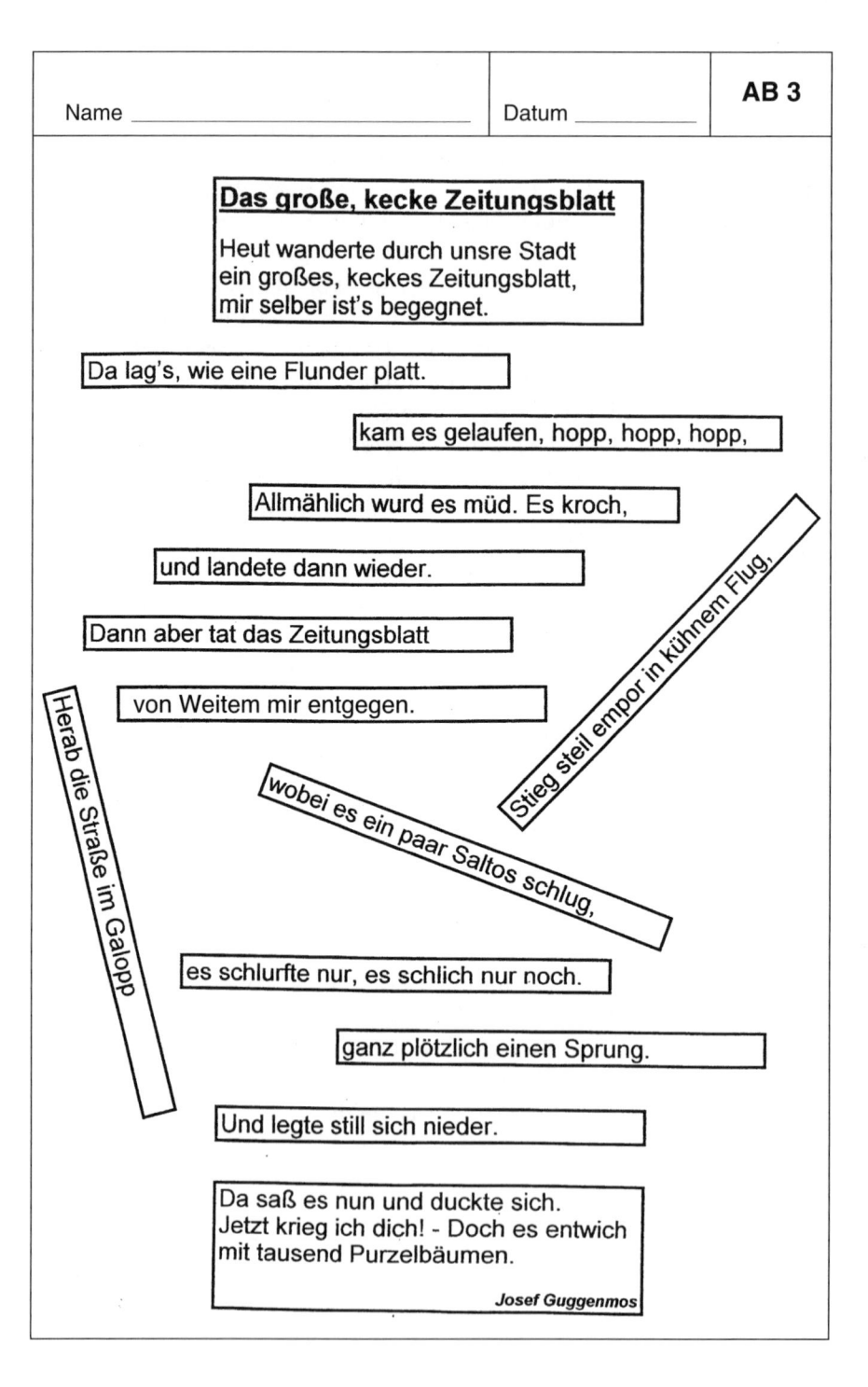

Das große, kecke Zeitungsblatt

Heut wanderte durch unsre Stadt
ein großes, keckes Zeitungsblatt,
mir selber ist's begegnet.

Da lag's, wie eine Flunder platt.

kam es gelaufen, hopp, hopp, hopp,

Allmählich wurd es müd. Es kroch,

und landete dann wieder.

Dann aber tat das Zeitungsblatt

Stieg steil empor in kühnem Flug,

von Weitem mir entgegen.

Herab die Straße im Galopp

wobei es ein paar Saltos schlug,

es schlurfte nur, es schlich nur noch.

ganz plötzlich einen Sprung.

Und legte still sich nieder.

Da saß es nun und duckte sich.
Jetzt krieg ich dich! – Doch es entwich
mit tausend Purzelbäumen.

Josef Guggenmos

Abb.8: Schülerlösungen „Das große, kecke Zeitungsblatt"

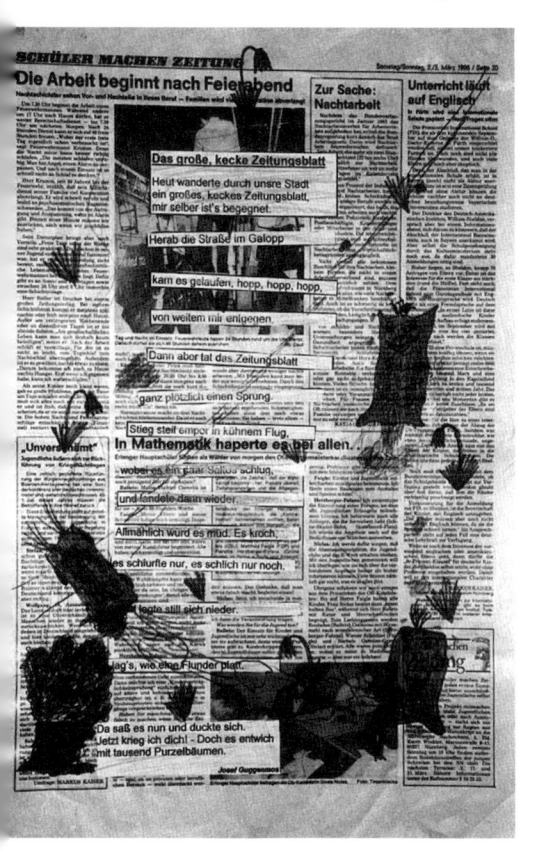

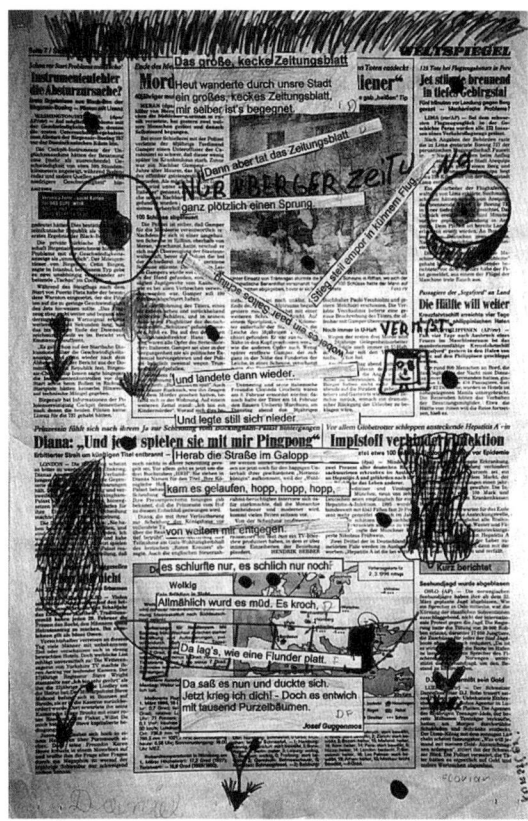

Tobias und Isabell, 3.Klasse   Daniel und Florian, 3.Klasse

Die Ergebnisse zeigen, dass die Kinder zwar Handlungsverlauf und Endreim zum Nachgestalten zu Hilfe nahmen, weitere Strophen allerdings nicht herstellten. Wem dies wichtig erscheint, sollte demnach vor Einsatz des Arbeitsblattes darauf verweisen. Die Lösungen bestätigen die Intention einer aktiven Auseinandersetzung mit Inhalt und Gehalt. Beim Kleben und Gestalten des Zeitungsblattes nahmen viele Schüler die Anregungen der Kopiervorlage auf und interpretierten durch besonderes Arrangement der Streifen den Text auf ihre Weise. Dies veranschaulicht auch das zweite Beispiel bei „Stieg steil empor in kühnem Flug" und „wobei es ein paar Saltos schlug".

② *Das Paket* von Jutta Richter

Das Paket
Jutta Richter

Ich bekomme ein Paket,
wo mein Name draufsteht.
Erst guck ich es an,
ich freu mich, und dann
fängt das Auspacken an.

Und es knistert und es raschelt
und es kribbelt mir im Bauch.
Kennst du das auch?

Was da drin ist, will ich seh'n,
ach, es müsste schneller geh'n!
Herz, es klopft,
und Hand, sie bebt.
Alles ist fest zugeklebt.

Und es knistert und es raschelt
und es kribbelt mir im Bauch.
Kennst du das auch?

(aus: *Jutta Richter*, Der Sommer schmeckt wie Himbeereis. C. Bertelsmann Verlag, München 1990 © Jutta Richter)

Einsatz in der Gedichtewerkstatt
Analog zum vorangegangenen Beispiel erhalten die Kinder wieder ein in Textelemente zerlegtes Gedicht mit der Aufgabe den authentischen Text herzustellen oder sich ihm zumindest anzunähern (siehe AB 4).
Dem Inhalt entsprechend sind die Verszeilen auf einem halb geöffneten Paket abgebildet, sich wiederholende Teile der zweiten und vierten Strophe finden sich auf Geschenkpapierresten, die rund um das Päckchen verstreut liegen. So dargeboten ist die originäre Gestalt des Gedichtes zunächst nicht zu erkennen. Um den Aufbau einer Versgliederung zu erleichtern, wird Folgendes vorgegeben:

Beim Auspacken ist vor Aufregung das ganze Gedicht durcheinander geraten.
Lies die Zeilen und unterstreiche die Reimwörter.
Versuche dann das Gedicht richtig aufzuschreiben.
Tipp: Es hat 4 Strophen.
    Die Reimform der 1.Strophe lautet **aabbb**.
    Die Reimform der 3.Strophe lautet **aabcc**.
    Die Reimform der kurzen Strophen lautet **abb**.

Das Paket

Ich _____

_____

_____

_____

_____

Und _____

_____

_____

Was _____

_____

_____

_____

Und _____

_____

_____

Name _____ Datum _____ **AB 4**

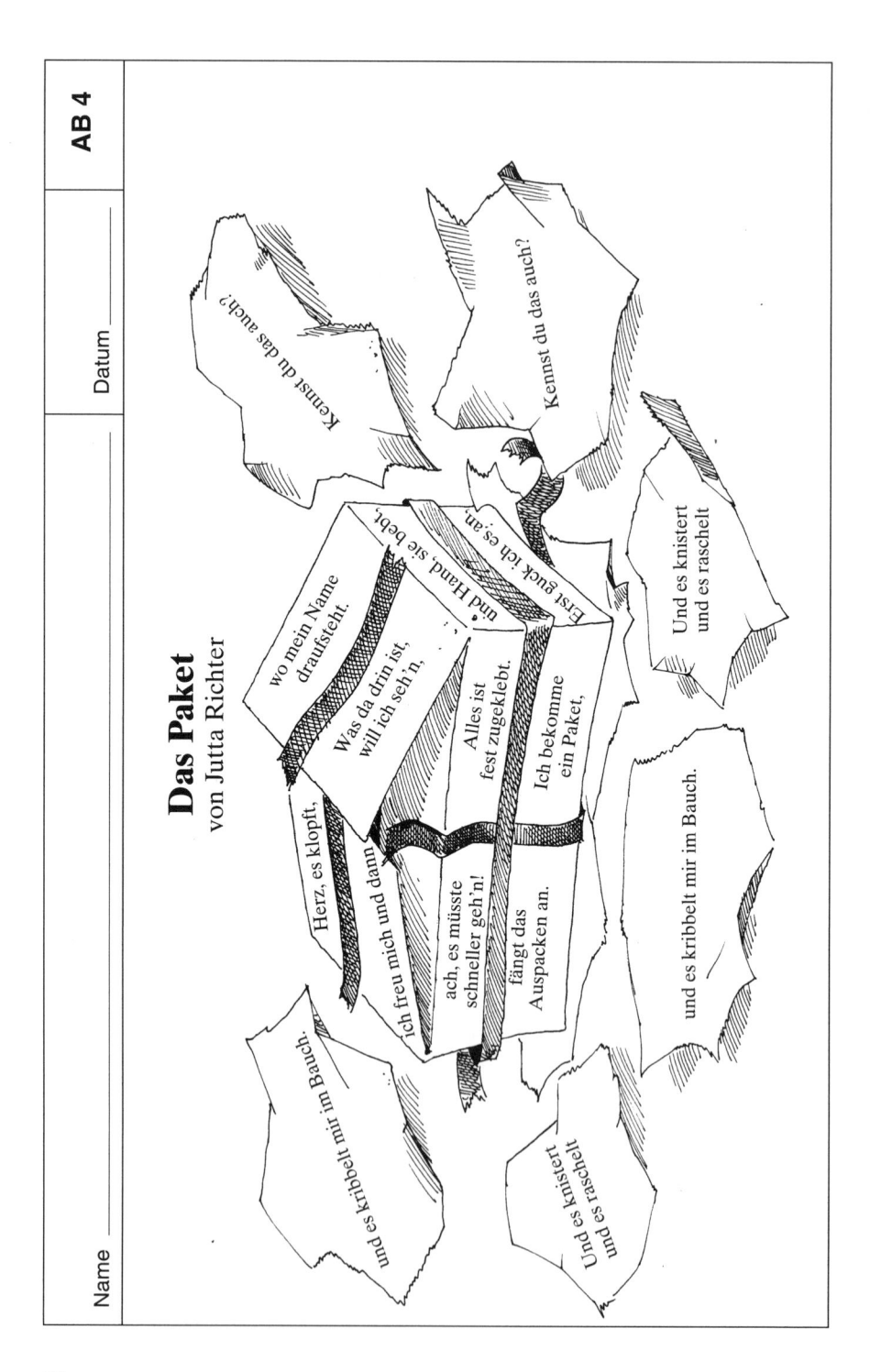

Das Paket
von Jutta Richter

Ich bekomme ein Paket,
wo mein Name draufsteht.
Was da drin ist, will ich seh'n,
ach, es müsste schneller geh'n!
Herz, es klopft,
ich freu mich und dann
fängt das Auspacken an.
Alles ist fest zugeklebt.
Erst guck ich es an,
und dann, sie bebt.
Und es knistert
und es raschelt
und es kribbelt mir im Bauch.
Kennst du das auch?

Und es knistert
und es raschelt
und es kribbelt mir im Bauch.
Kennst du das auch?

Nach der Besprechung der Schülerergebnisse, die aufgrund der Vorgaben vom Original kaum abweichen, bietet der sehr am Erleben des Kindes orientierte Text noch viele weitere Möglichkeiten, wie zum Beispiel:
- Musik: Rhythmische Ausgestaltung
- Deutsch/Schriftlicher Sprachgebrauch: Weiterschreiben in Prosa
  Als ich mein Paket endlich ganz geöffnet hatte, entdeckte ich ....
- Kunsterziehung: Malen mit Wasserfarben oder Filzstiften
  Den Schülern wird ein Paket wie in Abbildung 9 in beliebiger Größe vorgegeben.
  Dann malen sie ein „Lieblingsgeschenk" oder einen unerfüllten Wunsch in bzw. neben das Paket.

Freust du dich über ein Geschenk?
Male, was in diesem Paket steckt.

Abb. 9: Geschenkpaket

1.2 Strophen ordnen

① *Das Liebesbrief-Ei* von Janosch

Das Liebesbrief-Ei
Janosch

Ein Huhn verspürte große Lust
unter den Federn in der Brust,
aus Liebe dem Freund, einem Hahn, zu schreiben,
er solle nicht länger in Düsseldorf bleiben.

Er solle doch lieber hier - zu ihr eilen
und mit ihr die einsame Stange teilen,
auf der sie schlief.
Das stand in dem Brief.

Wir müssen noch sagen: Es fehlte ihr
an gar nichts. Außer an Briefpapier.
Da schrieb sie ganz einfach und deutlich mit Blei
den Liebesbrief auf ein Hühnerei.
Jetzt noch mit einer Marke bekleben
und dann auf dem Postamt abgegeben.
Da knallte der Postmann den Stempel aufs Ei.
Da war sie vorbei.
Die Liebelei.

(aus: *Heinz-Jürgen Kliewer* (Hrsg.), Die Wundertüte. Alte und neue Gedichte für Kinder. Philipp Reclam jun., Stuttgart 1989 © Little Tiger Verlag, Hamburg)

Überlegungen zum Text
Die Originalvorlage soll in der oben abgedruckten Form nicht rekonstruiert werden.
In Paarreimen wird höchst humorvoll der Versuch eines verliebten Huhnes beschrieben einen Brief an ihren Geliebten zu schreiben, was letztlich an geeignetem Material scheitert. Narrative Elemente überwiegen bei dieser Geschichte mit gereimten Endungen. Die Strophen-Zweiteilung ist für das Textverständnis von nebengeordneter Bedeutung. Viel wichtiger erscheint die abrupte Unterbrechung des sonst durchgängigen Paarreimes zum Ende des Gedichtes hin: „Da knallte der Postmann den Stempel aufs Ei." Reim und Rhythmus korrelieren mit der inhaltlichen Aussage, nämlich dem Gewaltakt des Postbeamten und dem Schock des armen Huhns. Der wieder aufgenommene Paarreim in den letzten beiden Gedichtzeilen lässt den Leser zum ursprünglichen Rhythmus zurückkehren und rundet die Geschichte nahezu fatalistisch ab.
Demzufolge wird der Text für den unterrichtlichen Gebrauch in 8 Zweizeiler und 1 Einzeiler aufgeteilt:

aa / bb / cc / dd
aa / bb / cc / **b** (!) / dd

Einsatz in der Gedichtewerkstatt
Ein Folienbild gibt Anlass zu ersten Vermutungen und bringt die Gespräche dem Themenbereich näher:

Name _____ Datum _____ **AB 5**

Das Liebesbrief-Ei
von Janosch

Ein Huhn verspürte große Lust,
unter den Federn in der Brust,

aus Liebe dem Freund, einem
Hahn, zu schreiben,
er solle nicht länger in
Düsseldorf bleiben.

Er solle doch lieber hier
zu ihr eilen
und mit ihr die einsame
Stange teilen,

Da schrieb sie ganz einfach
und deutlich mit Biel
den Liebesbrief auf ein Hühnerei.

Wir müssen noch sagen:
Es fehlte ihr
an gar nichts.
Außer an Briefpapier.

Da war sie vorbei.
Die Liebelei.

auf der sie schlief.
Das stand in dem Brief.

Da knallte der Postmann
den Stempel aufs Ei.

Jetzt noch mit einer Marke
bekleben
und dann auf dem Postamt
abgegeben.

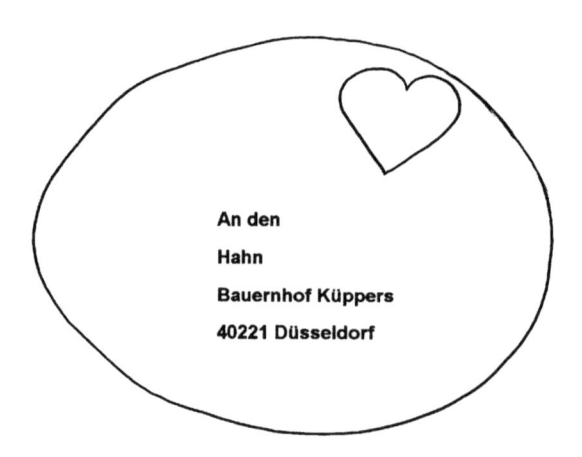

```
        An den
        Hahn
        Bauernhof Küppers
        40221 Düsseldorf
```

Abb. 10: Eine ungewöhnliche Briefsendung

So vorbereitet erhalten die Kinder zehn Eier im Nest, die sich aus den Zweizeilern, dem Einzeiler und der Überschrift zusammensetzen (siehe AB 5).

Sie haben nun die Aufgabe, eine am Geschehnisablauf orientierte, passende Strophenfolge zu finden. Die Überschrift ist schnell erkannt und Ei Nummer 1 kann je nach Klassensituation vorgegeben oder gemeinsam festgelegt werden. Die Schüler können dann allein oder besser mit einem Partner die verwürfelten Strophen mehrmals lesen, den logischen Fortgang der Handlung besprechen und erst dann die Eier der Reihenfolge nach nummerieren.

Ein Vergleich mit der ursprünglichen Form schließt diese Textanalyse vorübergehend ab. Später werden dann aus den Eiern zehn Seiten für ein Buch entwickelt, das die Schüler illustrieren.
(Siehe 3.3 Visuelle Gestaltung; Bilderbuch herstellen, S. 177 ff.)

② *Der Tintenfisch Augustus* von James Krüss

Der Tintenfisch Augustus
James Krüss

Augustus ist ein Tintenfisch,
Achtarmig, rund und kräftig.
Er ist bescheiden von Natur,
Und er wird selten heftig.

Nur eines ist ihm tief verhasst:
Das Schwätzen der Makrelen,
Die über alle Fische fast
Nur Hässliches erzählen.

Die platten Schollen (sagen sie),
Die sind glotzäugig scheußlich,
Die Aale sind charakterlos,
Die Lachse sind nicht häuslich.

Gar weibisch sind und ohne Kraft
Sardinen und Garnelen,
Und der Delphin ist flatterhaft.
(So sagen die Makrelen.)

Der Tintenfisch Augustus mag
Derlei Geschwätz nicht hören.
Der eifernde Makrelenklatsch
Muss ihn mit Recht empören.

Drum schleicht er sich, so oft er kann,
Sehr heimlich und von hinten
An die Makrelenbrut heran
Und spritzt sie an mit Tinten.

Da werden die verwunderten,
Geschwätzigen Makrelen
In Scharen und zu Hunderten
So schwarz wie ihre Seelen.

Da schmunzeln Scholle und Delphin,
Es schmunzeln die Garnelen,
Und weit hinaus ins Meer entfliehn
Die wütenden Makrelen.

Augustus winkt mit einem Arm
Und lacht in alter Frische.
Ach, gäb's doch auch im Menschenschwarm
Dergleichen Tintenfische!

(aus: *James Krüss*, Der wohltemperierte Leierkasten. © 1961 C. Bertelsmann Jugendbuchverlag, München)

Der Tinte[...]

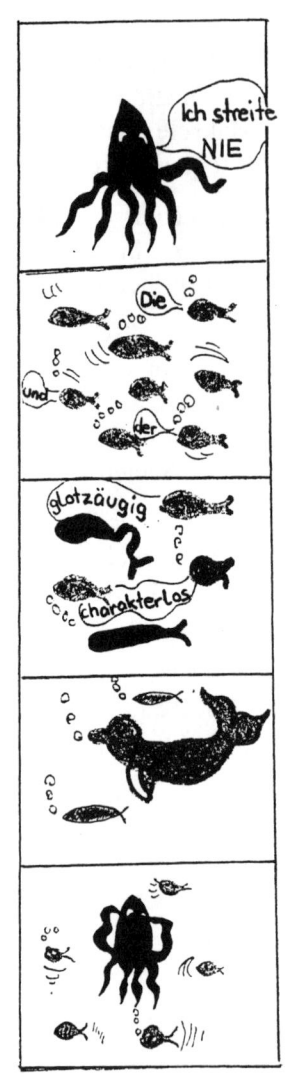

Augustus winkt mit einem Arm
Und lacht in alter Frische.
Ach, gäb's doch auch im Menschenschwarm
Dergleichen Tintenfische!

Da schmunzeln Scholle und Delphin,
Es schmunzeln die Garnelen,
Und weit hinaus ins Meer entfliehn
Die wütenden Makrelen.

Drum schleicht er sich, so oft er kann,
Sehr heimlich und von hinten
An die Makrelenbrut heran
Und spritzt sie an mit Tinten.

Gar weibisch sind und ohne Kraft
Sardinen und Garnelen,
Und der Delphin ist flatterhaft.
(So sagen die Makrelen)

Der Tinten[...]
Derlei Gesc[...]
Der eifernde[...]
Muss ihn mi[...]

Augustus sind die Strophen durcheinandergeraten!
Die Bilder helfen dir die richtige Reihenfolge herzustellen.
Hast du es geschafft?
Dann sieh nach, ob du Recht hattest.

AB 6

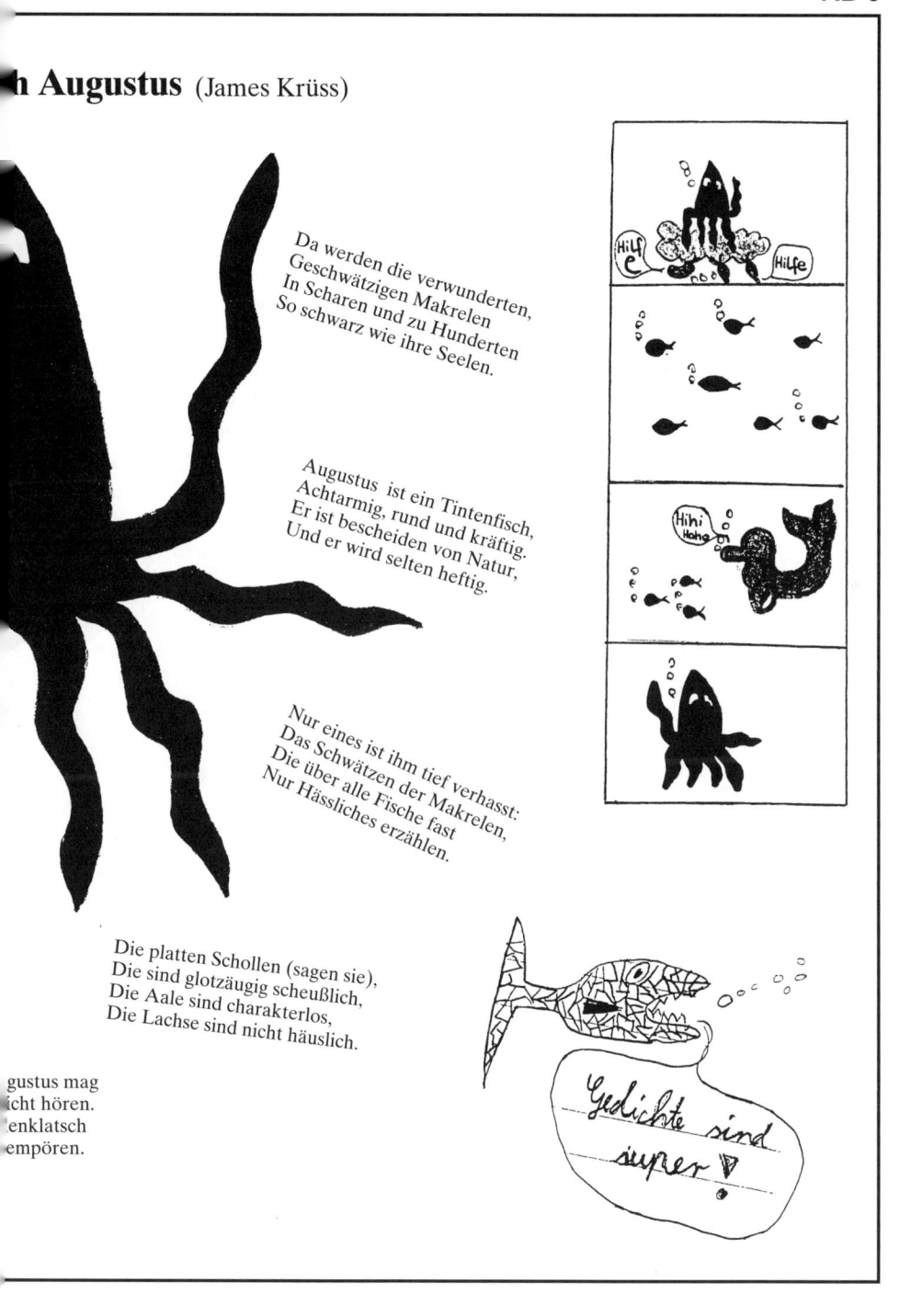

h Augustus (James Krüss)

Da werden die verwunderten,
Geschwätzigen Makrelen
In Scharen und zu Hunderten
So schwarz wie ihre Seelen.

Augustus ist ein Tintenfisch,
Achtarmig, rund und kräftig.
Er ist bescheiden von Natur,
Und er wird selten heftig.

Nur eines ist ihm tief verhasst:
Das Schwätzen der Makrelen,
Die über alle Fische fast
Nur Hässliches erzählen.

Die platten Schollen (sagen sie),
Die sind glotzäugig scheußlich,
Die Aale sind charakterlos,
Die Lachse sind nicht häuslich.

gustus mag
icht hören.
enklatsch
empören.

© Oldenbourg Schulbuchverlag GmbH, PRAXIS Bibliothek 184, Kinder begegnen Gedichten

Überlegungen zum Text
Das klassische Erzählgedicht wurde im Rahmen eines Projektes behandelt, das sich im weitesten Sinn mit sozialem Miteinander und Toleranz gegenüber Andersdenkenden beschäftigte. Meine ursprünglichen Bedenken zum Einsatz eines belehrenden, etwas antiquiert anmutenden Gedichts waren schnell verflogen. Meine Schüler zeigten sich bereits nach der ersten Begegnung begeistert von dieser Fabel im Kreuzreim.

In neun Strophen wird berichtet, wie und warum Augustus, ein Tintenfisch, andere Fische verteidigt und die klatschsüchtigen und missgünstigen Makrelen bestraft. Gesellschaftskritik via anthropomorphisierter Tiere ist ein in der Literatur schon oft bemühter Kunstgriff. Meinen Schülern erleichterte der Weg über eine distanzierte Sichtweise, ohne konkrete Identifikationsfigur, das Erzählen von eigenen Problemen mit anderen und ein Gespräch über die gegenwärtig wieder deutlich zunehmende Ausländerfeindlichkeit. Der Autor selbst schließlich stellt in den letzten beiden Verszeilen die Verbindung zu unserem Alltag her, indem er den Wunsch äußert: „Ach, gäb's doch auch im Menschenschwarm dergleichen Tintenfische!"

Einsatz in der Gedichtewerkstatt
Im Gegensatz zum vorangegangenen Gedicht kann in diesem Fall die Strophenfolge nur teilweise über den Inhalt gefunden werden. Um die ursprüngliche Reihenfolge wieder herzustellen, muss ein anderer Lösungsversuch angeboten werden.

Eine Bilderfolge nach Comic-Art hilft den Kindern beim Herstellen des Originaltextes (siehe AB 6). Die Strophen sind in der Mitte um die Fangarme des Tintenfisches gruppiert. Die Schüler vergleichen Bild und Inhalt. Sie müssen dabei mehrmals und sehr genau lesen, bevor sie die Textfragmente den Bildern zuordnen können. Dies geht am besten, wenn sie die Bilderstreifen ausschneiden, untereinander kleben und die ebenfalls ausgeschnitten Strophen danebenlegen. Man kann aber auch - je nach Intention - Verbindungsstriche ziehen und/oder das Gedicht dann abschreiben lassen. Das vollständige Gedicht sollte als Vergleichs- und Kontrollmöglichkeit im Klassenzimmer aufliegen.

1.3 Ergänzen fehlender Endreime

① *Flaschenpost* von Christa Reinig

Flaschenpost
Christa Reinig

Wer soff mich leer, wer stopft mich voll Papier
wer siegelte mich im Quartier
wer schmiss mich über die Brandungsgischt
ich flieg davon, ich weiß es nicht

Und ob es ruht, gefischt in eine Hand
ob er verschlickt und sackt in Sand
zerklirrt auf Stein, im Sturm verzischt
es rollt mich fort, ich weiß es nicht

Was lauert drin, geduckt und pechverkliert
was fiebert, der einst buchstabiert
was brannte den, der jetzt verdorrt
ich weiß es nicht, es trägt mich fort

(aus: *Christa Reinig*, Sämtliche Gedichte. Düsseldorf 1984. © Verlag Eremiten-Presse)

Überlegungen zum Text
Der vorliegende Text ist auf den ersten Blick sicher kein Kindergedicht im üblichen Sinn. Es werden eine Reihe von Wörtern aus dem maritimen Sprachgebrauch benutzt, die bei Einsatz des Gedichtes im Unterricht unbedingt erklärt werden müssen. Das sind z.B. „siegeln", „Quartier", „Brandungsgischt", „verschlicken" und „pechverkliert". Das Thema allerdings eignet sich gut für Grundschüler, weil sich dahinter gefährliche Seeräuber, spannende Meeresabenteuer, faszinierende Geheimnisse und verschollene Schätze verbergen. Zugegeben, dies ist eine etwas oberflächliche Betrachtung des Inhalts, doch die tiefere, menschliche Schicksale betreffende Aussage des Textes bleibt wohl den meisten Kindern in diesem Alter noch verschlossen.
Die Autorin lässt Wörter und Sätze ihres Gedichts treiben wie eine auf dem Wasser dahintorkelnde Flasche. In drei Strophen wird eine nahezu morbide Stimmung aufgebaut, alles ist möglich und gleichzeitig ist alles vergänglich. Strophe 1 und 3 werfen Fragen auf, Strophe 2 überlegt den Weg der Flaschenpost. „Ich weiß es nicht" ist die immer wiederkehrende, monotone oder resignierende Äußerung am Ende eines jeden Absatzes.

Bestimmt jedoch wissen es die Schüler! Gerade das Offenhalten vielfältiger Möglichkeiten regt Kinderfantasien an und führt zu vielen kreativen und verwegenen Ideen.

Einsatz in der Gedichtewerkstatt
In einem weiteren textproduktiven Verfahren wurden acht Endreime des Gedichtes entfernt. Der Text ist ohne Titel möglichst motivierend als Piratenbrief dargeboten, der in das Thema einführt (siehe AB 7). Spielerisch sollen nun die fehlenden Reimwörter, die sich in ungeordneter Folge im Inneren der Flaschen befinden, in die Lücken eingesetzt werden. Dabei bleibt es jedem Lehrer selbst überlassen, das Reimschema vorzugeben oder es zu unterlassen.
Diese selbstständige und intensive Auseinandersetzung mit dem Text erleichtert das Verstehen des Originalgedichtes und dessen lyrisches Bild. Sind die fehlenden Teile eingefügt, nummerieren die Kinder die ergänzten Reime: „Papier" ist Nummer 1, „Brandungsgischt" Nummer 2 usw. Bei genauem Verfolgen jeder Flaschenspur erhält man immer ein oder zwei Buchstaben, die unten bei der entsprechenden Zahl eingetragen werden sollen. War alles richtig, sind Lösungswort und Titel gefunden: **Flaschenpost**!
Es ist zu hoffen, dass nun vielfältige Vermutungen und lebhafte Überlegungen initiiert sind. Wer versandte die Flaschenpost? Woher kam sie? Was stand in dem Brief? Hat sie eine Person aus dem Wasser gefischt? Konnte jemand die Botschaft entziffern? Wurde der Absender gerettet? Oder war alles vergebens?

Name _____ Datum _____ **AB 7**

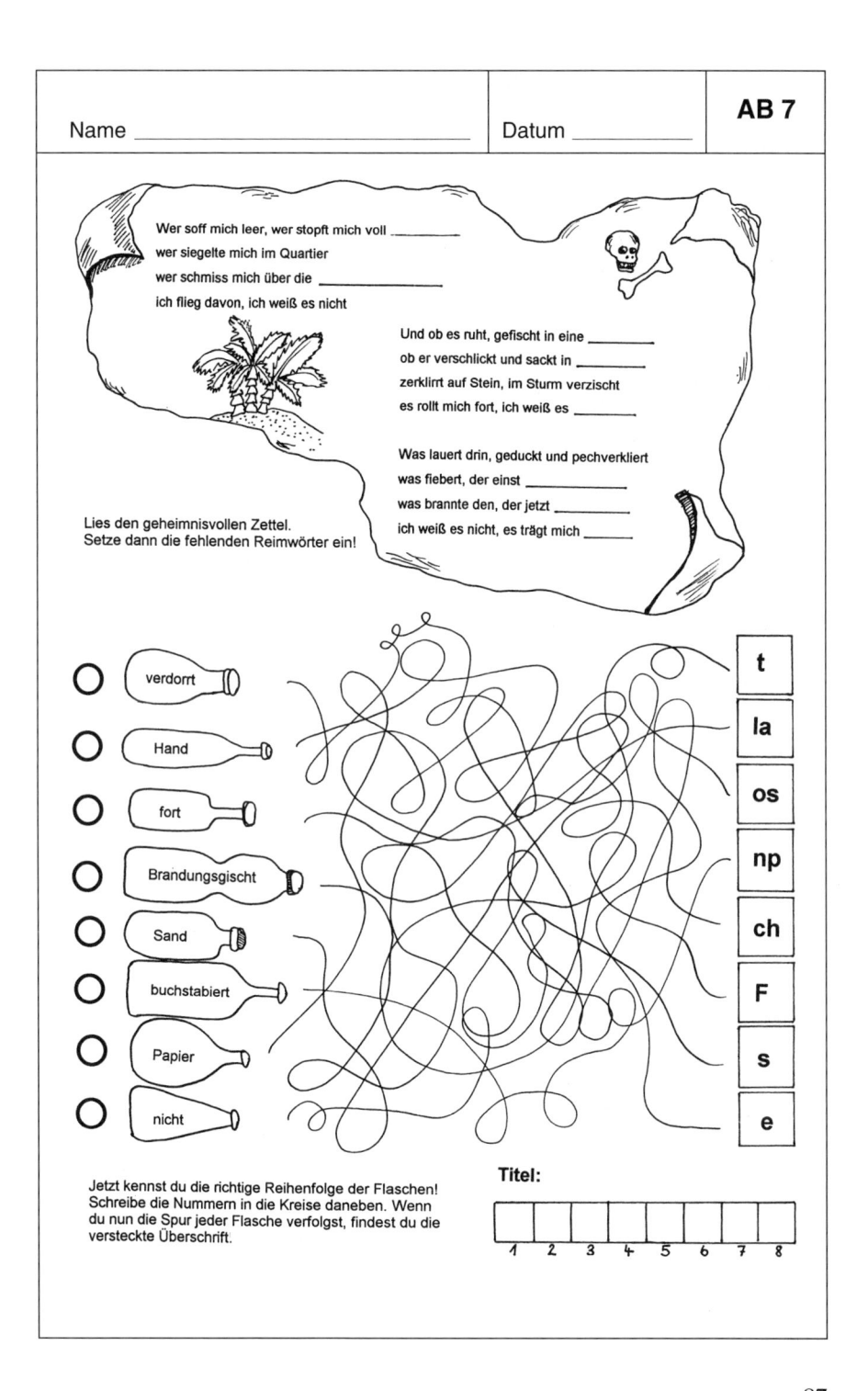

Wer soff mich leer, wer stopft mich voll _____
wer siegelte mich im Quartier
wer schmiss mich über die _____
ich flieg davon, ich weiß es nicht

Und ob es ruht, gefischt in eine _____
ob er verschlickt und sackt in _____
zerklirrt auf Stein, im Sturm verzischt
es rollt mich fort, ich weiß es _____

Was lauert drin, geduckt und pechverkliert
was fiebert, der einst _____
was brannte den, der jetzt _____
ich weiß es nicht, es trägt mich _____

Lies den geheimnisvollen Zettel.
Setze dann die fehlenden Reimwörter ein!

- verdorrt
- Hand
- fort
- Brandungsgischt
- Sand
- buchstabiert
- Papier
- nicht

| t |
| la |
| os |
| np |
| ch |
| F |
| s |
| e |

Jetzt kennst du die richtige Reihenfolge der Flaschen!
Schreibe die Nummern in die Kreise daneben. Wenn du nun die Spur jeder Flasche verfolgst, findest du die versteckte Überschrift.

Titel:

1	2	3	4	5	6	7	8

② *Einladung* von Jutta Richter

Einladung
Jutta Richter

Das Trampeltier ist oft allein,
es hat so große Füße.
Man lädt es nie zum Kaffee ein,
wenn du es triffst, bei dir daheim,
bestell ihm schöne Grüße.

Sag ihm, ich würde mich sehr freu'n,
ich back auch einen Kuchen,
ich will es sehen, so um neun,
es soll mich doch besuchen!

Der Spinner und die dumme Kuh,
Die Gans, die doofe Ziege,
die lahme Ente noch dazu,
und wenn du Lust hast, komm auch du,
damit ich Gäste kriege.

Wir können viel zusammen tun,
wir können träumen, lachen,
wir können ohne auszuruhn
die schönsten Sachen machen.

Für jede Träne einen Kuss.
Niemand wird ausgelacht.
Der Schornsteinfeger bringt uns Ruß,
und nachts um zwölf ist noch nicht Schluss.
Das wird 'ne tolle Nacht.

(aus: *Jutta Richter*, Der Sommer schmeckt wie Himbeereis. C. Bertelsmann Verlag, München 1990 © Jutta Richter)

Überlegungen zum Text
Das Kindergedicht greift in fünf Strophen ein Außenseiterthema auf, das in allen Klassen bekannt ist. Jutta Richter bricht eine Lanze für diejenigen, die aufgrund ihrer Andersartigkeit ins gesellschaftliche Abseits gezwungen werden. Zum Glück geschieht dies hier ohne erhobenen Zeigefinger. Fröhlich und positiv wird mit einem Problemfeld aus dem kindlichen Erfahrungsbereich umgegangen und der Weg geebnet, um über soziale Tugenden wie Toleranz und Akzeptanz lachend und konstruktiv nachzudenken.
Was mag das nur für ein Gastgeber sein, der zu seinem Fest eine derart ungewöhnliche Gästeliste vorweisen kann? Ein Trampeltier, ein Spin-

ner, eine dumme Kuh, eine Gans, die doofe Ziege, eine lahme Ente und - du! Sind das nicht genau die Kinder, denen man zur eigenen Geburtstagsfeier keine Einladung in die Hand drückt? Ob man ein solches Fest besuchen soll und dann auch noch Spaß haben kann? Zumindest ist es eine Überlegung wert!

Einsatz in der Gedichtewerkstatt
Wieder wird ein Gedicht mit Lücken angeboten und es gilt, die ausgesparten Endreimwörter zu finden (siehe AB 8). Die richtige Reihenfolge der Strophen erhält man, wenn man beim Lesen dem imaginären Kabel der beiden telefonierenden Kinder folgt. In Gegenständen auf der Kaffeetafel sind ungeordnet die 10 fehlenden Reime abgedruckt. Gleichzeitig sind noch 3 weitere Wörter angegeben, die zwar vom Kontext her passen würden, sich aber nicht in das Reimschema einfügen: „sieben" statt „neun", „bekomme" statt „kriege" und „singen" anstelle von „lachen".
Ist der Text hergestellt, schließt sich das Vorstellen und Besprechen des Originaltextes im Vergleich mit den Schülerfassungen an.

Name _____ Datum _____ **AB 8**

Einladung (Jutta Richter)

Das Trampeltier ist oft allein,
es hat so große _____.
Man lädt es nie zum Kaffee ein,
wenn du es triffst, bei dir daheim,
bestell ihm schöne _____.

Sag ihm, ich würde mich sehr freun,
ich back auch einen _____,
ich will es sehen, so um _____,
es soll mich doch besuchen!

Wir können viel zusammen tun,
wir können träumen, _____,
wir können, ohne auszuruhn,
die schönsten Sachen machen.

Der Spinner und die dumme _____,
die Gans, die doofe Ziege,
die lahme Ente noch dazu,
und wenn du Lust hast, komm auch _____,
damit ich Gäste _____.

Für jede Träne einen _____.
Niemand wird ausgelacht.
Der Schornsteinfeger bringt uns Ruß,
und nachts um zwölf ist noch nicht Schluss.
Das wird 'ne tolle _____.

Findest du die fehlenden Teile der Einladung?
Die Reimform des Gedichts lautet in der 1., 3., 5. Strophe **abaab**
und in den Strophen 2 und 4 **abab.**
Achtung: Es haben sich ein paar Fehler eingeschlichen!

Wörter auf dem Tisch: Kuchen, neun, Kuh, du, Grüße, Nacht, kriege, singen, Kuss, sieben, Füße, bekomme, lachen

1.4 Gedicht als Figur anbieten

① *Gemüseball* von Werner Halle

Gemüseball
Werner Halle

Gestern Abend auf dem Ball
tanzte Herr von Zwiebel
mit der Frau von Petersil.
Ach, das war nicht übel.

Der Baron von Kopfsalat
tanzte leicht und herzlich
mit der Frau von Sauerkraut;
doch die blickte schmerzlich.

Die Prinzessin Sellerie
tanzte fein und schicklich
mit dem Prinzen Rosenkohl.
Ach, was war sie glücklich!

Ritter Kürbis, groß und schwer,
trat oft auf die Zehen.
Doch die Gräfin Paprika
ließ ihn einfach stehen.

(aus: Bilder und Gedichte für Kinder zu Haus, im Kindergarten und für den Schulanfang. Westermann Verlag, Braunschweig 1971 © Ilse Halle, Karlsruhe)

Überlegungen zum Text
Das Erzählgedicht vermittelt eine heitere, unbekümmerte Grundstimmung, die dem Bedürfnis des kindlichen Rezipienten nach Spaß am Lesen entgegenkommt. Mit subtiler Genauigkeit werden die verschiedensten menschlichen Charaktere, wie sie auf einem Ball anzutreffen sind, mit Gemüsesorten umschrieben. Die fast märchenhaft und fantastisch anmutende Darstellung einer anderen Welt wird durch die verwendeten Adelsprädikate unterstrichen.
Der schlichte Handlungskern ist einprägsam und überfordert weder Konzentrationsfähigkeit noch Aufnahmevermögen eines Grundschulkindes, sondern fördert vielmehr dessen lebhafte Fantasie, weil logische Bedenken wegfallen. Das vom Inhalt und Gehalt her leicht verständliche Gedicht umfasst vier Quartette mit dem Reimschema abcb. Das Geschehen ist demnach durch Zeilenkomposition optisch gegliedert. Dessen bildhaft verdichtete Aussage (4 Bilder) lässt Kinder intuitiv Ästhetik erleben und sensibilisiert sie für die Besonderheiten und Möglichkeiten der Sprache.
Der Aufbau der einzelnen Strophen ist gut geeignet, um gliederndes und zeilenübergreifendes Lesen nach der Bedeutung der Satzzeichen und nach Sinnschritten zu üben. Klangtragendes Lesen, unterstützt durch Gestik und Mimik sowie bewusster Stimmmodulation, wird wesentlich erleichtert durch gehäuft auftretende Adjektive und die sinntragenden Worte „ach" (Zeile 4,8) und „doch" (Zeile 12), die als Auftakt besonders

betont werden müssen. Die Wortwahl ist dem Alter gut angemessen, lediglich das Adjektiv „schicklich" wird unbekannt sein.

Einsatz in der Gedichtewerkstatt
Die Kinder erhalten die Strophen des Gedichts in bildhafter Form. Die vier Tanzpaare sind auf dem Parkett gleichsam in ihren Bewegungsabfolgen dargestellt (siehe AB 9).
Nach mehrmaligem lauten Vorlesen und Äußerungen zum Inhalt erkennen bereits einige Kinder, dass sich hinter den Tanzfiguren ein Gedicht verbirgt. Dabei sind alle Zeilen einer Strophe aneinander geschrieben und die Schüler sollen **zunächst** eine denkbare Anordnung in Verszeilen herstellen.
Mögliche Informationen und Arbeitsaufträge hierzu, die die Kinder allein, in Partnerarbeit oder im Klassenunterricht erhalten können:

Hier hat sich ein Gedicht versteckt!
Es hat 4 Strophen mit je 4 Zeilen. Die Reimform lautet abcb.
Suche zuerst die Reimwörter und unterstreiche sie.
Kennzeichne danach die Zeilenenden mit einem Strich.
Versuche nun jede Strophe mit den vier gefundenen Verszeilen aufzuschreiben.
Verwende für jede Strophe ein neues Blatt.

In einem **zweiten Schritt**, der neben der Form vor allem den Inhalt betrifft, wird dann die Reihenfolge der vier fertigen Strophen durch Hin- und Herschieben ausprobiert. Dies geschieht – je nach Einsatz des Arbeitsblattes – in Gruppenarbeit oder Frontalunterricht. Bei letzterer Alternative sollten die Strophen auf vier großen Blättern für die Tafel vorbereitet sein.
Dabei werden die Handlungsträger herausgelöst und unterstützt durch Leitimpulse charakterisiert. Ergebnis des Gespräches ist, dass die Strophe „Gestern Abend..." Informationen über Zeit und Ort (Erzählgedicht!) gibt und daher an den Anfang gehört. Die anderen Strophen können variabel positioniert werden.
Ein Vergleich mit dem authentischen Text schließt die Begegnung ab, wobei persönliche Textvariationen gleichberechtigt bestehen bleiben.
Weitere Möglichkeiten zum unterrichtlichen Umgang mit diesem Gedicht finden sich unter:
- 2.1 Schreibimpulse; Analogiebildungen, S. 117 ff.
- 4.4 Szenische Darstellung; Bühne frei im Schuhkarton, S. 213 ff.
- V. Lust auf Gedichte? - Karteikarten für die Freiarbeit
    4.1 Sach- und Lachgedichte; Gemüseball, S. 267 ff.

| Name _____ | Datum _____ | **AB 9** |

Gemüseball
(Werner Halle)

Ach, das war nicht übel. Gestern Abend auf dem Ball tanzte Herr von Zwiebel mit der Frau von Petersil. Ach, das war nicht übel.

Gestern Abend auf dem Ball tanzte Herr von Rosenkohl. Ach, was war sie glücklich! Die Prinzessin Sellerie tanzte fein und schicklich mit dem Prinzen Rosenkohl... mit der Frau von Sauerkraut, doch die blickte schmerzlich.

Der Baron von Kopfsalat tanzte leicht und herzlich... Doch die Gräfin Paprika ließ ihn einfach stehen. Ritter Kürbis, groß und schwer, trat oft auf die Zehen.

② *Das Karussell* von Jutta Richter

Das Karussell
Jutta Richter

Brillenschlangen, Bücherwürmer,
Morgenmuffel, Ziegen,
Kletteraffen, Schmusekatzen
dürfen mit uns fliegen.

Leseratten ganz zuerst
sollen vorne sitzen,
Trampeltiere, steigt schnell ein,
denn wir wollen flitzen!

Einmal um die ganze Welt
kostet keinen Heller,
ist ein Rübenschwein dabei,
fliegen wir noch schneller.

Ganz besonders musst du sein,
willst du mit uns fahren,
wer normal ist, kommt nicht rein,
nicht in hundert Jahren.

(aus: *Jutta Richter*, Der Sommer schmeckt wie Himbeereis. C. Bertelsmann Verlag, München 1990 © Jutta Richter)

Einsatz in der Gedichtewerkstatt
Wie im vorhergehenden Beispiel erhalten die Schüler einen lyrischen Text, dessen Zeilen in Anlehnung an den Inhalt zu einem Kettenkarussell zusammengesetzt sind (siehe AB 10). Alle notwendigen Vorgaben zur Reproduktion des Gedichts finden die Kinder auf dem Arbeitsblatt, sodass sie ohne weitere Angaben des Lehrers damit arbeiten können. Spaß macht sicher ein abschließendes, klanggestaltetes Lesen des Originals und eine Erörterung des Gehalts, weil hier Kinder in ihrer Individualität ausdrücklich bestätigt und gefördert werden: „...wer normal ist, kommt nicht rein, nicht in hundert Jahren." Ein Vergleich mit der eigenen Klassensituation kann den Bogen zur Realität spannen und eine soziale Komponente miteinbeziehen.

Name _____ Datum _____ **AB 10**

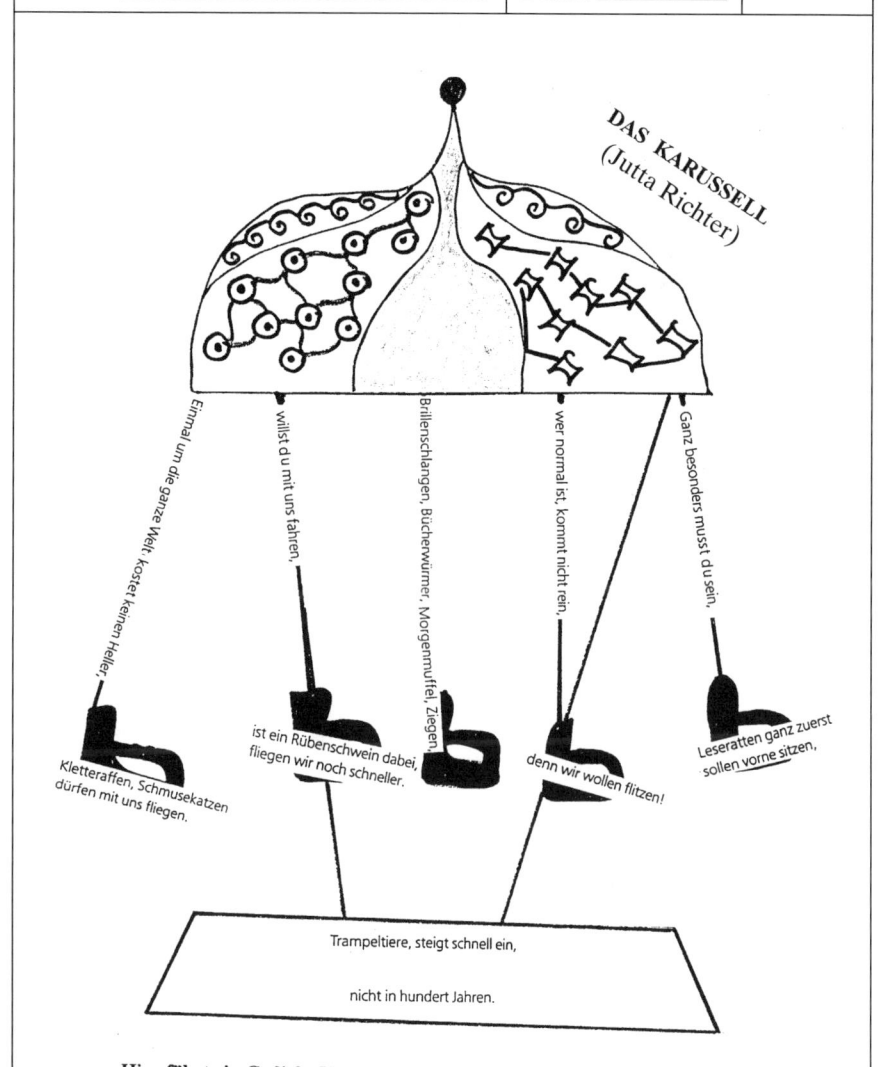

DAS KARUSSELL
(Jutta Richter)

Einmal um die ganze Welt, kostet keinen Heller,
Kletteraffen, Schmusekatzen dürfen mit uns fliegen.

willst du mit uns fahren,
ist ein Rübenschwein dabei, fliegen wir noch schneller.

Brillenschlangen, Bücherwürmer, Morgenmuffel, Ziegen,

wer normal ist, kommt nicht rein,
denn wir wollen flitzen!

Ganz besonders musst du sein,
Leseratten ganz zuerst sollen vorne sitzen,

Trampeltiere, steigt schnell ein,

nicht in hundert Jahren.

Hier fährt ein Gedicht Karussell.
Du musst schon ein Gedichteprofi sein, um es richtig zusammensetzen zu können.
Es hat 4 Strophen mit je 4 Verszeilen. Die Reimform ist **abcb**.
Die Anfangsworte der Strophen lauten: **Brillenschlangen ...**
  Leseratten ...
  Einmal ...
  Ganz ...

Viel Spaß!

1.5 Verse aus Prosatext herstellen

Mein Freund Max von Pat Moon

Mein Freund Max
Pat Moon

Mein Freund Max
ist meist in der Schule ein Tropf.
Aber täusch dich nicht, eins lass dir sagen:
er hat eine Menge im Kopf.

Mein Freund Max
sieht nur aus, als sei er nicht gescheit.
Sein Lächeln wirkt irgendwie seltsam,
er lässt sich für alles viel Zeit.

Mein Freund Max
kann mit Fahrrädern so allerlei.
Er zerlegt sie und baut sie zusammen,
als sei überhaupt nichts dabei.

Mein Freund Max
hat ein Haus für Tauben gemacht,
aus Brettern und Latten im Schuppen,
das hat er sich selbst ausgedacht.

Mein Freund Max
hat den Nistplatz der Amseln entdeckt,
er weiß, wann die Fische anbeißen
und wo sich der Igel versteckt.

Mein Freund Max
ist meist in der Schule ein Tropf.
Was er weiß, lernt man nicht in der Schule.
Er hat eine Menge im Kopf.

(aus: *Pat Moon*, Unsere Erde. Wunderbar - Verwundbar. Alle Rechte an der deutschen Übersetzung von Wolf Harranth beim C. Bertelsmann Jugendbuchverlag, München 1991)

Überlegungen zum Text
Das Gedicht eignet sich besonders gut als Einstieg in die analytische Aneignung eines Textes in Prosaform. Der in allen sechs Strophen wiederkehrende Zeilenanfang „Mein Freund Max..." und das durchgängige Reimschema abcb erleichtern das vorausgestaltende Verfahren.

Der Text beschäftigt sich mit dem Problem des Schulversagens und kann als eine stille Anklage an normierte Anforderungen der Schule interpretiert werden, die manuelle Leistungen, instrumentelle Fertigkeiten und Naturerfahrungen zu wenig fördern und sie vor allem intellektuellen Fähigkeiten unterordnen. Ein Kind, das - aus welchen Gründen auch immer - weite Bereiche des Lehrplan-Kanons nicht erfüllen kann, scheitert in der Regelschule oder nimmt zumindest ein Schülerleben lang eine Randposition ein. Doch im vorliegenden Gedicht gibt es offensichtlich jemanden, der ein solches Kind nicht ablehnt, seine Schulschwächen vielmehr akzeptiert und es für andere Talente bewundert und lobt. Dies ist nicht zuletzt durch die fast beteuernd wirkende Formel „Mein Freund Max" stetig betont.

Einsatz in der Gedichtewerkstatt
Der Originaltext wird abgewandelt und die Kinder sollen sich mit dem Gedicht zunächst in Prosa auseinander setzen:

Mein Freund Max
von Pat Moon

Mein Freund Max ist meist in der Schule ein Tropf. Aber täusch dich nicht, eins lass dir sagen: er hat eine Menge im Kopf. Mein Freund Max sieht nur aus, als sei er nicht gescheit. Sein Lächeln wirkt irgendwie seltsam, er lässt sich für alles viel Zeit. Mein Freund Max kann mit Fahrrädern so allerlei. Er zerlegt sie und baut sie zusammen, als sei überhaupt nichts dabei. Mein Freund Max hat ein Haus für die Tauben gemacht, aus Brettern und Latten im Schuppen, das hat er sich selbst ausgedacht. Mein Freund Max hat den Nistplatz der Amseln entdeckt, er weiß, wann die Fische anbeißen und wo sich der Igel versteckt. Mein Freund Max ist meist in der Schule ein Tropf. Was er weiß, lernt man nicht in der Schule. Er hat eine Menge im Kopf.

Ob man bei der ersten Begegnung mit dem Text bereits vorgeben möchte, dass es sich um ein Gedicht handelt, obliegt der Entscheidung des einzelnen Lehrers. Die Kinder können die „Geschichte" zunächst auch lesen, den Inhalt besprechen und Wiederholungen feststellen. Sicher bemerken dabei einige, dass sich manche Wörter reimen oder lesen den Text intuitiv rhythmisiert. In jedem Fall wird der Gedanke an ein Gedicht wachgerufen werden.
Nun beginnt eine intensive Phase der Auseinandersetzung mit dem Text. Zuerst sollen Reimwörter gesucht und unterstrichen werden. Dann gilt es, Verszeilen und Strophenende durch zwei unterschiedliche Markie-

rungen festzuhalten. Die Vorgabe des Reimschemas und die Angabe der Zeilenanzahl einer Strophe sind dabei nicht grundsätzlich nötig, können jedoch als Differenzierungsmaßnahme eingeplant werden.
In jedem Fall probieren Schüler auf spielerische Weise lyrische Stilmittel wie Rhythmus, Stropheneinteilung und Endreim aus. Dabei sollte jedes Kind eine individuelle Lösung finden und diese begründen. Dies ist viel wichtiger als das möglichst exakte Nachgestalten des Originals.

Informationen und Arbeitsaufträge zum obigen Text:

In dieser Geschichte steckt ein Gedicht mit 6 Strophen.
Alle Zeilen des Gedichts sind aneinander geschrieben.
So kannst du es finden:
Unterstreiche alle Reimwörter.
Markiere die Strophenenden mit einem Doppelstrich //.
Kennzeichne jedes Zeilenende mit einem Strich /.
Schreibe dann den Text mit Verszeilen auf und halte nach jeder Strophe eine Zeile frei.

1.6 Gedichte aus wenigen Wörtern: Konkrete Poesie

① *schweigen* von Eugen Gomringer

schweigen
Eugen Gomringer

schweigen schweigen schweigen
schweigen schweigen schweigen
schweigen   schweigen
schweigen schweigen schweigen
schweigen schweigen schweigen

(aus: *Eugen Gomringer*, Erstpublikation „33 Konstellationen". St. Gallen, CH 1960)

Überlegungen zum Text
Das Gedicht ist ein typischer Vertreter einer Konstellation, die zum Bereich der visuellen Poesie gehört und sich von stereotypen Lyrikvorstellungen loslöst.
Sprache wird als experimentelles Material betrachtet und auf seine grafische Form reduziert. Die Gruppierung der Wörter zu einem Bild ersetzt Syntax, Vers und Zeile. Entscheidend ist, was sie auf optischer

Ebene für das Textverständnis leisten kann. Die einzelnen, wenigen Wörter stehen ohne nähere Erläuterung in einer bestimmten räumlichen Anordnung nebeneinander. Wie die Wörter in Beziehung gesetzt werden und wie das Gedicht visuell aufgenommen und interpretiert wird, obliegt allein dem Verständnis des Rezipienten. So weckt konkrete Poesie die kreative Gestaltungslust der Kinder, weil sie vielfältige Assoziations- und Gestaltungsmöglichkeiten eröffnet und deren Lust auf spielerischen, handelnden Umgang mit Sprache entgegenkommt.

Den vorliegenden Text begreift Eugen Gomringer „als Information, das heißt Mitteilung ohne Meinung, Sinn, Stimmung, Individualität, Ausdruck. ... Er erinnert an nichts. Er enthält keinerlei Gebrauchsanweisung außer, dass er nichts als gelesen sein will, weil seine Anordnung um ein Loch im Schriftgefüge nicht lautlich vergegenwärtigt werden kann."
(aus: *Gerhard Kaiser*, Der Rest ist Schweigen. In: Marcel Reich-Ranicki (Hrsg.), 1000 Deutsche Gedichte und ihre Interpretationen. Band 9. Insel Verlag, Frankfurt am Main und Leipzig 1995, S.98f.)

Interpretation und Umgang mit dem Gedicht bleiben demnach Kindern und Lehrer überlassen. In jedem Fall ist konkrete Poesie wie geschaffen zur Verwendung in der Gedichtewerkstatt, weil sie durch ihren experimentellen Charakter zum Sprachspiel einlädt.

Einsatz in der Gedichtewerkstatt
Zerlegt in Textfragmente besteht das Gedicht aus 14 gleichen Teilen, nämlich dem Wort „schweigen". Dabei kann es sich um das Verb oder das Substantiv handeln, da der Autor grundsätzlich alles klein schreibt.
Die Schüler erhalten das Material mit dem Hinweis, daraus ein Gedicht herzustellen (siehe AB 11). Die einzelnen Teile sind umrandet, um den Eindruck von Wortbausteinen zu vermitteln. Dadurch wird der spielerische Umgang gefördert und das Ausschneiden erleichtert. Konnten die Kinder bereits Erfahrungen im Umgang mit visuellen Texten sammeln, genügt die Hilfestellung mit den Wörtern ein Bild zu bauen.
Ist dies nicht der Fall, sollte man zunächst einmal gemeinsam über die Semantik des Wortes nachdenken. Daraus ergeben sich Möglichkeiten der Anordnung, die die individuelle Bedeutung des Wortes und persönliche Erfahrungen dazu wiedergeben sollen.
Drei Beispiele aus einer vierten Jahrgangsstufe zeigen, wie sehr experimentelle Lyrik den Bedürfnissen und Interessen der Altersstufe entsprechen kann. Manche Kinder haben noch etwas dazu gemalt, um die für sie abstrakten Gebilde wirklich konkret werden zu lassen:

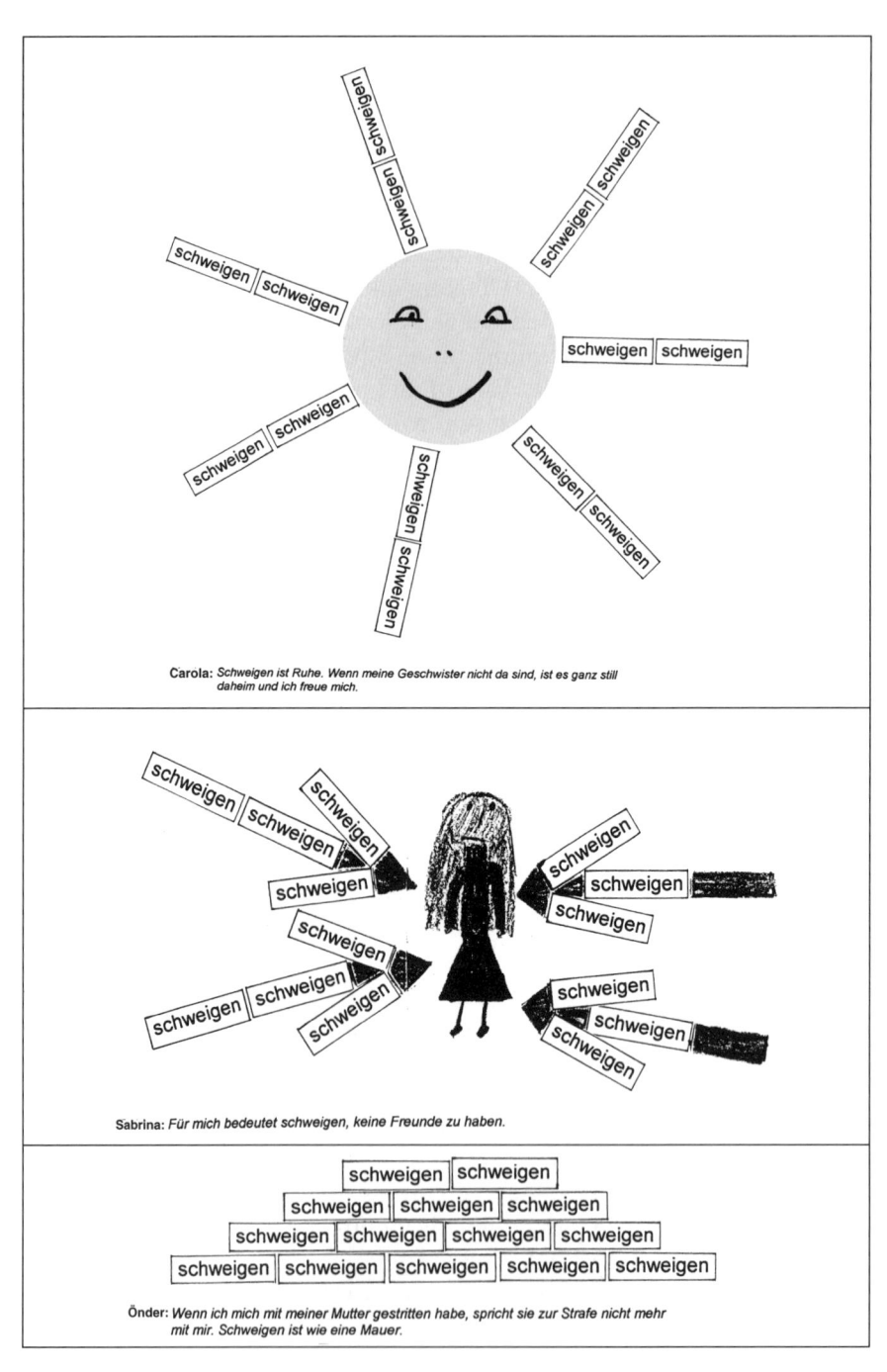

Carola: *Schweigen ist Ruhe. Wenn meine Geschwister nicht da sind, ist es ganz still daheim und ich freue mich.*

Sabrina: *Für mich bedeutet schweigen, keine Freunde zu haben.*

Önder: *Wenn ich mich mit meiner Mutter gestritten habe, spricht sie zur Strafe nicht mehr mit mir. Schweigen ist wie eine Mauer.*

Abb.11 Schülerbeispiele „schweigen"

Name _____ Datum _____ **AB 11**

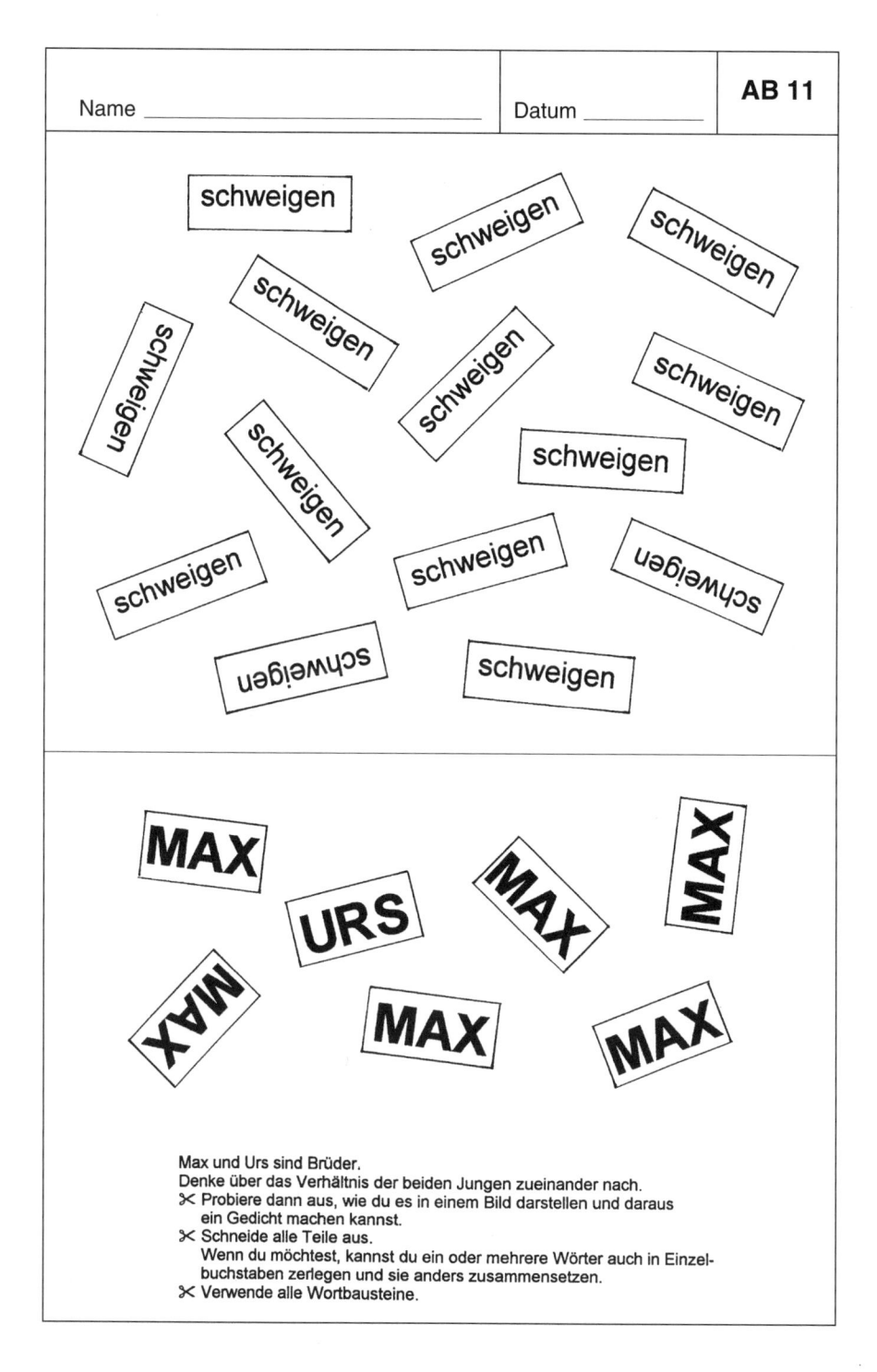

(schweigen — vielfach wiederholt, in verschiedenen Ausrichtungen angeordnet)

(MAX — mehrfach, sowie URS, in verschiedenen Ausrichtungen angeordnet)

Max und Urs sind Brüder.
Denke über das Verhältnis der beiden Jungen zueinander nach.
✂ Probiere dann aus, wie du es in einem Bild darstellen und daraus ein Gedicht machen kannst.
✂ Schneide alle Teile aus.
Wenn du möchtest, kannst du ein oder mehrere Wörter auch in Einzelbuchstaben zerlegen und sie anders zusammensetzen.
✂ Verwende alle Wortbausteine.

Sicher sind inzwischen alle Schüler neugierig auf das Kennenlernen des Originals von Eugen Gomringer. Ihre Ideen und Ergebnisse können einem Vergleich durchaus standhalten und es bleibt abzuwarten, wie sie im Unterrichtsgespräch Gomringers Lösung interpretieren.

② *Zwei Brüder* von Hans Manz

Zwei Brüder (Einer wird an die Wand gedrückt)
Hans Manz

    MAXU
  MAXMAXR
MAXMAXMAXS

(aus: *Hans-Joachim Gelberg* (Hrsg.), Überall und neben dir. Beltz Verlag, Weinheim und Basel 1986. Programm Beltz & Gelberg, Weinheim)

Einsatz in der Gedichtewerkstatt
Die Schüler werden zunächst mit den Wortbausteinen des Gedichts konfrontiert und erhalten weiter die Information, dass „Max" und „Urs" zwei Brüder sind (siehe AB 11). Der Untertitel sollte erst nach der Begegnung mit dem authentischen Text und der anschließenden Besprechung mitgeteilt werden.
Sofort fällt den Kindern die ungewöhnliche und irritierende Häufung des Namens „Max" auf. Im Unterrichtsgespräch wird versucht das Ungleichgewicht zu ergründen. So suchen sich die Schüler eigene Erklärungen wie etwa:

Max muss auf Urs aufpassen.
Max beschützt Urs.
Max ist dick und Urs noch ein Baby.
Max wird immer gelobt, weil er viel mehr kann als Urs.
Urs ist schüchtern und Max sehr stark.
Max wird immer geschimpft und Urs ist Mutters Liebling.
Die zwei können sich nicht leiden.

Darauf basierend können die Kinder in Partner- oder Gruppenarbeit versuchen aus den Wörtern ein Gedicht zu gestalten. Exakte Arbeitsanweisungen dazu finden sie auf dem Arbeitsblatt (AB 11). Das gemeinsame Vorstellen der Ergebnisse macht der Klasse großen Spaß und danach können alle ohne besondere Erläuterungen die Konstellation von Hans Manz verstehen.
An dieser Stelle bietet sich eine Fortführung des Themas an, wobei die Schüler ähnliche Texte herstellen und dabei soziale Beziehungen aus

ihrem Erfahrungsbereich mithilfe konkreter Poesie grafisch darstellen. Überschriften dazu können sein:

Meine Familie;
Meine Geschwister und ich;
Unsere Klasse;
Meine Freunde.

Das Wortmaterial finden die Kinder selbst und schreiben mit Filzstiften die Vornamen in Großbuchstaben auf unliniertes Papier. Danach werden sie ausgeschnitten, kombiniert und figural in Beziehung gesetzt. So entsteht spielerisch-experimentell aus wenigen Wörtern visuelle Poesie.

1.7 Schüttelgedicht

Besuch bei den Forellen von Josef Guggenmos
Nachricht von Hans Kasper

Besuch bei den Forellen
Josef Guggenmos

In unserem Fluss
hinter der Stadt,
in einer Brühe,
hässlich verdreckt,
habe ich Fische gesehen,
die sind geschwommen,
den Bauch nach oben,
verreckt.

Den Fluss hinauf
bin ich gewandert
bis in die Berge.
Flinke Forellen
sah ich dort schwimmen
in einem Wasser,
glasklar,
wie es bei uns einmal war.

(aus: *Josef Guggenmos*, Ich will dir was verraten. Beltz & Gelberg, Weinheim 1992)

Nachricht
Hans Kasper

Frankfurt. Zehntausend Fische erstickten
im öligen Main.
Kein
Grund für die Bürger der Stadt
zu erschrecken.
Die
Strömung ist günstig,
sie treibt
das
Heer der silbernen Leichen,
der fliegengeschmückten,
rasch
an den Quais vorbei.
Der Wind
verweht den Geruch,
ehe er unsere verletzlichen Sinne
erreicht.
Alles
ist auf das Beste geordnet.

(aus: *Hans Kasper,* Nachrichten und Notizen. Goverts Verlag, Stuttgart 1957)

Überlegungen zum Text
Hans Kaspers „Nachricht" erweckt den Eindruck einer Zeitungsnotiz, die in den ersten zwei Zeilen lapidar ein Umweltunglück, vermutlich verursacht durch einen Störfall in einem Chemiewerk, meldet. Im fortlaufenden Text, der in Verszeilen arrangiert ist, wird darauf allerdings nicht näher eingegangen. Vielmehr wird das Geschehen mit beißender Ironie verharmlost und der Leser beschwichtigt. „Alles ist auf das Beste geordnet" entspricht dem aggressiven Grundton des Gedichts und gibt genau das wieder, was die meisten Bürger wahrnehmen wollen. „Wir sehen, hören und sagen nichts" erinnert an die Symbolik der drei Affen. Anders der Guggenmos'sche Text. Zwar schreibt er über das gleiche Thema, doch ist sein Gedicht von einer anderen Stimmung beherrscht, was schon der Vergleich der beiden Überschriften andeutet. Ein Ich-Erzähler zeigt sich betroffen von der zunehmenden Umweltverschmutzung und benützt dafür drastische Worte wie „Brühe", „hässlich verdreckt" oder „verreckt". Gleichzeitig wird eine weitere Perspektive formuliert, die an den Ursprung führt. Aber es bleibt bei einem „Besuch". „Wie es bei uns einmal war" bekräftigt die Trauer über den Verlust ökologischen Gleichgewichts und gibt kaum zu Hoffnung Anlass.
Beide Gedichte erfordern zeilenübergreifendes Lesen. Während der Guggenmos-Text mit einfachem Wortschatz verfasst ist, müssen im Kasper-Text Wörter wie „Strömung", „Heer der silbernen Leichen", „fliegengeschmückt", „Quais" und „verletzliche Sinne" im Kontext erörtert werden. Durchaus jedoch ist das Problem der Umweltzerstörung für Grundschüler reflektierbar. Sie setzen sich damit ernsthafter, engagierter, betroffener und ideenreicher auseinander als manche Erwachsene.

Einsatz in der Gedichtewerkstatt
Die beiden themengleichen Gedichte werden für die Hand des Schülers als ein Schüttelgedicht aufbereitet. Das bedeutet, die Verszeilen inhaltlich so zu vermischen, bis ein möglichst fortlaufender Text entsteht. Vielen Kindern fällt beim ersten, flüchtigen Lesen nicht auf, dass kein homogenes Gedicht vorliegt.
Deshalb ist es ratsam, den Schülern zunächst nur den Text zu geben wie er in der Konservendose abgedruckt ist (siehe AB 12). Beim mehrmaligen Vorlesen und Nachdenken über den Inhalt bemerken die meisten dann doch, dass hier etwas durcheinander geraten sein muss. Manche Zeilenübergänge sind seltsam und passen nicht zusammen, man gerät beim Vorlesen ins Stocken und stolpert über die verwirrende Interpunktion.

Name _____ Datum _____ **AB 12**

Das **Schüttelgedicht** besteht aus zwei vermischten Texten. Der eine lautet **Besuch bei den Forellen** von *Josef Guggenmos* und der andere **Nachricht** von *Hans Kasper*. Findest du die zusammengehörenden Verszeilen und die richtigen Überschriften?

• • •
Lies genau und mehrmals.
Achte auch auf Punkte und Kommas.
Suche dir zwei Lieblingsfarben aus und unterstreiche die Gedichte mit verschiedenen Farben.

Frankfurt. Zehntausend Fische erstickten
im öligen Main.
In unserem Fluss
hinter der Stadt,
in einer Brühe,
Kein
Grund für die Bürger der Stadt
zu erschrecken.
hässlich verdreckt,
habe ich Fische gesehen,
Die
Strömung ist günstig,
die sind geschwommen,
den Bauch nach oben,
verreckt.
sie treibt
das
Heer der silbernen Leichen,
der fliegengeschmückten,
Den Fluss hinauf
bin ich gewandert
bis in die Berge.
rasch
an den Quais vorbei.
Flinke Forellen
sah ich dort schwimmen
Der Wind
verweht den Geruch,
ehe er unsere verletzlichen Sinne
erreicht.
in einem Wasser,
glasklar,
Alles
ist auf das Beste geordnet.
wie es bei uns einmal war.

© Oldenbourg Schulbuchverlag GmbH, PRAXIS Bibliothek 184, Kinder begegnen Gedichten

Der Hinweis auf ein Schüttelgedicht macht Schüler neugierig und lässt sie rasch erkennen, dass zwei verschiedene Gedichte ineinander verwoben sind. Die Aufgabe der Klasse besteht nun darin, das Rätsel der Gedicht-Collage durch texterschließendes Lesen zu entschlüsseln und die Originaltexte herzustellen. Dazu muss man sich mit Inhalt und Gehalt intensiv auseinander setzen und auch die unterschiedliche Wortwahl und Stimmung der beiden Gedichte erspüren. Beim Trennen empfiehlt es sich, zwei Farben zu verwenden und zusammengehörende Teile mit der gleichen Farbe zu markieren. Weitere Informationen und Arbeitsanweisungen finden sich auf dem Arbeitsblatt.
Bei Schüttelgedichten ist ein resümierendes Gespräch über die anschließend vorliegenden Originalgedichte besonders gewinnbringend. Die Kinder können in der Regel gut erklären und beschreiben, woran sie die zusammengehörenden Fragmente erkannt haben. Schließlich mussten sie sich selbstständig mit den Texten auseinander setzen, sich in die individuelle Dichtung des jeweiligen Autors einfühlen, dessen Weg nachvollziehen und dafür Verständnis entwickeln.

Angeregt durch obiges Beispiel produzierten viele meiner Schüler in den folgenden Wochen während des Wochenplanunterrichts oder in Phasen Freier Arbeit Schüttelgedichte, die sie Klassenkameraden oder mir zum Entflechten gaben. Gedichte dazu fanden sie in Anthologien und selbst gemachten Sammelmappen, die ständig im Klassenraum zur Verfügung stehen. Für den Anfang kann die Arbeit mit Gedicht-Collagen auch erleichtert werden, indem man unterschiedliche Schriftarten oder Handschriften benutzt. Obwohl sich dazu am besten Texte mit ähnlichem Motiv eignen, sei hier zum Schluss noch ein Beispiel der beiden neunjährigen Schülerinnen Heidrun und Cornelia gezeigt (siehe Abb.12). Sie verwendeten *Verschieden, aber zufrieden* von Günter Strohbach (aus: James Krüss (Hrsg.), So viele Tage, wie das Jahr hat. C. Bertelsmann Verlag, München 1959) und *Ich träume mir ein Land* von Erika Krause-Gebauer (aus: Hans-Joachim Gelberg (Hrsg.), Überall und neben dir. Beltz Verlag, Weinheim und Basel 1989):

Ich träume mir ein Land!

Die Gans hat weiße Flecken,
Die Ziege einen Bart,
Die Haut vom Pferd ist Adern,
Der Schwanz vom Schwein apart.
Ich träume mir ein Land,
da wachsen tausend Hecken,
da gibt es Felsen, Büsche, Strand,
und kleine dunkle Ecken.
Und Nachbarn gibt's, die lustig sind,
und alle feiern Feste,
genauso schön wie deins und meins
und keines ist das beste.

Der Leopard hat Flecken,
Der Papagei ist dreist,
Das Nashorn, das hat Zecken,
Das Nilpferd, es ist feist.
Ich träume mir ein Land,
da wachsen tausend Bilder,
da gibt es Rot und Grün am Rand,
und viele bunte Schilder.
Und Nachbarn gibt's, die langsam sind,
und alles dauert lange,
genauso wie bei dir und mir,
und keinem wird dort bange.

Der Hai hat scharfe Zähne,
Und Krallen hat der Bär,
Der Elch hat eine Mähne,
Der Wal ist träg und schwer.
Ich träume mir ein Land,
da wachsen tausend Bäume,
da gibt es Blumen, Wiesen, Sand,
und keine engen Räume.
Und Nachbarn gibt's, die freundlich sind,
und alle haben Kinder, genauso wild wie du und ich,
nicht mehr und auch nicht minder.

Sie alle sind verschieden,
Am Kopf, am Schwanz, am Bauch,
und doch mit sich zufrieden!
Ich hoff du bist es auch!

Abb.12 Schüttelgedicht „Ich träume mir ein Land"

1.8 Detektivgedicht

das fanatische orchester von Ernst Jandl

das fanatische orchester
Ernst Jandl

der dirigent hebt den stab
das orchester schwingt die instrumente

der dirigent öffnet die lippen
das orchester stimmt ein wutgeheul an

der dirigent klopft mit dem stab
das orchester zerdrischt die instrumente

der dirigent breitet die arme aus
das orchester flattert im raum

der dirigent senkt den kopf
das orchester wühlt im boden

der dirigent schwitzt
das orchester kämpft mit tosenden wassermassen

der dirigent blickt nach oben
das orchester rast gegen himmel

der dirigent steht in flammen
das orchester bricht glühend zusammen

(aus: *Ernst Jandl,* Werke in 10 Bänden, hrsg. von Klaus Siblewski. © 1997 Luchterhand Literaturverlag GmbH, München)

Überlegungen zum Text
Im freien Vers wird der unerwartete und verfremdete Ablauf einer Orchesterprobe oder eines Konzertabends geschildert. Die Komik des Textes entsteht durch witzige und fantastische Spracheinfälle. Bilder und Vergleiche verlassen die selbstverständliche Ebene und verschieben die gewohnte Metaphorik. Das oft schwierige Verhältnis zwischen Maestro und Musikern, die ihm auf Fingerzeig folgen müssen, wird satirisch dargestellt. Die Harmonie ist empfindlich gestört, da das Orchester den gewohnten Rahmen sprengt und die Mimik und Gestik des Dirigenten spielerisch-grotesk und fiktiv interpretiert. Dabei entwickelt das Gedicht eine Steigerungskurve vom ersten Schwingen der Instrumente, der zunehmenden Verzweiflung des Dirigenten, den fanatischen Reak-

Name _____ Datum _____ **AB 13**

ORCHESTER (Ernst Jandl)

Das Orchester landet sich
Die Instrumente
Oben den Stab
senkt wühlt bricht
KLOPFT Im das Orchester HEBT in aus zusammen stimmt
FLAMMEN gegen BODEN
das ORCHESTER blickt
Das Orchester
die Lippen breitet IM AN

Das ORCHESTER NACH Wassermassen der Dirigent dEr Dirigent der Dirigent der Dirigent Der Dirigent Der Dirigent Der Dirigent Der DIRIGENT

DIE Instrumente himmel MIT tosenden Orchester schwingt das öFFnet FLATTERT rast MIT stab DEN KOPF verrückt ORCHESTER das sep siehend STIHT KÄMPFT Raum DEM Das ORCHESTER Das Orchester schwitzt DIE Arme Ein WUTGEHEUL in

DAS

tionen der Musiker, bis hin zum grandiosen Finale und Zusammenbruch. Der Text ist weder gereimt, noch ist ein metrisches Schema zu erkennen. Doch bietet er eine feste Strophenform aus acht Zweizeilern. Sich stets wiederholende Anfänge „der dirigent" - „das orchester" akzentuieren die Zweiteiligkeit und das Bauprinzip von actio und reactio des spielerischen Gedichts.

Sicher wird die sprachliche Komik Grundschüler faszinieren und begeistern. Dabei bleiben die fehlende Interpunktion und die durchgängige Kleinschreibung für den unterrichtlichen Einsatz von nebengeordneter Bedeutung.

Einsatz in der Gedichtewerkstatt
Bevor die Schüler das Wortmaterial erhalten, werden sie mit dem Titel „das fanatische orchester" konfrontiert. Nach notwendiger Begriffsklärung folgt eine Antizipation über das Thema. Ein Folienbild mit einem Orchester (in vielen Sachbüchern zu finden) gibt Anlass zu einem ersten Gespräch. Dazu gehören Informationen über die Instrumente, den Orchestersitzplan, die Anordnung im Halbrund und den Platz des Dirigenten im Zentrum des Geschehens.

Anschließend wird das Detektivgedicht ausgeteilt, dessen optischer Aufbau an eine traditionelle Orchesteranordnung erinnern soll (siehe AB 13). Es enthält sämtliche Teile des Jandl-Textes unter Auflösung der Syntax in verwürfelter Form. Wörter und Buchstaben sind aus Zeitungen ausgeschnitten und ähneln anonymen Drohbriefen oder Lösegeldforderungen, was alle Spürnasen der Klasse sofort erfassen und Detektive auf den Plan ruft.

Lautes Erlesen im Klassenverband mündet in erste mündliche Versuche das Wortmaterial zu arrangieren. Die auffällige Häufung von „der Dirigent" und „das Orchester" wird hervorgehoben und versucht zu erklären. Danach beginnt eine längere Phase der analytischen Textaneignung, die am lustvollsten und produktivsten in Partnerarbeit stattfinden kann.

Hilfreiche Arbeitsaufträge:
- *Zerschneidet alle Teile des Blattes.*
  Wörter, die zusammengehören, dürfen nicht getrennt werden.
- *Stellt aus dem Wortsalat einen Text her.*
  Verwendet dabei alle Schnipsel.
- *Es ist euer Gedicht, also gestaltet nach eigenen Wünschen:*
  Bastelt lange oder kurze Sätze; oder klebt nur Wörter aneinander.
  Entwerft ein Gedicht in Strophenform oder einen fortlaufenden Text.

Den Kindern werden hier alle Freiheiten gelassen, operativ mit einem Gedicht umzugehen. Um so interessanter ist auch für den Lehrer die Phase der Produktion und das Präsentieren der Ergebnisse. Zwei Beispiele zeigen, welche Ergebnisse man erwarten kann:

DAS fanatische ORCHESTER

Der Dirigent HEBT DEN KOPF,
das Orchester bricht in Ein WUTGEHEUL
aus, der Dirigent FLATTERT Im himmel,
der Dirigent stimmt glühend AN, Das ORCHESTER
schwitzt, der Dirigent STEHT
MIT tosenden Wassermassen IM BODEN. Der Dirigent
senkt den Stab. Das ORCHESTER öFFnet
DIE Arme, Der Dirigent WÜHLT
Das Orchester, Der Dirigent zerdrischt gegen
dER Dirigent KLOPFT das ORCHESTER Die Instrumente
das ORCHESTER blickt NACH DEM zusammen,
Stab. Das Orchester breitet die Lippen, das Orchester
rast Oben.

KÄMPFT MIT FLAMMEN
Raum schwingt DIE Instrumente

Dominik und Daniel, 3. Schuljahr

Sandra und Annkathrin, 3. Schuljahr

Abb. 13: Schülerlösungen „das fanatische orchester"

Die Anordnung in Verszeilen wählte keiner meiner Schüler, was für die meisten wohl auch zu schwierig war. Grammatikalisch falsche Sätze wurden nur selten hergestellt, da sich die Kinder selbst korrigierten oder bei Unsicherheiten mich fragten. Viele verwendeten Satzzeichen, obwohl dazu vorher nichts gesagt wurde. Das Beispiel der Mädchen zeigt eine interessante Lösung alle Teile unterzubringen. Fehlendes Wortmaterial glichen sie zum Schluss mit Satzzeichen aus, das Verb „rast" zeigt als Pfeil zum Boden und ersetzt somit die fehlende Präpositon. Im zweiten Beispiel wurde teilweise das Wechselspiel Dirigent-Orchester umgesetzt. „Raum schwingt die Instrumente!" klingt als poetisches Ende nach, was auch immer es bedeuten mag. Eine witzige Lösung fand ein anderes Paar, das zu viele Verben übrig hatte. Es beendete seinen Text mit einer deutlichen Steigerung: „Der Dirigent klopft, wühlt, flattert, bricht".

Das Gedicht bietet noch weitere unterrichtliche Möglichkeiten, die den interdisziplinären Aspekt von Lyrik einmal mehr bestätigen:

- Musik: Der Text eignet sich als Einstieg in eine kleine Instrumentenkunde.

  Die Kinder können dabei ein Musikinstrumente-Lexikon erstellen mit Abbildungen und Namen von Tasten-, Saiten-, Schlag- und Blasinstrumenten.

- Szenische Darstellung: Jandls Text lässt sich ausgezeichnet pantomimisch darstellen.

  Die gesamte Klasse oder einzelne Gruppen können „das fanatische orchester" ohne Sprache, nur mit Körperbewegungen und entsprechender Mimik nachspielen.

2. Schreibimpulse

Wie bei den Textrekonstruktionen steht dahinter der Grundgedanke, dass Lyrik erst über produktive Verfahren reflektiert und begriffen wird. Gedichte geben Denkanstöße zur Nachgestaltung im weitesten Sinn, regen zum Gebrauch der sprachlichen Fantasie an und lösen eine intensive, ungezwungene Schreibtätigkeit aus. Während des Schreibens zum dargebotenen Gedicht setzt sich jedes Kind sprachhandelnd ganz individuell mit dem Text auseinander. Im aktiven Tun erfährt es Grundelemente der Lyrik wie Inhalt, Motiv, Bild, Klang, Reim, Rhythmus und Bauform.

Im Rahmen der Gedichtewerkstatt geht es allerdings nicht um die unterrichtliche Abhandlung struktureller Elemente der Aufsatzlehre. Schreiben ist demnach hier nicht Gegenstand des Lernens, sondern vielmehr ein Medium und damit eine Möglichkeit spielerisch und experimentell mit Sprache umzugehen. Unter Schreibimpulsen sind Gedichte zu verstehen, die schöpferische Prozesse in Gang setzen sollen und eine Schreibidee initiieren wollen. Dies bedeutet aber keineswegs die Freiheit der Themenauswahl. Kreatives Schreiben wird in bewusst gestalteten Schreibsituationen umgesetzt. Auf ausgewählte Gedichte wird in Form von eigenproduzierten Texten sprachlich eingegangen, indem sie nachgeahmt, verwandelt oder umgeschrieben werden.

Dabei sollte möglichst viel erlaubt und gefördert werden. Im Gegensatz zum üblichen Bild in Klassenzimmern schreiben die Kinder mit großem

Eifer und ihre Schreibanstrengungen werden durch den Spaß am Schreiben belohnt. Wie der einzelne Schüler den Impuls umsetzt, ist abhängig von den eigenen sprachlichen Ausdrucksmöglichkeiten. Trotz vorhandener Begabungsunterschiede können auf diesem Weg alle Kinder etwas zu Papier bringen und ihre Erzählfähigkeit steigern. Letztlich werden Schreibhemmungen abgebaut und ein wachsendes Selbstbewusstsein auf schriftsprachlicher Ebene ist deutlich zu erkennen.

Didaktische Zielvorstellung der Schreibimpulse:

- Vertiefen der individuellen Erlebnisweise und Entwicklung eines persönlichen Stils
- Finden alternativer Ausdrucksmöglichkeiten
- Kennenlernen verschiedener sprachlicher Mittel und deren Wirkung im Spiel mit der Sprache
- Erfahrungen in der Metasprache durch Gruppengespräche über Textbesonderheiten
- Erfahrungen im Beschreiben und Begründen von Textwirkungen
- Erlernen eines kritischen und konstruktiven Umgehens mit den Äußerungen anderer zu seinen Texten

(nach *Therese Chromik*, „Dichten" in der Schule - wozu? In: Valentin Merkelbach (Hrsg.): Kreatives Schreiben. Westermann, Braunschweig 1993, S. 60)

2.1 Analogiebildungen

Unter Analogiebildungen ist der Versuch zu verstehen einen poetischen Text möglichst formgebunden, in exakter Kopie der originalen Form nachzugestalten. Die Kinder versuchen, weitere Strophen mit derselben Struktur wie die Vorlage herzustellen oder ein neues, eigenes Gedicht zu schreiben. Sie erfassen dadurch meist leicht und sehr bewusst das Bauprinzip eines Gedichts, wenden es auf andere Inhalte an und erschließen sich auf diese Weise den authentischen Text im aktiven und experimentellen Tun.

① *Was* von Jürgen Spohn

Was

Jürgen Spohn

Was ist Glück?
Klaus: Wenn man im Lotto gewinnt.
Marie: Nudeln mit Tomatensoße.
Karlchen: Wenn das Fieber nachlässt.
Tina: Wenn ich mit darf.
Sabine: Wenn mein Stoffbär lächelt.
Thomas: Wenn ich einen Freund habe.

(aus: Drauf und dran. Carlsen Verlag, Reinbek 1988 © Barbara Spohn 1992)

Überlegungen zum Text

Ist es ein Gedicht oder ist es keins? In jedem Fall handelt es sich um einen poetischen Text, der die philosophische Frage nach einer Definition des Glücks in bewundernswerter Weise für Kinder verständlich macht. Der Autor lässt sechs kindliche Identifikationsfiguren beschreiben, wann sie Glück empfinden. Mit schlichten Vokabeln werden Momentaufnahmen aus dem Alltag geschildert, die das Wesen des Glücks treffend formulieren: Es kommt unerwartet und ist meist nur ein kurzer Augenblick, den es festzuhalten und zu genießen gilt.

Einsatz in der Gedichtewerkstatt

Der Text beweist Zielgruppennähe und ist aufgrund seiner transparenten Struktur leicht nachzugestalten. Somit eignet er sich besonders als Einstieg in das Verfassen analoger Texte bei Klassen, die darin noch keine oder nur wenig Übung haben.

Nachdem die Vorlage gelesen und besprochen wurde, gibt der Lehrer den Impuls einen ähnlichen Text selber herzustellen. Gemeinsam werden verschiedene Varianten erörtert, wie das Vorhaben am besten zu realisieren sei. Schnell kommen die Kinder zu der Überzeugung, dass man allein nur wenige Ideen hat und am besten zu mehreren geschrieben werden sollte. Die Namen zur Nachgestaltung können aus der Familie, dem Freundeskreis oder der eigenen Klasse stammen.

Im vorliegenden Fall wurde von den Schülern meiner Ethikgruppe ein gemeinsames Klassengedicht als Vorhaben ausgewählt. Alle Namen wurden analog zum Original mit verschiedenen Filzstiftfarben auf einen großen Bogen Packpapier geschrieben. Jeder Schüler überlegte dann, was für ihn persönlich Glück bedeutet und schrieb seine Vorstellung hinter seinen Namen. Zwei Kindern, Murat und Nigar, fiel nichts ein und sie übernahmen daher Gedanken aus dem ursprünglichen Text.

Was ist Glück?

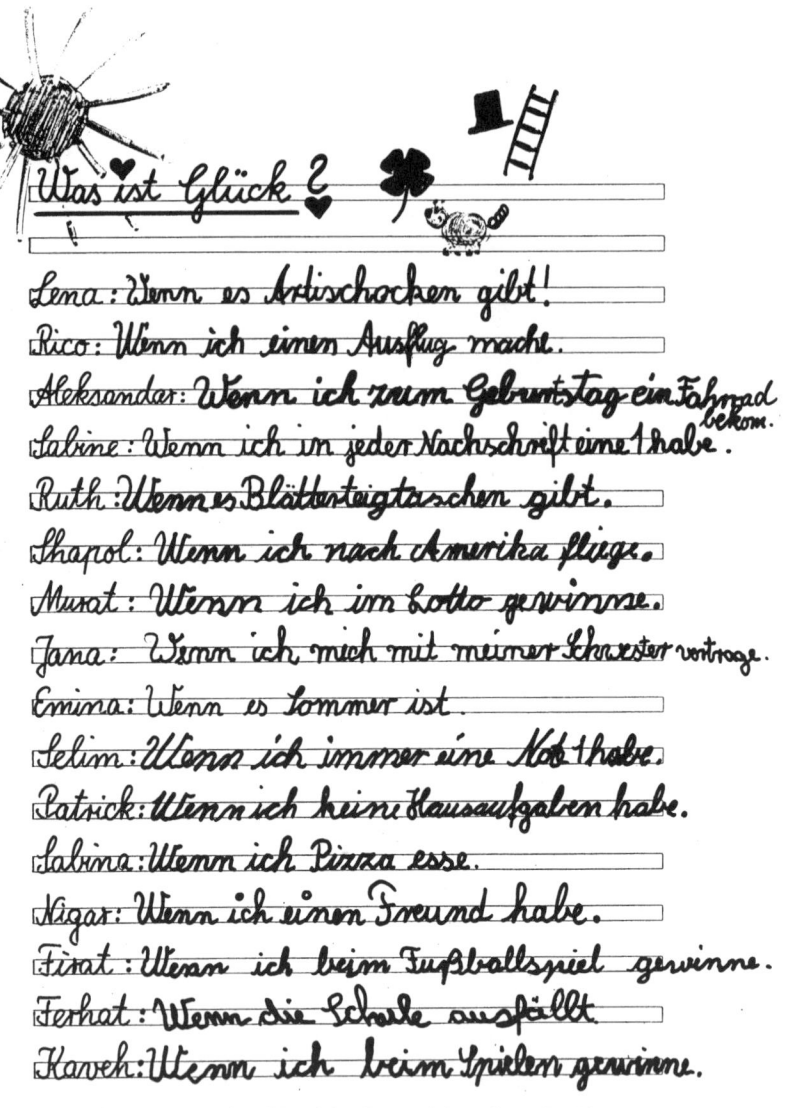

Lena: Wenn es Artischocken gibt!
Rico: Wenn ich einen Ausflug mache.
Aleksander: Wenn ich zum Geburtstag ein Fahrrad bekom.
Sabine: Wenn ich in jeder Nachschrift eine 1 habe.
Ruth: Wenn es Blätterteigtaschen gibt.
Shapol: Wenn ich nach Amerika fliege.
Murat: Wenn ich im Lotto gewinne.
Jana: Wenn ich mich mit meiner Schwester vertrage.
Emina: Wenn es Sommer ist.
Selim: Wenn ich immer eine Not 1 habe.
Patrick: Wenn ich keine Hausaufgaben habe.
Sabina: Wenn ich Pizza esse.
Nigar: Wenn ich einen Freund habe.
Firat: Wenn ich beim Fußballspiel gewinne.
Ferhat: Wenn die Schule ausfällt.
Kaveh: Wenn ich beim Spielen gewinne.

Abb. 14: Was ist Glück? – Vorschlag einer 3. Klasse

② Gemüseball von Werner Halle

Gedichtabdruck und Textüberlegungen finden sich unter „1.4 Gedicht als Figur anbieten" (S. 91 ff.).

Einsatz in der Gedichtewerkstatt
Während der ersten Begegnung mit dem Gedicht wurde herausgefunden, dass mit Ausnahme der ersten Strophe, die Informationen über Zeit und Ort des Erzählgedichts gibt, alle anderen Quartette in ihrer Reihenfolge variabel zu platzieren sind. Dieser Umstand unterstützt die Vorstellung, dass Texte erweitert werden können und ermutigt Kinder zum Mitmachen. So liegt es nahe, weiterzudichten und andere Gemüseballstrophen zu erfinden!
Außerdem kann der Lehrer anregen, das Gedicht „Gemüseball" zu einem späteren Zeitpunkt als kleines Theaterstück mit selbst gebastelten Figuren aufzuführen. Jede Strophe soll eine Szene darstellen. Das begründet die Notwendigkeit noch weitere Vierzeiler herzustellen.
Die spielerische Aussage des Gedichts ist für Kinder beim Lesen leicht nachzuvollziehen und zu visualisieren. Mit großem Spaß am Schreiben finden sie weitere Tanzpaare und ergänzen sie mit einer kleinen Gemüseball-Episode zu einer neuen Strophe:
Der Impuls: *Zu einem großen Ball sind sicher sehr viele Gäste eingeladen!* und die Tafelanschrift *Gäste des Gemüseballs* leiten dazu über, die verschiedensten Gemüsesorten zu nennen. Die Schüler bringen dazu entsprechende Wortkarten an. Weiter empfiehlt es sich, Blankokarten vorzubereiten und diese bei Bedarf zu beschriften, um jeden Vorschlag festhalten zu können.

Tafel:

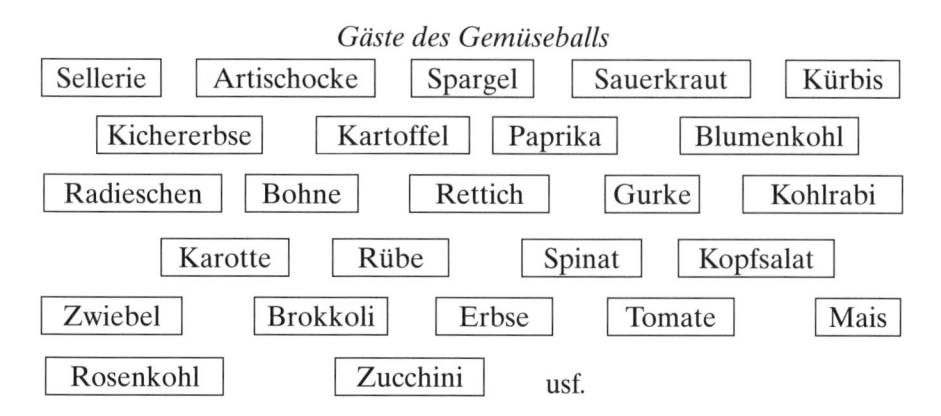

Gäste des Gemüseballs

Sellerie	Artischocke	Spargel	Sauerkraut	Kürbis
Kichererbse	Kartoffel	Paprika	Blumenkohl
Radieschen	Bohne	Rettich	Gurke	Kohlrabi
Karotte	Rübe	Spinat	Kopfsalat
Zwiebel	Brokkoli	Erbse	Tomate	Mais
Rosenkohl	Zucchini	usf.

Danach suchen sich immer zwei Partner ein Tanzpaar aus dem Kartenvorrat aus und beginnen unter folgenden Hilfestellungen mit dem Dichten:

Einladung zum Weiterdichten!
Auf einer festlichen Tanzveranstaltung gibt es nicht nur vier Tanzpaare. Nehmt euer Paar und denkt euch dazu ein lustiges Zusammentreffen aus. Bitte nicht vergessen:

- *Es handelt sich um besonders vornehmes, adeliges Gemüse.*
- *Jede Strophe besteht aus vier Zeilen mit der Reimform abcb.*

Sicher muss der Lehrer beim Schreiben und vor allem beim Finden von Adelsprädikaten Hilfestellungen geben. Nach Korrektur erhalten die Kinder ein DIN-A5-Blatt, das sie mit ihrem Text beschriften und farbig ausgestalten (siehe Abb. 15). Im Sitzkreis werden die Strophen mit viel Gelächter und Staunen über manche Ideen vorgetragen und besprochen. Abschließend werden die fertigen Blätter in Prospekthüllen gesteckt, damit sie zusammengeheftet für alle im Klassenzimmer verfügbar sind und bis zum „Gemüseball-Theater" in ordentlicher Form „überleben".
Sechs Beispiele aus einer dritten Klasse wollen zeigen, was man bei obigen Vorgaben an Analogiebildungen erwarten kann:

Die lustige Prinzessin Sellerie
wirbelte schnell durch den Saal
mit dem verliebten Prinzen Rosenkohl
und seinem flatternden Schal.

Stephanie und Melanie

Die rotbackige Freifrau Tomate
lachte mit Herrn von Kartoffel.
Er war groß und schwer
und trug doch tatsächlich Pantoffel!

Patrik und Julia

Der schlanke Kurfürst von Bohne
schritt im Tango voll Freude
mit Burgfräulein von Mais.
Ach, wie sie den Tanz bereute!

Sabrina und Cindy

Die feurige Baronesse Pepperoni
tanzte mit dem Kurfürst von Kraut
eine schnelle, polnische Polka.
Wild, lustig und sehr laut!

Heidi und Daniel

Ritter Spargel, groß und lang
nahm ein Gläschen und sang.
Doch der Gräfin Zwiebel
wurde es von Ritters Singerei ganz übel.

Tanja und Tobias

Runde Kichererbse, klein und grün,
sauste mit dem Skateboard übers Parkett,
vorbei am erstaunten Lord Brokkoli.
Zack! Da war sie schon wieder weg!

Moritz und Patrick

Alle Kinder benützten Adjektive bzw. Adverbien zur Charakterisierung des Gemüses und die meisten achteten durch Klatschen oder Stampfen auf einen stimmigen Rhythmus der Zeilen. Bei den beiden letztgenannten Strophen verwendeten die Kinder in Anlehnung an das Originalgedicht sogar sinntragende Wörter („Ach" und „Zack!"), die als Auftakt beim Lesen besonders betont werden müssen. Einige Schüler hatten Schwierigkeiten das Reimschema einzuhalten. Als Beispiel wurde der Vorschlag von Tanja und Tobias aufgenommen. Auf den vermeintlichen „Fehler" hingewiesen, erklärten sie mir jedoch, ihre Version nicht verändern zu wollen, da sie ihnen ebenso gut gefiele, wie die Strophen von Werner Halle. Da mit den Schreibimpulsen stets eine Atmosphäre der spielerischen und künstlerischen Freiheit verbunden ist, sollte man als Lehrer in diesem Zusammenhang seine traditionelle Rolle überdenken und auch andere, vom ursprünglichen Konzept abweichende Schülerideen zulassen.

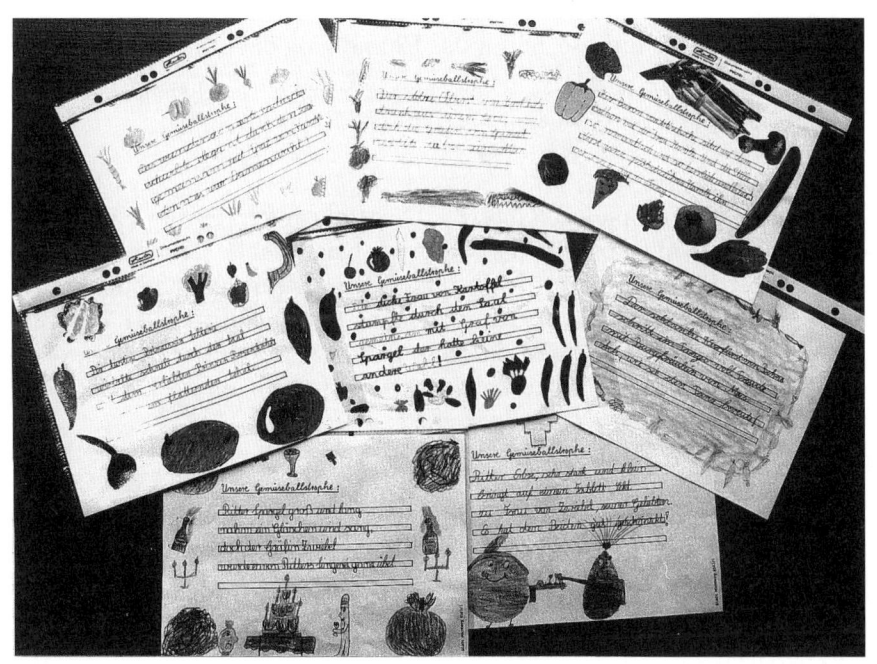

Abb. 15: Unsere Gemüseballstrophe

③ *Eine Ostergeschichte* von Mira Lobe

Eine Ostergeschichte
Mira Lobe

                Ein
              Oster-
           hase sah
         hinter einem
       parkenden Auto
      auf der Landstraße
     das rote Dreieck stehen.
    „Ei, ei!", sagte der Oster-
    hase. „Untersteh dich!", rief
    das Dreieck. „Rühr mich nicht
    an! Was bleibt von mir übrig, wenn
      du ...." „Ein Dreck!", sagte der
      Osterhase, nahm das Ei und ging davon.

(aus: *Domenego, Hans* u.a., Das Sprachbastelbuch. Verlag Jugend und Volk, Wien, München 1975. © Claudia Lobe-Janz und Reinhardt Lobe)

Überlegungen zum Text
Mira Lobes Sprachspiel ist Konkrete Dichtung auf grafischer Ebene und experimentiert mit Sprache als Material. Der visuelle Text gehört zum Bereich der Piktogramme, die verschiedene Ausformungen haben können. Hier wurden mehrere Sätze zu einem Textbild arrangiert. Figurengedichte bieten Anregungen zu analogem, eigenem Gestalten und ermöglichen differenzierte und spielerische Erfahrungen im Umgang mit Sprache.

Einsatz in der Gedichtewerkstatt
Alle Schüler erhalten das Gedicht und können nach mehrmaligen zeilenübergreifenden Leseversuchen die sprachlich-visuelle Aussage selbst artikulieren: Der diebische Osterhase stahl ein Ei aus dem Wort „Dreieck" und verwandelte es dadurch in „Dreck".
Das setzt einen gewissen Abstraktionsprozess voraus, weil die Kinder zwischen dem bloßen Gegenstand, der visualisiert wird, und dessen formaler Bezeichnung in der Schriftsprache unterscheiden können müssen.

Die kleine Episode führt zunächst zu einiger Verblüffung und endet dann in echter Freude über das Spiel mit den Buchstaben. Der Vorschlag, ähnliche Osterhasengeschichten zu verfassen, wird mit Begeiste-

rung aufgenommen. Bevor neue Formen gesucht werden, muss der Originaltext jedoch noch näher analysiert werden.
Die Kinder erarbeiten und unterstreichen, was beim Nachgestalten gleich bleiben kann oder zumindest mit anderen Wörtern in ähnlicher Form immer enthalten sein sollte. Dabei wird das Wesentliche der Geschichte festgehalten, wogegen alle anderen Elemente austauschbar sind:
„Ei, ei!", sagte der Osterhase. „Untersteh dich!", rief ..... „Rühr mich nicht an! Was bleibt von mir übrig, wenn du ....."
Je nach Klassenstufe und individuellem Leistungsvermögen muss Wortmaterial für das Weiterschreiben gemeinsam gefunden werden. Dazu empfiehlt es sich, an der Tafel Wörter mit „-ei-" aufzulisten, die durch Wegnahme des Doppellautes ein anderes Wort ergeben und im besten Fall zu einer witzigen Wortverwandlung führen.
Die folgenden Beispiele stammen aus einer vierten Klasse (siehe Abb.16). Bis auf einige Schüler, die Hilfestellungen brauchten, suchte sich jedes Kind selbst ein „Ei-Wort" aus, zu dem es eine Ostergeschichte schreiben wollte. Dabei kam es allerdings immer wieder vor, dass Unsinnswörter wie „Felturm", „Erbecher" oder „Skugel" übrig blieben. Mir persönlich sind das willkommene Wortschöpfungen, die das kindliche Selbstvertrauen im Umgang mit Sprache und den Spaß am Sprachspiel stärken. Doch muss jeder Lehrer selbst abwägen, inwieweit er durch stringente Vorgaben lieber sinnvolle Wörter erzielen will oder durch Zulassen von mehr Kreativität auch ungewöhnliche Ergebnisse akzeptieren möchte.
Unbedingt aber sollte man die Schüler darauf hinweisen, dass die Form der Endfassung dem Umriss des „Ei-Gegenstandes" entsprechen muss. Dabei sollen die Kinder ihren visuellen Text möglichst groß und farbig gestalten.

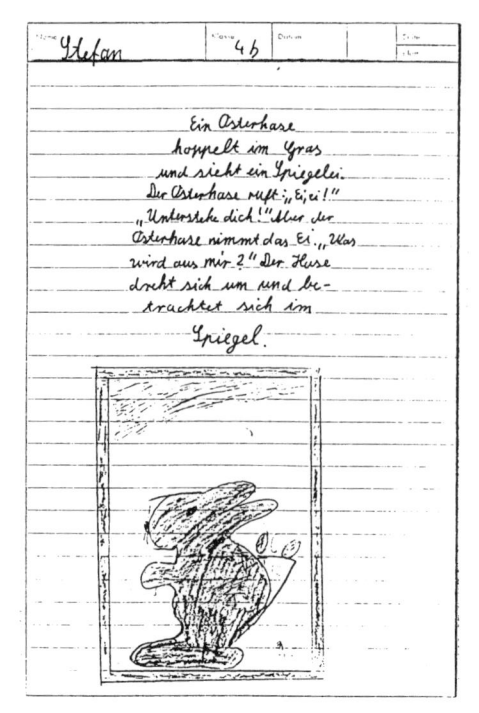

Ein Osterhase hoppelt im Gras und sieht ein Spiegelei.
Der Osterhase ruft: „Ei, ei!"
„Unterstehe dich!" Aber der Osterhase nimmt das Ei.
„Was wird aus mir?" Der Hase dreht sich um und betrachtet sich im Spiegel.

Stefan

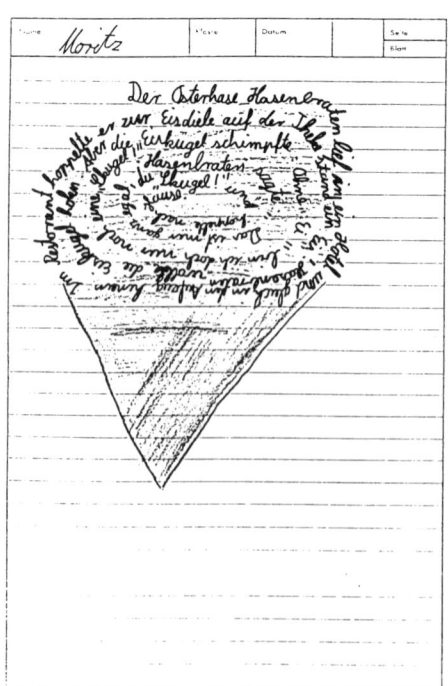

Der Osterhase Hasenbraten lief in ein Hotel und gleich in den Aufzug hinein. Im Restaurant hoppelte er zur Eisdiele.
Auf der Theke stand ein Eis! Hasenbraten wollte die Eiskugel holen.
Aber die Eiskugel schimpfte: Ohne „Ei" bin ich doch nur noch eine „Skugel"!
Hasenbraten sagte: „Das ist mir ganz egal, du Skugel!" und hoppelte nach Hause.

Moritz

Ein Osterhase sah am Ostersonntag auf dem Frühstückstisch einen Eierbecher stehen. Er sagte: „Au fein." Der Eierbecher erwiderte: „Lass deine schweißgebadeten Finger von mir. Was ist noch da, wenn du mich nimmst?" Der Erbecher. Doch der Hase nahm das Ei und hoppelte davon.

Julia

Ein Osterhase sah am frühen Morgen im Gras ein Dinosaurierei liegen. Der Hase murmelte: „Ein schönes großes ei! ei! ei!" Das Dinosaurierei sagte aber: „Verschwinde! Rühr mich nicht an! Wenn du das Ei wegnimmst, was bleibt von mir dann übrig?" „Ein Dinosaurier!", rief der Hase, nahm das Ei und hoppelte vergnügt nach Hause!!! Dort malte er es in verschiedenen Farben an.

Kristina

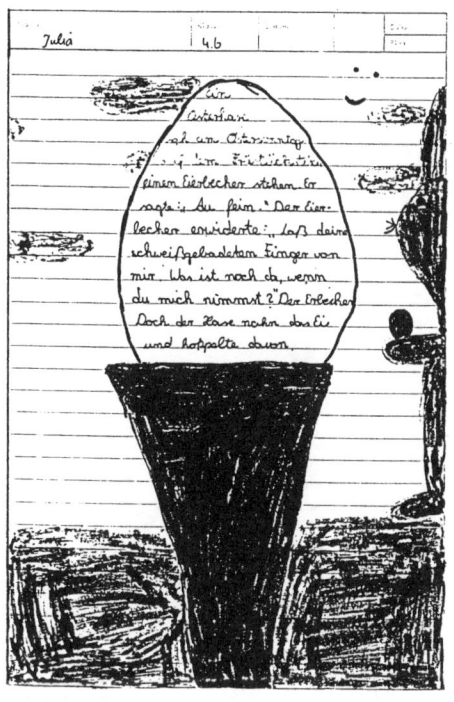

Ein Osterhase hoppelte zum Eifelturm. Der Hase sagte: „Gib mir dein Ei!" Der Eifelturm aber jammerte: „Was wird dann aus mir?"
„Ein Felturm", lachte der Hase. Stolz ging er mit seinem schönen Ei nach Hause.

Daniel

Abb. 16: Eine Ostergeschichte – Ideen aus einer 4. Klasse

④ *Taxidriver-Sonett* von Karl Riha

Taxidriver-Sonett
Karl Riha

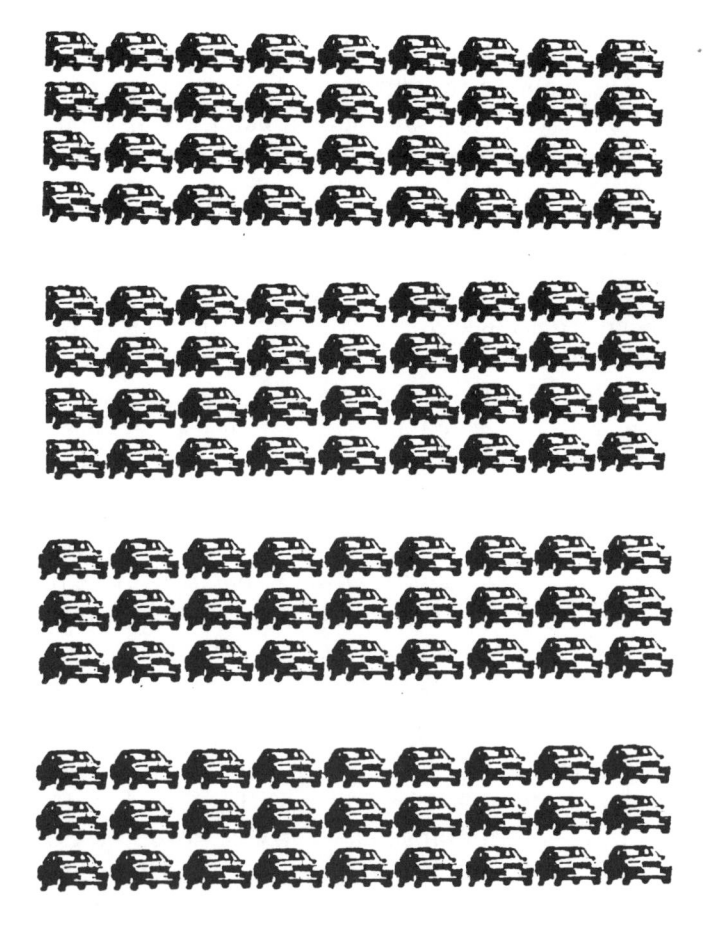

[Bildgedicht: 14 Zeilen aus Auto-Piktogrammen, gegliedert in zwei Vierergruppen und zwei Dreiergruppen – je 8 Autos pro Zeile]

(aus: Was ist mit mir heute los? Moritaten, Sonette, Short poems. Anabas Verlag, Gießen 1994, S. 57)

Überlegungen zum Text
Die am meisten verwendete Gedichtform mit streng metrischen Versen ist das Sonett. Es besteht aus 14 Zeilen, die sich in zwei Quartette und zwei Terzette aufgliedern. Das Reimschema der italienischen Form lautet abba abba cdc dcd.
Riha parodiert mit seinem Gedicht die Sonettform schlechthin und entwirft damit gleichzeitig einen weiteren Vertreter experimenteller Poesie.

Obwohl der Titel anderes erwarten lässt, fehlen mit Ausnahme der Zeilenkomposition alle Stilmittel der traditionellen Verslehre. Neben der formal-ästhetischen Reduktion wird auch Sprache vollkommen abstrahiert und die Kommunikation ins Bildhafte verwiesen. Der Text sagt semantisch nur das aus, was er visuell zeigt.

Die gedankliche Entschlüsselung obliegt dem Rezipienten. Gerade aufgrund seiner verblüffenden Struktur und Darstellung eignet sich das Gedicht für Grundschulkinder. Es spricht deren Assoziationsvermögen und Fantasie an und ermöglicht ihnen, eigene Erfahrungen einzubringen.

Einsatz in der Gedichtewerkstatt
Die Schüler werden zunächst nur mit dem ungewöhnlichen und für die Altersstufe erklärungsbedürftigen Titel konfrontiert. Bestimmt können einige der Kinder das englische Wort „taxidriver" übersetzen, doch mit „Sonett" kann zunächst niemand etwas anfangen. So hängt es vom Lehrer und dessen Klassensituation ab, wie viele Informationen er dazu geben kann und will. Ein Minimum ist allerdings schon angebracht, um Gewinn bringend über den Inhalt nachzudenken und Analogien gestalten zu können. So erfuhren meine Schüler:

Der Name „Sonett" bezieht sich nur auf den Aufbau eines Gedichtes und hat mit dessen Inhalt eigentlich gar nichts zu tun. Das Sonett ist eine sehr alte Gedichtform, die man sich in Italien schon im 13. Jahrhundert ausgedacht hat (Verweis auf die Zeitleiste!). Es besteht immer aus zwei vierzeiligen und zwei dreizeiligen Strophen, die sich nach einem ganz bestimmten Schema reimen müssen.

Dazu gibt der Lehrer die Zeilenfolge mit Strichen an der Tafel vor und schreibt die Reimform dahinter. Wer mag, kann noch ein klassisches Sonett vortragen und den Aufbau dazu am Overheadprojektor zeigen.
Nun antizipieren die Schüler in Partner- oder Gruppenarbeit den möglichen Inhalt und man darf gespannt sein auf deren fantasievolle, lustige oder eigenwillige Ideen. Der Titel erweckt bei vielen Gedanken an New Yorker Taxifahrer, was die Kinder wohl aus amerikanischen Spielfilmen kennen. Sie denken sich meist wilde Räuberpistolen rund ums Taxifahren aus. Einige erkennen – freilich in altersgemäßen Möglichkeiten – die Disharmonie des Titels: „Passt denn das eigentlich zusammen, taxidriver und das alte Sonett?"
Die Klasse ist gespannt auf Karl Rihas Text. Dessen Präsentation ist aufgrund des kontrastreichen Aufeinandertreffens von Konkreter Poesie mit dem traditionellen Gewand immer von ungläubigem Staunen, Kichern und Kopfschütteln begleitet.

Doch wird dadurch Lyrik aus dem Olymp der Dichtkunst in den Alltag gestoßen? Ist es vielleicht ein Ulk? Es gibt viele Möglichkeiten der Interpretation. In jedem Fall macht es den Schülern Spaß, einen banalen Inhalt poetisch und bildhaft verpackt zu sehen. Wir überlegen uns, wo man ein Taxidriver-Sonett antreffen könnte. Es werden amerikanische Großstädte genannt, aber auch der Frankfurter Flughafen und der Münchner Hauptbahnhof.

Schließlich sollen die Kinder allein oder in beliebiger Gruppengröße Analogien herstellen. Gemeinsam werden Vorschläge erarbeitet, bei welchen Situationen im alltäglichen Leben Häufungen jedweder Art vorkommen können:
Zugvögel-Sonett
Kinoklappstuhl-Sonett
Museumswarteschlangen-Sonett
Gemüsebeet-Sonett
Tulpenbeet-Sonett
Musikkapellen-Sonett
Hochhaus-Sonett (Fensterreihen vertikal und horizontal)
Klassenbücherei-Sonett (Anordnung der Buchrücken in Regalen)
Moschee-Sonett (aus vor der Tür stehenden Schuhen)
Sammeltassen-Sonett
Galerie-Sonett (Bilder in entsprechender Gruppierung ausgestellt)
Urlaubsstau-Sonett
Für Dagobert Duck: Golddukaten-Sonett
Bäckerei-Sonett (Backwaren in Verkaufstheke aufgereiht)
Touristen-Sonett (Anstehen vor einer Sehenswürdigkeit)
Karawanen-Sonett
Büchertaschen-Sonett

Viele der Ideen werden im Kunstunterricht umgesetzt. Papiergröße, Format und Länge der Zeilen sind vom gewählten Thema und Enthusiasmus und Fleiß der einzelnen Kinder abhängig. Einige Analogien, wie zum Beispiel das Hochhaus- und das Golddukaten-Sonett, eignen sich zum Kopieren. Dazu wird das einmal gemalte Bild in gewünschter Menge vervielfältigt und aneinander reihend in Sonettform aufgeklebt.

2.2 Weiterschreiben in Anlehnung an das Original

① *März* von Alfons Schweiggert

März
Alfons Schweiggert

Roller aus dem Keller,
Katze aus dem Haus,
Blüten aus den Knospen,
alles kommt heraus.

Kinder aus den Stuben,
Küken aus dem Ei,
Vögel aus dem Süden
sind auch bald dabei.

(aus: *Franz-Xaver Riedl, Alfons Schweiggert,* Das große Feste- und Feierbuch. Ludwig Auer Verlag, Donauwörth 1990)

Überlegungen zum Text
Das traditionelle Kindergedicht versucht mit zwei Quartetten in altersgemäßer Darbietung das Erwachen der Natur nach einem langen Winter einzufangen. Mit schlichten Vokabeln entsteht eine erlebnishaft geprägte Lyrik, die in der Hauptsache humorvoll unterhalten möchte. Tempo und Rhythmus korrelieren mit dem Beginn des pulsierenden Lebens im März und der Vorfreude auf den nahen Frühling.

Einsatz in der Gedichtewerkstatt
Nach einer Antizipation zum Monat März erhalten die Kinder das Gedicht und erlesen es selbstständig. Motiv und Bild bereiten der Klasse viel Freude. Die einfache Syntax überfordert auch schwächere Schüler nicht und gibt eigenen Erfahrungsberichten zum Thema Raum. Bei einer knappen Analyse zu Aufbau und Reimform des Textes wird Folgendes erarbeitet:

- Es reimen sich jeweils die 2. und 4. Zeile einer Strophe.
- Jede Strophe besteht aus einem Satz.
- Gemäß der Jahreszeit kommt immer etwas „heraus", also dreimal „aus" bei beiden Vierzeilern.

Die Kinder sollen nun als thematische Variante in analoger Form ein **Parallelgedicht** zu Schweiggerts Text verfassen. Dazu muss zunächst im

Jahreskreis das herbstliche Pendant zum Monat März gefunden werden. Anschließend werden die Unterschiede in der Natur sowie auch im Verhalten der Menschen zwischen Frühjahr und Herbst besprochen. Einmal auf das prägnante „aus" im März-Text hingewiesen, wird schnell deutlich, dass ein Gedicht über den Oktober statt dessen ein „in" enthalten muss. Bevor die Kinder mit ihrer Schreibaufgabe beginnen, sollte notwendiges Wortmaterial gesammelt werden. Gemeinsam werden treffende Herbst- und Oktoberwörter gesucht, die der Lehrer an der Tafel festhält. So vorbereitet erhält jedes Kind eine Strukturierungshilfe, die ihm das Weiterschreiben erleichtern soll.

Einladung zum Weiterdichten:

Schreibe ein Oktobergedicht.
Sammle vorher alle Wörter, die du in deiner Gedichtidee verwenden willst, auf dem Block.
Denke daran, dass sich nach Möglichkeit die 2. und 4. Zeile reimen sollen.

Oktober

von _____
_____ in _____,
_____ in _____,
_____ in _____,
alles _____.

_____ in _____,
_____ in _____,
_____ in _____,
_____.

Die folgenden Schülerbeispiele gelangen nach einer intensiven Schreibtätigkeit, die vom Spaß am Dichter getragen wurde. Aufgrund des einfachen Aufbaus, der knappen Zeilen und des leicht verständlichen Originaltextes hatten alle Kinder genug Mut, etwas Geeignetes zu Papier zu bringen:

Mountainbikes in den Keller,
Trauben in den Wein,
Kastanien in die Taschen,
alles stürmt ins Haus hinein.

Vögel in den Süden,
Karpfen in den Bauch,
Igel in die Erde,
Bäume färben sich jetzt auch.

Sebastian und Dominik, 4.Schuljahr

Fahrrad in den Keller,
Tiere in den Stall,
Äpfel in die Säcke,
alles wird herbstlich überall.

Badeanzug in den Schrank,
Mütze in die Tasche,
Feuer in den Ofen,
Lebkuchen in der Küche. Ich nasche!

Irina, 4.Schuljahr

Einsam in dem Nebel,
Sandalen in den Schrank,
Regen in den Wolken,
alles wird nun krank.

Kartoffeln in den Keller,
Kälte in der Luft,
Äpfel in den Bäumen,
ein besonderer Duft.

Nicole, 4.Schuljahr

Raben in den Bäumen,
Drachen in den Wind,
Nüsse in die Teller,
gemütlich daheim ich's find.

Haustier in die Stube,
Mäuse in das Loch,
Bären in die Höhlen.
Nun kommt der Winter doch.

Stephanie, 4.Schuljahr

② *Frühling* von Christine Nöstlinger

Gedichtabdruck und Textüberlegungen finden sich unter „III.1 Gedichte vertragen keine methodischen Patentrezepte / 1.2 Meditativer Zugang" (S. 39).

Einsatz in der Gedichtewerkstatt
Der Text ist für die Grundschule besonders geeignet, da er den Frühling von der Stimmung her erfasst und so an die Erfahrungen junger Leser anknüpft. In Verbindung mit kindlichen Identifikationsfiguren wird die Jahreszeit durch verschiedene sinnliche Eindrücke wahrgenommen: riechen - sehen - hören - fühlen - schmecken. Die so entwickelten Bilder lassen sich auf vielfältige Weise mit eigenen Empfindungen und Vorstellungen verknüpfen.
Schwerpunkte bei der Auseinandersetzung mit dem Gedicht sind demnach:

- Betonung der sinnlichen Wahrnehmungsweise des Frühlings;
- Einbringen von eigenen Assoziationen;
- Lyrisches Mitgestalten und Weiterdichten.

Die Schreibform des poetischen Textes dient als Muster für Eigengestaltungen. Ohne Reim und mit freier Zeilenanordnung wird den Kindern die Produktion eigener Frühlingsgedichte erleichtert. Die Schüler denken sich in die Idee und inhaltliche Aussage des Gedichts hinein und erfinden einen umgewandelten Text mit Personen aus ihrem Erlebnisbereich. Sie können ihre Gedanken ohne Bindung an den Reim oder ein festes metrisches Schema in freien Versen umsetzen.
Dabei sollen sie in jedem Fall als **angeleitete Fantasietätigkeit** alle Nöstlinger-Figuren durch andere Personen ersetzen. Weiter können sie Wörter oder Sätze verändern und austauschen. Es ist auch möglich, ganz persönliche Frühlingsgedanken hinzuzufügen. Das macht deutlich, dass sich mit dem Nöstlinger-Text Differenzierung bis hin zur Individualisierung realisieren lässt. Schwächere oder beim Schreiben noch unsichere Schüler tauschen nur die Namen aus und verfassen dennoch einen eigenen Text.
Nachdem Obiges mit den Kindern besprochen wurde, wird die Schreibaufgabe noch einmal zusammengefasst und konkretisiert:

Lust zum Dichten?
Mutter, Vater, Anja und Pit sind Figuren, die sich Christine Nöstlinger ausgedacht hat.
Tausche die Personen aus.
Schreibe von dir und von Menschen, die du magst.
Du kannst auch Teile des Gedichts weglassen und eigene Wörter oder Ideen ergänzen.

Die Schüler verwendeten Namen von Familienangehörigen, Freunden oder Kindern aus der Klasse. Nach Korrektur schrieben sie ihr Gedicht auf ein unliniertes DIN-A4-Blatt, das sie selbstständig mit unterschiedlichem Schreibmaterial in „Frühlingsfarben" ausgestalteten.
Die Beispiele stammen aus einem Projekt mit dem Thema „Frühlingsgefühle - Frühlingsgedanken". Die Kinder hatten sich also bei Schreibbeginn bereits intensiv mit dem Thema auseinander gesetzt und verfügten ebenso über einen entsprechenden Wortschatz, da ein assoziatives Sammeln von Wörtern zu den verschiedenen Sinneseindrücken die erste Begegnung mit dem Gedicht abschloss (siehe Abb.4 Cluster: Mit allen Sinnen den Frühling erleben, S. 40).

Melanie, 3. Klasse

Heidi, 3. Klasse

Stephanie, 3. Klasse

Julia, 3. Klasse

Abb.17 Figurenaustausch „Frühling"

③ *Ich bau mir ein Nest* (Autor unbekannt)

Ich bau mir ein Nest

Gedränge im Bus.
Gewimmel im Supermarkt.
Ich bau mir ein Nest.

Die Autos surren.
Der Presslufthammer ballert.
Ich bau mir ein Nest.

Die Schallplatte dröhnt.
Der Homecomputer rattert.
Ich bau mir ein Nest.

Das Radio plärrt.
Die Fernsehbilder zucken.
Ich bau mir ein Nest.

Die Nachbarn schreien.
Meine Eltern sind müde.
Ich bau mir ein Nest.

(aus: *Ernst A. Ekker/ Gerhard Hofer* (Hrsg.): Geschichte und Gedichte über die Sehnsucht nach Geborgenheit. Neuer Breitschopf Verlag, Wien 1989)

Überlegungen zum Text
Ohne Reim und Versmaß beschreibt der Text in 5 Strophen unser hektisches, reizüberflutetes und lautes Alltagsleben, das alle Kinder aufgrund eigener Erfahrungen nur zu gut nachempfinden können. Mit einfacher Syntax und ausdrucksstarken Verben wird ein Bild entwickelt, das die Suche nach Geborgenheit und Ruhe verständlich macht: „Ich bau mir ein Nest" ist Wunschdenken und sich wiederholender Abschluss einer jeden Strophe.

Einsatz in der Gedichtewerkstatt
Das Gedicht spricht Grundschulkindern aus dem Herzen! Einmal gelesen bedarf es keiner weiteren gekünstelten Motivation. Mit Eifer erzählen sie von persönlichen Erlebnissen, Störungen durch was und wen auch immer und dem dringenden Bedürfnis nach Ruhe.
Dies kann auch ein idealer Ansatzpunkt sein, um mit den Schülern über den von ihnen verursachten Lärm im Klassenzimmer und im Schulhaus zu sprechen. Die meisten erleben die eigene Unruhe als ausgesprochen unangenehm und brauchen und genießen Stille und Erholung.
Das Weiterschreiben gelingt in diesem Fall allen Kindern, da das Original als Grundlage für das Gestalten eines eigenen poetischen Textes einfach zu analysieren und nachzuvollziehen ist. Jede Strophe ist identisch aufgebaut: Jeweils zwei knappe Verszeilen beschreiben Beeinträchtigungen durch störende Geräusche, die dritte Zeile als Hoffnung und Trost lautet stets gleich. Die Anzahl der Strophen sollte abhängig von der

Schreibfreude und dem Einfallsreichtum eines jeden Schülers beliebig sein.

So weisen die drei nachfolgenden Beispiele aus einer vierten Klasse unterschiedliche Längen auf und zeigen einen Aspekt, den alle meine Schüler bei ihren Texten ohne Absprache miteinbrachten: Keiner gab sich mit einem offenen Ende zufrieden. Jeder wählte einen Satz oder eine zusätzliche Strophe, die das Gedicht abschließt und in vielen Fällen die Sehnsucht nach Entspannung und Ungestörtsein befriedigt.

Ich bau mir ein Nest

Der Regen plätschert.
Die Autos sind mir zu laut.
Ich bau mir ein Nest.

Der Lehrer ist öde.
Man schubst sich gegenseitig.
Ich bau mir ein Nest.

Nachbarn streiten.
Türen knallen zu.
Ich bau mir ein Nest.

Die Klasse schwätzt.
Der Lehrer schreit.
Ich bau mir ein Nest.

Der Krankenwagen rast.
Das Gewitter donnert.
Ich bau mir ein Nest.

Die Fabrik raucht.
Die Sirene heult.
Ich bau mir ein Nest.

Endlich hab ich
meine Ruhe wieder!

Ferdinand, 4. Klasse

Ich bau mir ein Nest

Meine Schwester brüllt.
Meine Oma gibt keine Ruh.
Ich bau mir ein Nest.

Die Autos stören.
Mama ist nervös.
Ich bau mir ein Nest.

Die Nachbarn nerven.
Die Hunde bellen.
Ich bau mir ein Nest.

Zimmer aufräumen.
Die Schuhe putzen.
Ich bau mir ein Nest.

„Puh! Ich bin allein!"

Andrea, 4. Klasse

Ich bau mir ein Nest

Die Lehrer reden und reden.
Die Hausaufgaben sind zu viel.
Ich bau mir ein Nest.

Im Pausenhof ist es zu laut.
Wenn es gongt, drängeln alle.
Ich bau mir ein Nest.

Die Eltern streiten sich.
Die Kinder hüpfen und schreien.
Ich bau mir ein Nest.

Und wenn man ein Nest gebaut hat, dann rufen sie uns.
Und wir haben dann das Nest umsonst gebaut.

Tarik, 4. Klasse

④ *Anja* von Marianne Kreft

Anja
Marianne Kreft

Anja, sieben Jahre alt,
geht in die erste Klasse.
Peter sagt: Anja ist eine blöde Kuh.
Ute sagt: Anja ist gemein.
Theodor sagt: Anja hat vorne keine Zähne.
Sylvia sagt: Anja ist meine beste Freundin.
Eva sagt: Anja ist lieb.
Jutta sagt: Anja fängt immer Streit an.
Wie ist Anja in Wirklichkeit?

(aus: *Hans-Joachim Gelberg* (Hrsg.), Überall und neben dir. Beltz Verlag, Weinheim und Basel 1986. Programm Beltz & Gelberg, Weinheim)

Überlegungen zum Text
Der Text kann in allen Grundschulklassen eingesetzt werden und eröffnet aufgrund seines Themas eine weitere Möglichkeit, mit Lyrik fächerübergreifend zu unterrichten. Hier ist der Bereich der Sozialerziehung, genauer der Erwerb der Fähigkeit zum sozialen Handeln angesprochen. Neben Erfahrungen aus dem Kindergarten wird der Schulanfänger nun zum ersten Mal intensiv mit Gleichaltrigen konfrontiert und ist gezwungen sich mit einer neuen, umfassenderen soziokulturellen Umwelt auseinander zu setzen. Das Grundschulkind muss in altersgemäßen Ansätzen ein Regelbewusstsein entwickeln, das zwischen den Ich-Bedürfnissen und den sozialen Erwartungen der Schule eine angemessene Balance hält.
Dazu kann der handelnde Umgang mit dem Gedicht einen kleinen Beitrag leisten. Es bietet eine konkrete Hilfe für Schüler, ihre Rolle in der peer group auf kindgemäßem Niveau zu reflektieren und erfordert im Weiterschreiben eine gedankliche Beschäftigung mit den Meinungen anderer zur eigenen Person.

Einsatz in der Gedichtewerkstatt
Da ich Marianne Krefts Text in einer vierten Klasse verwenden wollte, wandelte ich das Original zur Erhöhung der Motivation und Identifikation geringfügig ab. Dies kann jeder Lehrer für seine Jahrgangsstufe ebenso handhaben, jedoch sollten keine Namen aus der Klasse verwendet werden. Das Gedicht, das den Kindern mittels Folie dargeboten wird, sieht wie folgt aus:

Anja

Anja, zehn Jahre alt,
geht in die vierte Klasse.
Peter sagt: Anja ist eine blöde Kuh.
Ute sagt: Anja ist gemein.
Theo sagt: Anja hat Spaghettihaar.
Sylvia sagt: Anja ist meine beste Freundin.
Eva sagt: Anja ist lieb.
Jutta sagt: Anja fängt immer Streit an.
Wie ist Anja in Wirklichkeit?

Es folgt ein reger Diskurs über das Mädchen Anja, zu deren Person sechs Kinder, vermutlich Klassenkameraden, deutlich widersprüchliche Meinungen äußern. Die Frage am Schluss des Textes „Wie ist Anja in Wirklichkeit?" fordert dazu auf, die Rolle der Schülerin im Klassenverband zu überdenken. Warum wird Anja so unterschiedlich beschrieben? Entspricht das der Wahrheit? Tut man ihr Unrecht? Ist Anja nun „gemein"oder „lieb"?
Kinder zeigen im Gespräch über dieses Problem echte Betroffenheit, da es ihren eigenen Unsicherheiten im Umgang mit anderen und den Bemühungen um eine positive soziale Stellung unter Gleichaltrigen sehr nahe kommt. Zwanglos bringen sie Beispiele zu ihrer eigenen Person ein, um Anjas Charakterisierung besser erklären zu können.
Damit ist eine Verbindung zur eigentlichen Aufgabe hergestellt:
Wie bin ich in Wirklichkeit?
Die Schüler beschreiben sich selbst aus der Sicht anderer und schreiben anschließend ein Gedicht über sich selbst unter Verwendung von sechs Kindernamen, die nach Möglichkeit aus der eigenen Klasse stammen sollen. Dazu müssen sie über sich in der dritten Person nachdenken und auch Selbstkritik üben. Der Schluss „Wie ist ... in Wirklichkeit?" nimmt manchen negativen Meinungen die Härte, da sie infrage gestellt werden.
Bin ich wirklich so? Hat man mich richtig erkannt?
Struktur und Aufbau des Gedichtes sollen exakt dem Original entsprechen. Nach ersten inhaltlichen Entwürfen auf dem Block erhalten alle ein Blankoblatt im Format DIN-A3, das sie großflächig und plakativ mit Filz- und Buntstiftfarben beschriften. Die meisten Kinder verschönern ihren Text noch mit einem Selbstbildnis.
Dabei entstehen ansprechende Plakate, die längerfristig im Klassenzimmer oder Flur aufgehängt werden. Mit großem Interesse werden in der Folgezeit die einzelnen Entwürfe gelesen und diskutiert. Das unten

abgebildete Foto stammt zwar aus einer vierten Klasse, doch beeindruckt Marianne Krefts Text auch jüngere Klassen und ermöglicht Erfolgserlebnisse in der aktiven Auseinandersetzung mit dem Gedicht.

Abb. 18: Wie bin ich in Wirklichkeit?

⑤ *Die Wand/ Die Brücke* von Gerri Zotter, Mira Lobe, Renate Welsh

Die Wand
    Worte
    Worte
    Worte
    Worte
    Worte
    Worte
    Worte
    Worte
    Worte
    Worte
    Worte
    Worte
    Worte
    Worte
    Worte
    Worte
    Worte
    Worte
    Worte   **Die Brücke**
    Worte
    Worte   Worte Worte Worte
    Worte   Worte Worte Worte Worte
    Worte   Worte   Worte
    Worte   Worte   Worte
    Worte   Worte   Worte
ICH Worte DU   ICH Worte   Worte DU

(aus: *Domenego, Hans* u.a., Das Sprachbastelbuch. Verlag Jugend und Volk, Wien, München 1975. © Claudia Lobe-Janz und Reinhardt Lobe)

Überlegungen zum Text
Konkrete Poesie harmoniert aufgrund ihres spielerisch-experimentellen Charakters sehr gut mit der Idee der Gedichtewerkstatt.
Die beiden visuellen Gedichte „Die Wand" und „Die Brücke" gehören zum Bereich der Konstellationen, die eine Vielzahl an Assoziations- und Gestaltungsmöglichkeiten eröffnen. Drei Vokabeln „ICH", „DU" und „Worte" werden jeweils zu einem Textbild arrangiert, indem eine figu-

rale Beziehung hergestellt wird. Die Interpretation gelingt ausschließlich über die räumliche Anordnung der Wörter.
Eventuell können die beiden Überschriften eine gedankliche Entschlüsselung stören oder einengen. Je nach Klassensituation und Alter der Rezipienten kann man sie zunächst auch weglassen. Das Gespräch über die Bedeutung der beiden Gedichte wird in jedem Fall zu Gewinn bringenden Ergebnissen führen und die Fantasie der Kinder aktivieren.

Einsatz in der Gedichtewerkstatt
Was, das soll ein Gedicht sein! Wieder einmal muss gegen den Irrglauben gekämpft werden, Poesie habe sich auf elegische Inhalte und gereimte Endungen zu beschränken. Die Kinder betrachten die beiden Texte parallel und vergleichend. In kurzer Zeit wird deutlich, dass Wortwahl und Tonfall entscheidend sind für die Beziehung zweier Menschen. Worte, im Streit ausgesprochen, türmen sich schnell zu einer trennenden Mauer auf. Freundliche oder versöhnliche Worte dagegen wirken ausgleichend und verbindend. Die Interpretation gelingt demnach leicht.
Schwieriger allerdings gestaltet sich das Weiterdichten in Anlehnung an die beiden Texte, da es die Fähigkeit zur Abstraktion voraussetzt. Um der Kreativität beim eigenen Gestalten keine Schranken zu setzen, sollte es nur wenige Vorgaben geben:

Wir dichten weiter!
- *Überlege dir eine Verbindung zwischen zwei Menschen. Du kannst „ICH" und „DU" verwenden oder dir etwas anderes ausdenken.*
- *Erfinde dazu ein Sehgedicht, das nur aus Worten besteht.*
- *Wähle möglichst wenig Worte.*
- *Ordne deine Wörter so zu einem Bild, dass man gut verstehen kann, was du damit meinst.*

Die Kinder konnten mit Partner oder allein arbeiten. Mit großer Freude versuchten sie eigene Gebilde herzustellen, was in vielen Fällen auch gut gelang.
Die Beispiele in Abbildung 19 stammen aus einer vierten Klasse.

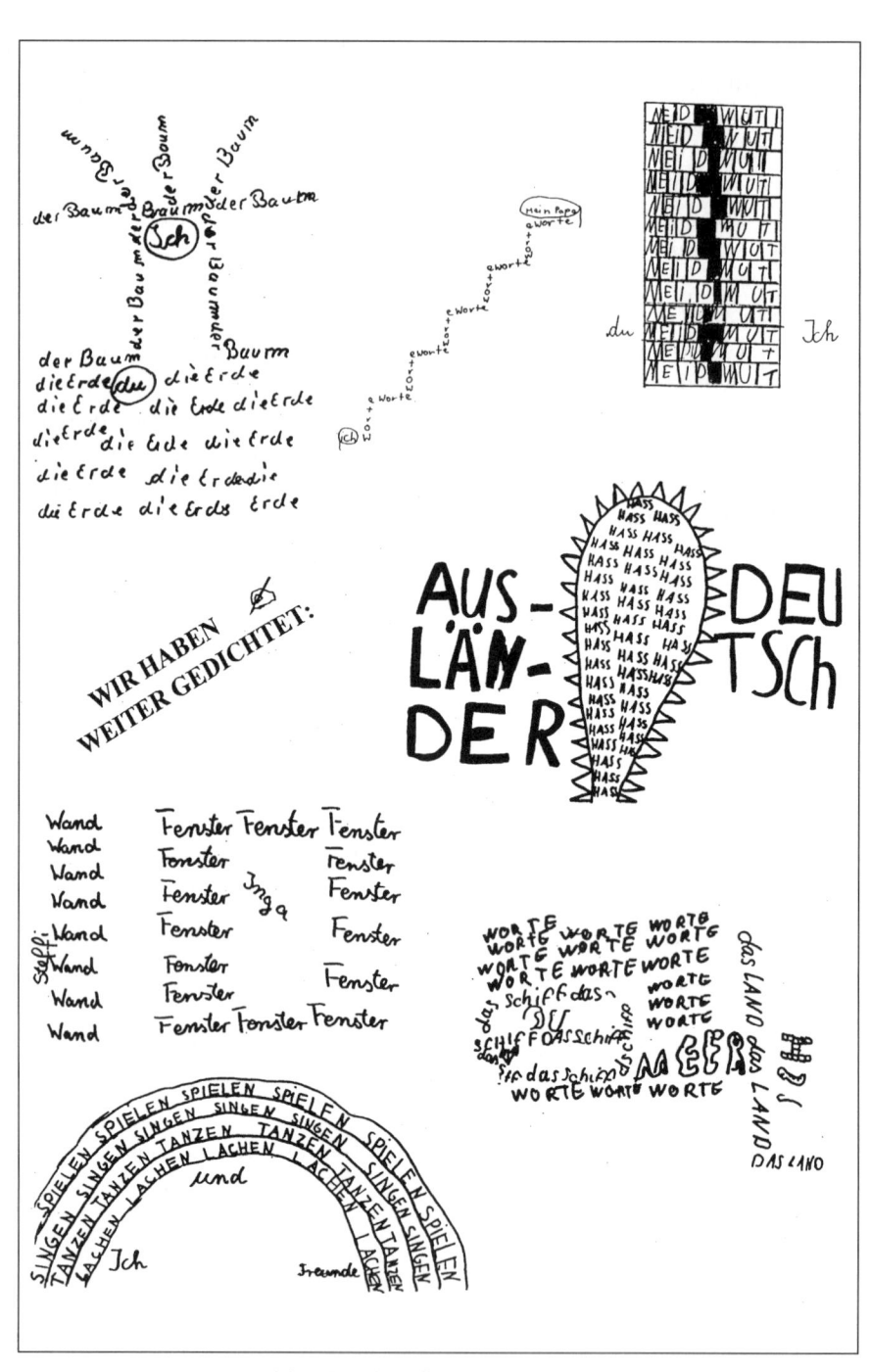

Abb. 19: Wir erfinden Sehgedichte

⑥ *Neue Schreibweisen* von Hans Manz

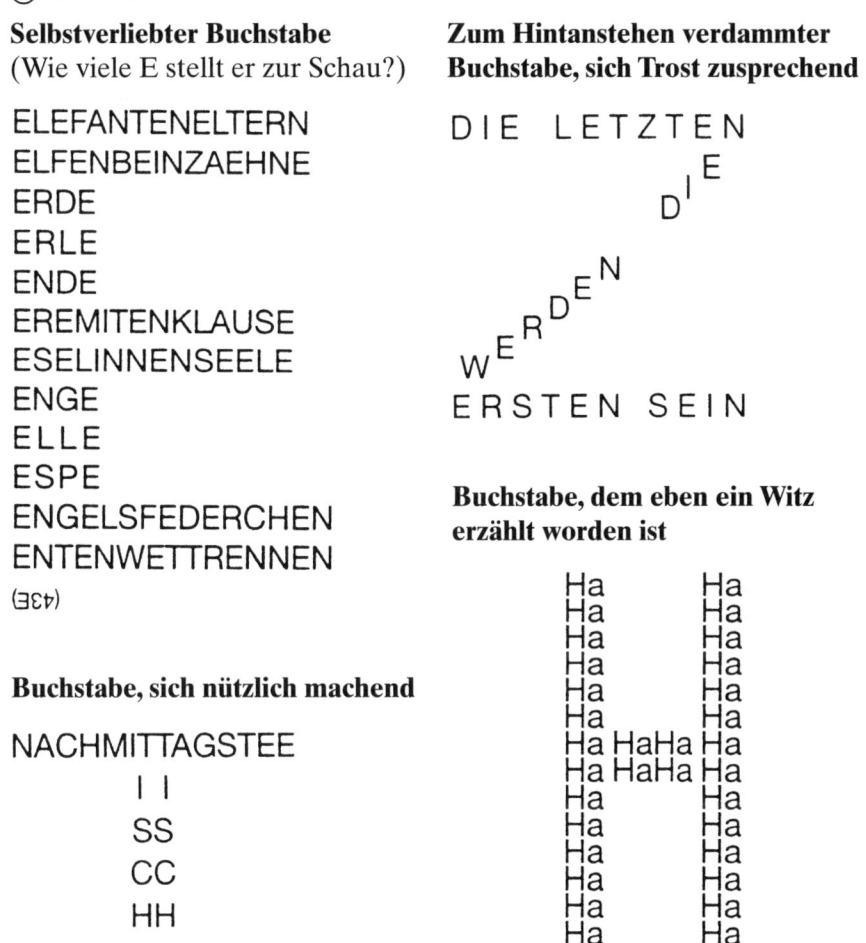

Selbstverliebter Buchstabe
(Wie viele E stellt er zur Schau?)

ELEFANTENELTERN
ELFENBEINZAEHNE
ERDE
ERLE
ENDE
EREMITENKLAUSE
ESELINNENSEELE
ENGE
ELLE
ESPE
ENGELSFEDERCHEN
ENTENWETTRENNEN
(43E)

Buchstabe, sich nützlich machend

NACHMITTAGSTEE
   I I
   SS
   CC
   HH
   .

Zum Hintanstehen verdammter Buchstabe, sich Trost zusprechend

DIE LETZTEN
          E
      D I
          N
        E
     R
  W E
ERSTEN SEIN

Buchstabe, dem eben ein Witz erzählt worden ist

Ha   Ha
Ha   Ha
Ha   Ha
Ha   Ha
Ha   Ha
Ha   Ha
Ha HaHa Ha
Ha HaHa Ha
Ha   Ha
Ha   Ha
Ha   Ha
Ha   Ha
Ha   Ha
Ha   Ha

(aus: *Hans Manz*, Mit Wörtern fliegen. Beltz Verlag, Weinheim und Basel 1995. Programm Beltz & Gelberg, Weinheim)

Überlegungen zum Text
Unter dem Kapitel „Neues vom Alphabet" stellt Hans Manz in seinem jüngsten „Sprachbuch" auch Spiele mit Buchstaben vor, die visuelle Poesie mit viel Witz, Rätselhaftem und Spaßigem verbinden. Die knappen Texte verblüffen zunächst. Haben die Kinder jedoch das Grundprinzip des Spiels einmal erkannt, wird eine nahezu unbegrenzte Flut von Gestaltungsideen ausgelöst.

Einsatz in der Gedichtewerkstatt
Die vier Beispiele von Hans Manz werden am Overheadprojektor gemeinsam betrachtet und ergründet. Die Aufforderung, sich ebensolche kleinen Buchstabengeschichten auszudenken und aufzuschreiben, wird mit Begeisterung aufgenommen.
Zuvor allerdings werden an der Tafel drei Buchstabenspiele gemeinsam entwickelt, um sicherzustellen, dass alle die Vorgehensweise begriffen haben.
Dazu wird vorgegeben:

Buchstabe, der immer erster sein muss
Buchstabe im Urlaub
Wichtiger Buchstabe bei Schluckauf und Schnupfen

Sind die gemeinten Buchstaben erkannt, zeichnet sie der Lehrer mit Kreide leicht und möglichst groß vor. Die vorgegebene Form ist unbedingt nötig, um den Schülern die Gestaltung zu erleichtern. Danach werden die Linien von einzelnen Kindern mit Wörtern bedruckt:
A enthält das Sprichwort „**Aller Anfang ist schwer**", **U** sammelt auf Zuruf alle Worte, die mit **Urlaub** zusammenhängen und **I** wird abwechselnd mit „**Hick**" und „**Hatschiii**" beschriftet:

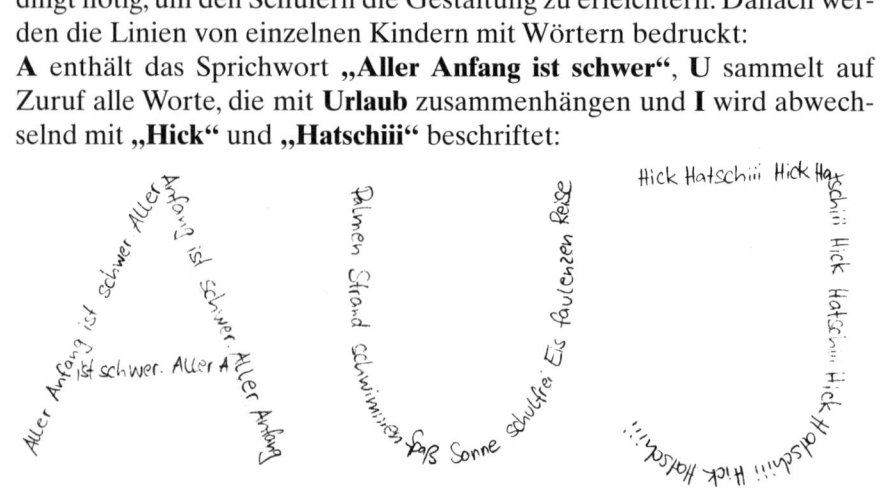

Anschließend erhält jedes Kind genügend Zeit, seine Ideen auf dem Block auszuprobieren, sie eventuell zu verändern und sich bei Bedarf Hilfe von Mitschülern oder Lehrer zu holen. Wichtig ist, dass jeder gewählte Buchstabe dünn mit Bleistift vorgezeichnet wird, um auf der dann vorgegebenen Form schreiben zu können. Nach dieser Testphase nehmen sich die Kinder unliniertes Papier und setzen ihre „beste Idee" möglichst farbig um. Dabei entstehen unterschiedliche Formate und Größen. Viele Schüler radierten am Schluss die Bleistiftlinien nicht weg, sondern betonten sie ausdrücklich durch Nachfahren mit Filz- oder Buntstiften. Mir gefällt dies zwar weniger, doch einige lieben es eben bunt, andere wiederum können noch nicht so weit abstrahieren.

Die folgenden Buchstabenspiele stammen aus einer dritten Klasse:

Abb. 20: Spiele mit Buchstaben

Beim Einsatz Konkreter Poesie als Schreibimpuls ist die Erfahrung sehr wichtig, dass alle Kinder etwas gestalten können. Unabhängig von zweifellos vorhandenen Begabungsunterschieden kann jeder bei differenzierter Hilfestellung etwas Akzeptables zu Papier bringen, Stolz auf die eigene Leistung auf ungewohntem Terrain erleben, Schreibängste abbauen und neue Ausdrucksmöglichkeiten finden. Besonders experimentelle Lyrik fordert sprachliche Kreativität und gestaltende Interpretation heraus. Dabei ist immer wieder zu erleben, dass einige im üblichen Leistungskanon sehr gute Schüler bei ungewöhnlichen, von der Norm abweichenden Aufgabenstellungen wenig Fantasie und Flexibilität zeigen. Manche verhaltensauffällige und/oder schwächere Kinder dagegen sind hochmotiviert, beweisen kreative Gestaltungslust und holen sich dringend benötigte Erfolgserlebnisse.

2.3 Kreatives Weiterschreiben

- **Lyrik**

Das Gedicht wird als Schreibimpuls eingesetzt und dient als Basis zur Nachahmung und Verwandlung. Die Kinder agieren dabei allein mit sprachlichen Mitteln und produzieren selbst erfundene lyrische Texte. Poesie als Ausgangspunkt soll in diesem Fall also wieder Poesie initiieren.

① *Urlaubsfahrt* von Hans Adolf Halbey

Urlaubsfahrt
Hans Adolf Halbey

koffer koffer kindertragen
flaschen taschen puppenwagen
papa mama koffer kinder
autokarte notlichtblinker

früh geweckt gefrühstückt raus
winke winke schlüssel haus
autobahnen autoschlange
kinderplappern mama bange

schlange kriechen sonne heiß
stinken staub benzin und schweiß
stockung hunger mama brote
papa skatspiel radio: tote

schlafen schimpfen hupen schwitzen
weiterfahren weitersitzen
müde mitternacht hotel pension
tausenddreißig schlafen schon

(aus: *Hans-Joachim Gelberg* (Hrsg.), Menschengeschichten. 3. Jahrbuch der Kinderliteratur. Beltz Verlag, Weinheim und Basel 1975)

Überlegungen zum Text
Hektisch und stressgeladen werden Aufbruch und Fahrt einer Familie in den Sommerurlaub geschildert. Die knappe Diktion erinnert an ein Telegramm oder eine eilige Notiz. Zusätzlich beschleunigend wirken die durchgängige Kleinschreibung und fehlende Interpunktion.
Form, Rhythmus und Inhalt ergänzen einander und bilden eine Einheit. Das Gedicht besteht aus vier Quartetten mit dem Reimschema aabb. Die erste Strophe beschreibt das Packen und Vorbereiten der Reise am Vortag. Strophe zwei handelt vom Abschied und Beginn der Fahrt. Strophe drei schildert das übliche Hochsaison-Autobahnszenario: Stau, Hitze, Unfälle und Verkehrstote. Letzteres wird besonders betont, indem das einzige Satzzeichen, ein Doppelpunkt, zu einem kurzen Lesestop vor dieser Nachricht zwingt. Die vierte Strophe steigert den Ärger über die mühsame Autofahrt noch weiter, bis die Familie endlich völlig übermüdet und verspätet am Urlaubsziel ankommt.
Kindern gefällt die knappe Aneinanderreihung von Wörtern. Sie erfassen den Inhalt sofort, lieben den flotten Sprechrhythmus, unterstützen ihn mit Klanggesten und lesen eifrig vor. Reduziert auf eine Minimalsyntax ermöglicht der Text vielfältige Interpretationen und aktiviert die mündliche Erzählfreude in besonderem Maße. Vor allem aber motiviert das Gedicht auch ausländische Kinder zur Mitarbeit, da sie sich nicht durch schwierige Sätze entmutigt fühlen, deren Sinn sie oft nur in Ansätzen erfassen. Alle Schüler verfügen über einen entsprechenden Erfahrungshorizont, können auf eigene Erlebnisse zurückgreifen und viel erzählen.

Einsatz in der Gedichtewerkstatt
Die beste Möglichkeit zum Kennenlernen des Textes ist in den ersten Wochen nach den Sommerferien. Dann sind die Erinnerungen an die eigene Urlaubsfahrt mit den Eltern noch frisch im Gedächtnis und ein erstes Unterrichtsgespräch nach der Konfrontation mit dem Text verspricht rege Beteiligung.
Bevor die Schreibaufgabe konkretisiert wird, erfolgen Leseübungen und eine Auseinandersetzung mit Inhalt und Struktur des Gedichts. Dabei werden sämtliche Reimpaare unterstrichen und die Reimform bestimmt. Der ungewöhnliche Schreibstil des Autors bereitet keine Schwierigkeiten. Viele Schüler sehen darin eine Verbindung zur Comic-Sprache ohne Bilder, die allen geläufig ist.
Die Kinder sollen sich nun im handelnden Tun mit dem Gedicht auseinander setzen und im kreativen Weiterschreiben einen ähnlichen lyrischen Text herstellen. Dazu müssen sie sich von der Sprache des Ori-

ginals anregen lassen und Reim, Rhythmus und Struktur genauer betrachten. Die Bauform ist von allen Schülern leicht zu erfassen und gut in einen eigenen Text umzusetzen.
Passend zum Zeitpunkt wird das Thema der Schreibaufgabe gewählt: Schulanfang.
Dabei soll folgende Vorarbeit das eigene Dichten erleichtern:

In den ersten Tagen des Schulanfangs geht es meist ebenso turbulent zu wie auf dieser Urlaubsfahrt!
Alle sind etwas aufgeregt, weil wieder Neues auf sie einströmt und viele Dinge sich verändern.
Sammle alle Wörter, die gut zum Durcheinander eines Schulanfangs passen.

Die angeleitete Wortsammlung kann in Partner- oder Gruppenarbeit geschehen, in der Zusammenschau werden einige Einfälle an der Tafel festgehalten:
hefte kaufen schule gehen
kinder wiedersehen
schreiben malen rechnen
raufen raufen schubsen drängeln
laufen laufen rennen quengeln
bücher schleppen einbinden
mappen suchen stifte spitzen
neue gesichter fremde kinder
lehrer schreit
brezen kaufen
schnell schnell essen

Anschließend beginnen die Kinder immer zu zweit mit einer Ideensammlung, ehe sie ihr Schulanfangsgedicht niederschreiben. Allen gelingt es, das Tempo, den Telegrammstil und den Reim des authentischen Textes aufzunehmen. Einige verfassen jedoch nur drei Strophen, da ihnen nicht mehr einfällt. Manche schreiben sehr kurze Verszeilen, die nur aus Substantiv und Verb bestehen. Viele setzen den Schreibimpuls erstaunlich genau um und stellen sehr beachtliche Texte her.
Die vier folgenden Beispiele stammen aus einer vierten Klasse:

schulanfang
hefte kaufen schule gehen
neue gesichter alte wiedersehen
raufen lärmen schubsen
lehrer durch die schule hupfen

eltern durch das kaufhaus sausen
kinder ins klassenzimmer brausen
breze kaufen rennen schnaufen
hopp hopp: pause laufen

schreiben rechnen lange sitzen
melden fragen stifte spitzen
ranzen schleppen bücher einbinden
lehrer reden kein ende finden

Julia und Heidi

schulanfang
schule gehen
kinder wiedersehen
hefte kaufen
drängeln raufen

kinder schreiben
lehrer schreien
kinder flitzen
stifte spitzen

pause gehen
kinder sehen
mädchen fangen
jungen rammen

lehrer hetzen
kinder schwätzen
rechnen schreiben
lange bleiben

Stefan und Dominik

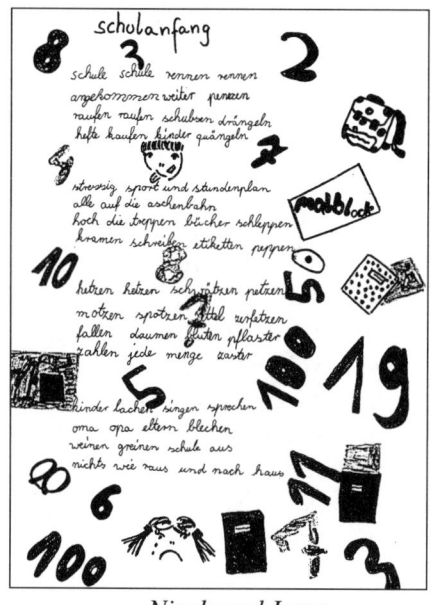

Irina und Stephanie *Nicole und Lena*

Abb. 21: schulanfang

② *Superman* von Lutz Rathenow
Kein Supermann von Josef Reding

Superman	**Kein Supermann**
Lutz Rathenow	*Josef Reding*
Rast in den Himmel,	Dein Vater ist kein Supermann,
spielt mit den Wolken,	der alles, alles, alles kann.
spurtet durchs All,	Er kann nicht jedes Rätsel raten,
jongliert ein paar Sterne	außer Spiegelei nichts braten.
und bläst sie auf.	Er kann nicht wie Caruso singen
Pisst auf die Sonne,	und nicht für Goldmedaillen springen.
ein schwarzer Fleck mehr,	Er kann auch nicht auf Mustangs reiten,
sie zu löschen schafft er nicht.	nicht Indianerstämme leiten.
Er braucht einen Sohn,	Natürlich kann er Rasen mähen,
der mehr kann. Inzwischen	dafür keinen Knopf annähen.
der Wettlauf mit dem Licht:	Und er kann zwar sehr laut bellen,
Irrsinnig schnell, rührt er sich	doch Mutter nur manchmal zufrieden stellen.
nicht von der Stelle.	Und schlägt er Nägel in die Wand,
	haut er sich dabei auf die Hand.
	Überhaupt haut er im Leben
	oft daneben.
(aus: *Lutz Rathenow,* Sterne jonglieren. Otto Maier Verlag, Ravensburg 1989)	(aus: *Josef Reding*, Gutentagtexte. © by Josef Redig)

Überlegungen zum Text

„Superman" ist allen Schülern als unbesiegbarer Held mit übermenschlichen Fähigkeiten aus Comics und Filmen bekannt. Sicher ist ihnen bewusst, dass es sich dabei um eine irreale Figur handelt, doch schwärmen sie insgeheim für seine fantastische Stärke. Er verkörpert die Sonnenseite, kämpft stets erfolgreich gegen das Böse, indem er Schwachen bei Gefahr zur Seite steht und Bösewichte zur Strecke bringt. So viel zur Schwarzweißmalerei.

Rathenows Lyrik ist eine gekonnte und amüsante Superman-Persiflage, deren Ironie Viertklässler durchaus verstehen können. Der Text beendet die rückhaltlose Bewunderung und zerstört das moderne Heldenepos. Beschrieben wird ein angeschlagener Robin Hood des Computer-Zeitalters. Sherwood Forest ist kurzerhand in den Weltraum verlagert. Beifallheischend tobt Superman durch das All, doch seine sinnlosen Aktionen laufen ins Leere: „Irrsinnig schnell, rührt er sich nicht von der Stelle."

Redings Gedicht dagegen ist wesentlich traditioneller verfasst, was sowohl Thema wie auch Vokabular anbelangt. Er bemüht das übliche Vater-Mutter-Rollenklischee mit gereimten Endungen. Dennoch ist der Text als Kontrast und Ergänzung zu Rathenows Superman wichtig für die spätere Schreibidee. Im vergleichenden Lesen stellen die Kinder eine Verbindung zu ihrer eigenen Lebenswirklichkeit her. Der Vater, oder weiter, Erwachsene sind nicht unbedingt omnipotente Vorbilder, sondern müssen durchaus kritisch hinterfragt werden. Wie auch im ersten Text wird die Existenz des perfekten Menschen bezweifelt: „Überhaupt haut er im Leben oft daneben."

Einsatz in der Gedichtewerkstatt
Was für eine Ermutigung ist dieser letzte Satz für meine Schüler!
Die Botschaft der beiden Gedichte ist angekommen:
Supermenschen gibt es nicht. Also musst du auch kein Superkid sein!

Bereits Grundschulkinder sind am Schulvormittag und in der Freizeit einem unerhörten Leistungsdruck ausgesetzt.
Die folgende Schreibidee ist ein Versuch, ihnen eine spielerische Möglichkeit an die Hand zu geben, ihr ganz persönliches Kinderleben zu reflektieren. Die Aufforderung **„Du kannst ein ähnliches Gedicht schreiben. Es soll Superkid heißen."** wird sofort verstanden. Das bestätigt eine erste mündliche Zusammenschau über mögliche inhaltliche Elemente. Das auf der Grundlage der beiden Gedichte entstandene provokante Thema **„Superkid"** macht Mut eigene Gedanken einzubringen und seine Meinung und individuellen Erfahrungen nicht nur offen auszusprechen, sondern auch niederzuschreiben.
Die Schreibphase und Ergebnisse zeigen die persönliche Betroffenheit der Kinder. Sie gehen mit großem Engagement vor und beweisen, wie sehr sie sich mit dem Schreibimpuls identifizieren können. Viele fühlen sich offensichtlich überfordert und erschöpft. An dieser Stelle soll aber nicht indirekt angedeutet werden, dass Kinder keine Pflichten zu erfüllen haben. Ganz im Gegenteil! Dennoch müssen sie die Möglichkeit bekommen, sich ab und an, hier schreibend, von den an sie gestellten Perfektionsansprüchen abzugrenzen. Das befreit und bereitet ungeheuren Spaß, wie die nachfolgenden Ergebnisse zeigen.
Die Gestaltung des Gedichtes kann jeder Schüler selbst wählen, wobei der Lehrer beratend zur Seite steht. Allerdings soll eine lyrische Form eingehalten und kein Prosatext verfasst werden. Für die Reinform erhalten die Kinder ein weißes DIN-A3-Blatt. Sie können mit Füller, Filzstiften oder Schreibmaschine (davon stehen immer zwei in meinem

Klassenzimmer zur Verfügung) schreiben. Ferner wird angeregt die weitere Ausgestaltung mit Abbildungen aus Katalogen und Prospekten fortzusetzen.
Die Auswahl einiger Beispiele fiel schwer, da alle Kinder beachtliche Gedanken zu Papier brachten.

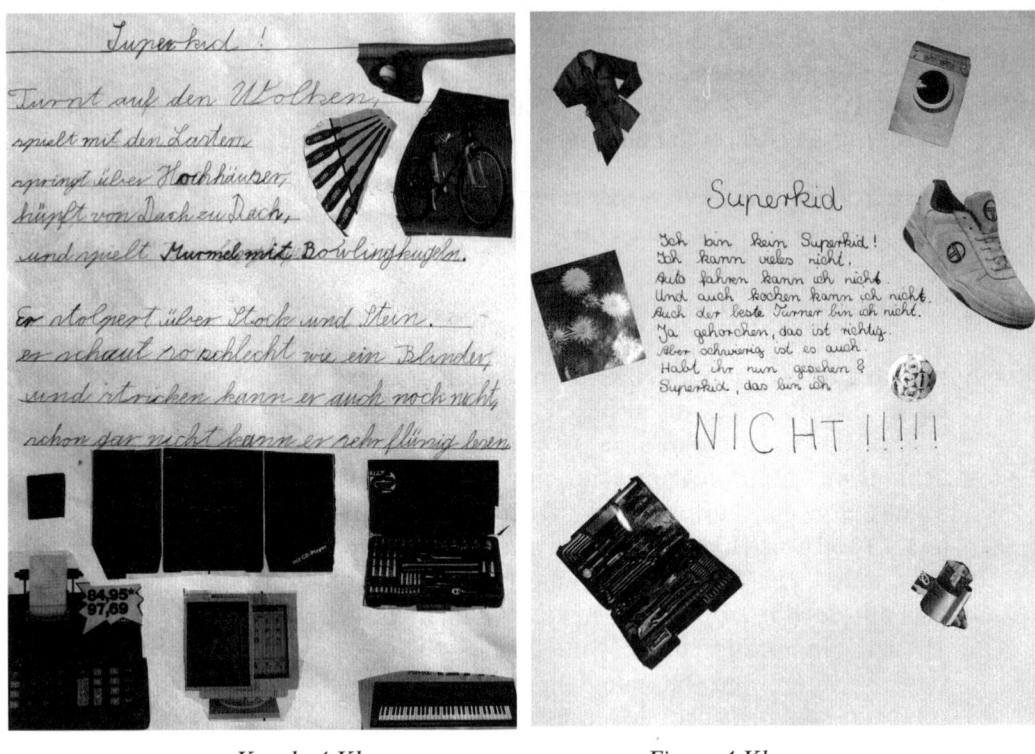

Kaveh, 4.Klasse Fiona, 4.Klasse
Abb.22 Superkid

Zum unterrichtlichen Umgang mit den beiden Gedichten bieten sich noch weitere Möglichkeiten an:

– Musik:
Komposition einer Weltraummusik mit „sphärischen Klängen";
oder klangliche Untermalung des „Superman-Gedichtes", die das Vorlesen begleiten soll.
– Kunsterziehung:
Superkid als Katalog- und Buntpapiercollage;
Auf blauem Tonpapier entsteht eine Hochhäuserkulisse aus ausgeschnittenem Prospektmaterial wie Computer und Zubehör, Schul-

sachen, Sportbekleidung, Musikinstrumenten und anderen Gegenständen der Konsumgesellschaft, die zum Thema passsen. Das fliegende Superkid, das virtuos über allem schwebt, wird möglichst kontrastreich aus Buntpapier hergestellt und ebenfalls aufgeklebt.

- **Prosa**

Der lyrische Text liefert die Schreibidee und soll zum Spielen und Experimentieren mit Sprache anregen. Die literarischen Vorlagen motivieren Kinder zum Erzählen, aktivieren Wahrnehmungen und Erfahrungen und regen neue Ideen an, die in Prosaform aufgeschrieben werden.

① *Ein unerforschter Zauberspruch* von Michael Ende
Ein unerforschter Zauberspruch
Michael Ende

Achtung!
Vorsicht!
Gefährlich!
Der Zauberspruch, den du hier siehst,
ist unerforscht bis heute!
Es fragt sich jeder, der ihn liest,
was er wohl gar bedeute?
Ich rate drum, dass keiner wagt,
mit so was Scherz zu treiben!
Noch niemand hat ihn laut gesagt,
drum lass auch du es bleiben!
Oft wirkt ein Zauberspruch grandios,
oft schlimm, oft gleich, oft später,
drum lies ihn in Gedanken bloß!
Hier steht er:
ABRA + HALASAR
ELKALI + DASAR
SCHAMA + SIMUM
ONDRA + PARTUM
SCHIMMA
SCHIMMA
ALFA + SARDUM
Hast du auch meinem Rat vertraut?
Ich hoff's! Ich wäre nicht erbaut,
wenn Neugier dich verführte.

Vielleicht liest ihn wer anders laut -
dann schreib mir, was passierte!
(aus: Das Schnurpsenbuch. © 1979 by K. Thienemanns Verlag, Stuttgart-Wien-Bern)

Überlegungen zum Text
Das Gedicht, in dem epische Elemente überwiegen, entführt in eine rätselhafte Zauberwelt. Bereits der Titel verfehlt seine Wirkung bei Grundschulkindern nicht. Forscher und Zauberer entsprechen der Interessenlage und erregen sofort große Neugierde. Die Warnung zu Beginn des Textes und die beschwörende Zauberformel verstärken den ersten Eindruck.
Michael Endes lyrische Geschichte beweist Zielgruppennähe und bedarf keiner zusätzlichen Motivation. Thema und Inhalt fesseln und begeistern gleichermaßen.

Einsatz in der Gedichtewerkstatt
Das Gedicht wird gemeinsam erlesen, wobei selbstverständlich der Zauberspruch von jedem Kind still erschlossen werden muss. Klanggestaltende Leseübungen und Hervorheben der Sinnwörter können die Auseinandersetzung mit dem Text intensivieren.
Ende spricht jeden Leser persönlich an, was die individuelle Sichtweise für das spätere Schreiben noch verstärkt. Der Schluss ist offen und enthält zugleich eine direkte Einladung zum Weiterschreiben: „Vielleicht liest ihn wer anders laut - dann schreib mir, was passierte!"
Das ist Schreibimpuls genug und initiiert kreatives Weiterschreiben ohne gekünstelten Anlass. **„Schreib' einfach los!"** heißt die Devise. Umfang und Inhalt seines Textes bestimmt jedes Kind selbst. Die Schüler erhalten dazu ein *Zauberblatt* (siehe AB 14), das nicht nur den magischen Spruch wiederholt, sondern ebenso die geheimnisvolle Atmosphäre und damit den Spaß beim Schreiben unterstützen soll.
Das Gedicht wurde in einer dritten Klasse ausprobiert. Umfang und Schreibdauer waren dabei sehr unterschiedlich, doch konnte jedes Kind einige Gedanken niederschreiben. Viele verfassten märchenhafte Geschichten und ließen ihrer Fantasie freien Lauf.

Schülerbeispiele:

Es war einmal ein Zauberer, der hat den Zauberspruch laut gesagt. Sofort verwandelte er sich in eine Ameise mit einem übergroßen Kopf. Sie hatte Kopfhörer auf, dazu noch einen Kassettenrekorder. Die Kassette hieß: Der unerforschte

Zauberspruch. Als der Zauberer die Kassette gehört hatte, war er sehr traurig, weil er jetzt für immer eine Ameise sein musste. Aber den Zauberspruch unterstrich er zur Warnung rot. Er steckte das Buch, in dem der Zauberspruch stand, in den Tresor, schloss ihn ab und versteckte den Schlüssel in einer aufschraubbaren Kassette. Hoffentlich findet ihn keiner!

Nissanka, 3. Klasse

Es ist etwas Seltsames passiert. Alle Menschen wurden taub und stumm. Es wurde ganz still auf der Welt. Der Zauberer schimpfte seinen Lehrling: „Was hast du dir dabei gedacht? Du hast einen unerforschten Zauberspruch laut ausgesprochen!" „Ich wollte doch nur wissen, wie er wirkt", jammerte der Lehrling. Der Zauberer sagte darauf: „Nun siehst du, was passiert ist, du Dummkopf!" Dann verwandelte er ihn in einen Esel.

Sebastian, 3. Klasse

Ich las den Zauberspruch von vorn nach hinten laut. Danach war es plötzlich ganz still. Doch dann hörte ich ein Läuten, ich hörte lautes Brüllen und es stand vor mir ein großes Ungeheuer! Ich erschrak und rannte davon, irgendwohin. An dem Ort wollte ich aber nie im Leben bleiben. Nach einem Jahr kam ich zurück. Das Ungeheuer war jetzt weg, doch ich bin inzwischen uralt geworden. Eines will ich euch sagen: Lest nie im Leben unerforschte Zaubersprüche laut!

Stephanie, 3. Klasse

Cindy hielt sich zwar nicht an die Prosaform, doch gelang ihr ein surrealer Text, der gut zum Thema passt:

Es las ein Mann den Zauberspruch, sogleich lief ihm der Schweiß von der Stirn.
Da sah ihn eine Fledermaus und dachte: „Der ist nicht ganz sauber im Hirn!"
Ein starker Wind brauste durchs Zimmer, es wurde schlimmer und schlimmer.
Doch als der Wind vorüber war, war kein Mann mehr da.
Doch da sah ich ihn laufen. Er war so groß wie eine Laus!
Da sprach die Fledermaus: „Nun rennt er aus dem Haus."
„Jetzt bin ich aber froh!", lachte die Fledermaus, „Hoho!"

Cindy, 3. Klasse

Name _____ Datum _____ **AB 14**

Ein unerforschter Zauberspruch

ABRA + HALASAR   ELKALI + DASAR
SCHAMA + SIMUM
ONDRA + PARTUM
SCHIMMA
SCHIMMA
ALFA + SARDUM

② *Märchen* von Hans Arp

Märchen
Hans Arp

Ein großer blauer Falter
ließ sich auf mich nieder
und deckte mich
mit seinen Flügeln zu.

Und tiefer und tiefer
versank ich in Träume.
So lag ich lange und vergessen
wie unter einem blauen Himmel.

(aus: *Hans Arp*, ich bin in der natur geboren. Ausgewählte Gedichte, hrsg. von Hans Bolliger, Guido Magnaguagno, Harriet Watts. © by Verlags-AG Die Arche, Zürich)

Überlegungen zum Text
Hans Arp (1887-1966) gehörte zum Kern der Gruppe der Dadaisten, die 1916 in Zürich das „Cabaret Voltaire" gründeten. Gemeinsam war ihnen die Negierung alles Bestehenden und das Bestreben, in der Kunst alles anders zu machen als bisher. Der Protest gegen die Gesellschaft und die etablierte Kunst barg anarchische Momente und führte zu Sprachexperimenten, verbunden mit dem Spaß am Schockieren.
Davon ist im obigen Text aber wenig zu spüren, sodass er vermutlich zur späteren Lyrik Arps gehört. Wie könnte man das „Märchen" unter Berücksichtigung dadaistischer Wurzeln für Erwachsene interpretieren? Auffallend ist die Leichtigkeit der Prosa, alles geschieht ganz selbstverständlich. Der Falter hat beinahe hypnotische Wirkung und setzt die Schwerkraft der Existenz für einen kurzen Zeitraum außer Kraft. Doch Arp beschreibt mit wenigen Wörtern eben ein Märchen: Das Leben ist kein Traum, auch wenn der Autor in seiner Lyrik viele Grenzen überspringt. Der blaue Falter und der blaue Himmel verkörpern Metaphern für „blauäugig" und damit „Selbstbetrug".
Das Gedicht setzt assoziative Sprachfantasie frei, der auch ein assoziatives Lesen entsprechen muss. Von der Möglichkeit, vielfältige und individuelle Bedeutungen zu entnehmen, profitieren auch junge Rezipienten. Grundschulkinder genießen den vordergründigen märchenhaften Charakter des Textes und versinken – hoffentlich – in Träume.

Einsatz in der Gedichtewerkstatt
Nach der ersten Begegnung mit dem Gedicht sollte man die Poesie der Worte wirken und nachklingen lassen. Kinder zeigen sich fasziniert von dem Text, weil mit wohlklingenden und sehr anschaulichen Vokabeln ein Moment beschrieben wird, der Ruhe, Träumen, Frieden, Loslassen, Naturnähe, Sorglosigkeit, Romantik, Freiheit und vieles mehr in sich birgt.

Die Schreibaufgabe entwickelt sich im freien Gespräch über Arps Lyrik von selbst:

Die Schüler sollen sich so in das Geschehen einfühlen, dass sie in der Lage sind einen Traum niederzuschreiben. Länge und Gestaltung bestimmen sie selbst. Für manche Kinder ist es allerdings sehr schwer, persönliche Gedanken schriftlich auszudrücken. Daher schlage ich vor, dass sie sich selbst an einem „Traumplatz" malen und ihre Idee in eine große Gedankenblase schreiben, damit sie diese auch tatsächlich als Traum begreifen und entsprechend bildlich umsetzen. Sehr schwachen Schülern und Ausländern mit Sprachproblemen biete ich an, sich an einem schönen Ort zu malen und den Originaltext in die Traumblase hinein abzuschreiben. Das wird von einigen dankbar angenommen und vom Rest der Klasse als gewohnte Differenzierung akzeptiert. Alle Kinder verwenden weiße DIN-A3-Blätter und möglichst viele bunte Farben.

Das Schreiben wird wie folgt vorbereitet:

Die Kinder nehmen ihr Sitzkissen, gehen in den Kreis und suchen sich eine bequeme Lage. Eine passende Entspannungs- oder Meditationsmusik unterstützt unsere Traumphase.
Schließe deine Augen. Stell dir vor, du liegst auf einer Sommerwiese/ unter einem Baum/ auf deinem Lieblingsplatz (das kann man beliebig ausdehnen und ausmalen) *und ein schöner blauer Schmetterling deckt dich vorsichtig zu. Nun hast du Zeit zum Träumen. Du wirst dabei ganz leicht und vergisst alle Sorgen.*
Danach wird das Gedicht mehrmals vorgelesen und noch eine Weile gewartet, bis die Musik verklungen ist. Die Kinder strecken und räkeln sich und finden in den Raum zurück. Wer möchte, darf seinen Traum erzählen. Nach einigen Wortmeldungen gehen alle auf ihren Platz zurück und beginnen mit dem Schreiben.

Fünf Beispiele aus einer dritten Klasse folgen unkommentiert:

Ein kleiner Sonnenstrahl
kam zu mir nieder.
Er wickelte mich ein.
So dass es mir ganz
warm wurde.
Dann flog er mit mir in den
Himmel. Dort ließ er mich los
und ich ging auf den Wolken.
Dann wachte ich auf.

Christina

Ein großer blauer Falter lag neben mir und dachte: „Wo lass ich mich nieder?" Was hab ich gedacht? Ein großer blauer Falter flog mit mir überall hin. Ein großer blauer Falter ist ein Märchenkind. Wir flogen über Blumenwiesen, über Berg und Tal. Ein großer blauer Falter trug mich hin überall. Mit meinem Traum bin ich zufrieden, denn was ich gedacht, hat mein Traum mir zugelacht. *Julia*

Ich träumte, dass mich ein berühmter Forscher auf eine Expedition zu den Galapagosinseln mitnahm. Als ich mich an Bord eines Schiffes entspannte, spülte mich eine Flutwelle von Bord. Sie trieb mich auf eine Insel. Ich guckte mich verwundert um. Da sah ich eine silberne Kuppel. Ich stieg ein, sie hob ab, es wurde immer heller und ich erwachte auf einer schönen Wiese. *Matthias*

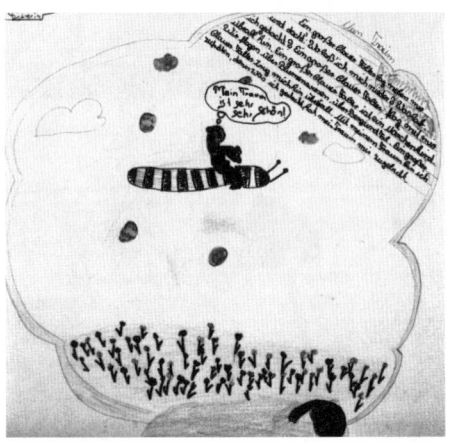

Ich liege am Abend am Strand und schau in die Abendsonne. Das Meer roch nach frischem Regen. Ich schaute in den Himmel und da kam aus dem Meer ein blauer Falter, es ging Wind und es war kalt, er kam und wärmte mich. Mir wurde ganz warm!

Laura

Ich lag im Garten auf der Wiese unter dem Kirschbaum. Es war sehr still, die Katzen aus der Straße liefen in den Gärten herum. Ich hörte, wie die Vögel zwitscherten und der Wind rauschte. Plötzlich schlief ich ein. Ich träumte von einer riesengroßen Blumenwiese. Es waren unzählige Blumen. Bumms!! Nun fiel mir eine Kirsche auf die Nase! Der Traum war aus.

Abb.23: Mein Traum

Jessica

2.4 Übersetzen des Textes in eine andere Gattung

Der Herbst steht auf der Leiter von Peter Hacks

Der Herbst steht auf der Leiter
Peter Hacks

Der Herbst steht auf der Leiter
Und malt die Blätter an,
Ein lustiger Waldarbeiter,
Ein froher Malersmann.

Die Tanne spricht zum Herbste
Das ist ja fürchterlich,
Die andern Bäume färbste,
Was färbste nicht mal mich?

Er kleckst und pinselt fleißig
Auf jedes Blattgewächs,
Und kommt ein frecher Zeisig,
Schwupp, kriegt der auch nen Klecks.

Die Blätter fallen munter
Und finden sich so schön.
Sie werden immer bunter
Am Ende falln sie runter.

(aus: Der Flohmarkt. © Middelhauve Verlag, München)

Überlegungen zum Text
Das traditionelle Kindergedicht aus dem Bereich der Stimmungslyrik besteht aus vier Quartetten im Kreuzreim (abab). Der Einsatz im Unterricht ist aufgrund des Themas jahreszeitlich beschränkt. Ganz im Gegensatz zu vielen Herbstgedichten, die ein trostloses und morbides Herbstszenario heraufbeschwören, zeichnet der Dichter ein farbenfrohes, optimistisches Bild. Es ist sicher realitätsfremd, da die Natur anthropomorphisiert dargestellt wird. Doch erlaubt es unbekümmerte Lesefreude, weil logische Bedenken wegfallen. So bleibt neben dem produktiven Umgang mit dem Text die humorvolle Unterhaltung Hauptabsicht.

Einsatz in der Gedichtewerkstatt
Übungen wie klanggestaltendes Lesen, Benennen der Reimform und Herausfinden der Reimwörter sollten der gestaltenden Interpretation vorausgehen.
Nach einem Unterrichtsgespräch über die inhaltliche Aussage folgt bereits die Schreibaufgabe:

Wir verändern das Herbstgedicht und machen daraus eine Comic-Geschichte.
Die Idee wird begeistert aufgenommen. Schon allein deswegen, weil Comics ein beliebtes Genre sind, das allen Schülern vertraut ist. Zudem erleichtert die altersgemäße, motivierende Sprache und der Vorteil, dass die vier Strophen vier Bildern entsprechen können, das Vorhaben. Ich erspare mir und der Klasse daher langatmige Erklärungen und lasse „künstlerischen" Freiraum mit dem Gewinn viele unterschiedliche Ergebnisse zu erhalten.
Die Kinder falten ein DIN-A 4-Blatt einmal längs und einmal quer. Jetzt sind vier Segmente entstanden, die im Querformat bemalt und beschriftet werden. Nach Besprechung der Arbeiten werden alle Comic-Blätter in Prospekthüllen gesteckt, in einem Schnellhefter gesammelt und in der Leseecke allen zum Schmökern zur Verfügung gestellt. Die beiden abgebildeten Schülerproduktionen stammen aus einer 3. Klasse.

Sabrina

Lena
Abb. 24 Comic: Der Herbst steht auf der Leiter

Weitere unterrichtliche Möglichkeiten mit Peter Hacks' Text:

- Freiarbeit:
  Unter Kapitel „V. Lust auf Gedichte?" befindet sich eine Karteikarte mit zusätzlichen Anregungen zum handlungsorientierten Umgang mit dem Gedicht (siehe S. 263).
- Weiterführendes Schreiben:
  Das Gedicht mit „Herbstfarben" (Filz- oder Buntstifte) abschreiben und schreibgestaltend interpretieren. Zusätzlich oder alternativ können manche Substantive wie z.B. Blätter, Leiter, Tanne usf. durch kleine Bilder innerhalb des Textes ersetzt werden.

2.5 Assoziatives Schreiben zu einem Gedicht

Mein Rad von Christine Nöstlinger
Kinderkram von Susanne Kilian

Mein Rad
Christine Nöstlinger

Ich habe ein Fahrrad bekommen.
Ein rotes Fahrrad
mit einem Rennlenker
und einem Stopplicht.

Aber:
Im Hof kann ich nicht fahren.
Wegen der Wäsche von der Schestak
und weil es so scheppert,
wenn ich über das Kanalgitter sause.

Auf der Straße darf ich nicht.
Wegen der Autos
und wegen dem Wachmann,
weil ich noch nicht zwölf Jahre bin.

Auf dem Gehweg wage ich es nicht.
Wegen der Leute.
Die werden so böse,
wenn man ihnen über die Zehen fährt.

Am Kirchplatz lassen mich die Alten nicht.
Wegen der Tauben.
Weil dort haben sie Maiskörner gestreut
für die Viecher.

Kinderkram
Susanne Kilian

Ein Kind weint still,
das andere will
einfach
verstanden sein.
Dies brüllt vor Wut,
und dem geht's gut,
schläft
geliebt und geborgen ein.
Ob ein Kind glücklich lacht,
sich Gedanken macht
oder vor Angst
in die Kissen wühlt:
Als Kinderkram
wird oft abgetan,
was ein Kind
so denkt und fühlt.

(aus: Susanne Kilian, Kinderkram. Beltz Verlag, Weinheim und Basel 1987. Programm Beltz & Gelberg, Weinheim)

Doch jeden Tag,
nach der Aufgabe,
wenn mir langweilig ist,
sagt meine Mutter:
„Na geh schön Rad fahren, Junge!"
Dass ich nicht lache!

(aus: *Hans-Joachim Gelberg* (Hrsg.), Überall und neben dir. Beltz Verlag, Weinheim und Basel 1986. Programm Beltz & Gelberg, Weinheim)

Überlegungen zu den beiden Texten
Für das Vorhaben eignen sich am besten realitätskritische Gedichte. Schließlich sollen die Kinder nicht nur über den Text im Allgemeinen reden, sondern zu einzelnen Passagen oder Ausdrücken ihre persönlichen Gedanken festhalten. Reflexionslyrik beschäftigt sich vor allem mit Gesellschaftskritik, Problemen mit Gleichaltrigen, Umgang mit Gefühlen, Rassendiskriminierung, Frieden und Umweltschutz. Sie wird von Autoren verfasst, die Kindern nicht nur eigene Gedanken zutrauen, sondern sie via ihrer Texte auch herausfordern wollen, einen eigenen Standpunkt zu finden und ihre Meinung zu artikulieren.
Das Kilian-Gedicht wurde bereits unter „II.1 Lyrik für Kinder muss keine Kinderlyrik sein" kommentiert.
Der Nöstlinger-Text passt gut zum geplanten operativen Verfahren, weil er ein für Grundschulkinder bedeutsames Thema behandelt. Fahrrad, Fahrradausstattung und Radfahren interessieren alle gleichermaßen. Die geschilderten Probleme, einen geeigneten Platz zum Fahren zu finden, sind vor allem Großstadtkindern wohl bekannt. Syntax und einige Wörter entstammen dem Wiener Jargon, doch kann zunächst Unverständliches aus dem Kontext erschlossen werden. Den Text würde man normalerweise eher unter Prosa einordnen. Was letztlich den Gedichtcharakter ausmacht, muss der Leser selbst entdecken.

Einsatz in der Gedichtewerkstatt
Die Gedichte werden der Klasse - unabhängig voneinander - mit Gedankenblasen (siehe Abb.25) präsentiert. Dazu muss der Lehrer einen Text seiner Wahl vorher auf ein DIN-A4-Blatt mittig kopieren und Denkblasen aufmalen, die gezielt zu einzelnen Wörtern führen.
Nachdem das Gedicht erlesen und ersten Äußerungen dazu Raum gegeben wurde, wird die Schreibaufgabe besprochen. Längst haben die Kinder die „komischen Blasen" rund um den Text in Augenschein genommen und stellen eine Verbindung zu ihren allseits geliebten Comic-Heftchen her. Damit hat es zwar nichts zu tun, doch unterstützen solche Vorerfahrungen das Verstehen des Schreibimpulses.

Bestimmte Wörter des poetischen Textes sind besonders hervorgehoben. Auf der Grundlage des Gelesenen und vor allem in Verbindung mit persönlichen Erlebnissen sollen die Kinder in die Gedankenwolken Kommentare, Ideen usw. einfügen und/oder hineinmalen, die speziell dem Einzelwort oder dem betreffenden Satz gelten. Damit werden subjektive Assoziationen festgehalten und dem Kind das Gefühl vermittelt, dass seine Meinung wichtig und gefragt ist. Das fördert nicht nur das Selbstbewusstsein auf schriftsprachlicher Ebene, sondern macht auch sensibel für die Fühl- und Denkweise anderer. Zudem wird mittels des interpretierenden Schreibens eine ganz neue Form der Auseinandersetzung mit dem Text erlebt.

Arbeitsaufträge hierzu können lauten:
Was denkst du, wenn du die einzelnen Wörter liest?
Hast du dazu Fragen?
Trifft das auch für dich zu?
Erinnerst du dich an eigene Erlebnisse?
Schreibe oder male in die Gedankenwolken, was immer du für wichtig hältst.

Sind die Kinder mit dem Schreibimpuls vertraut, lohnt es sich, „Nachdenkgedichte" zu sammeln, mit Denkblasen zu versehen und in einer Mappe für die Freiarbeit bereitzuhalten. Die Auswahl trifft der interessierte Schüler allein. Einige Kinder können als Differenzierungsmaßnahme die Gedankenblasen auch selbstständig setzen.

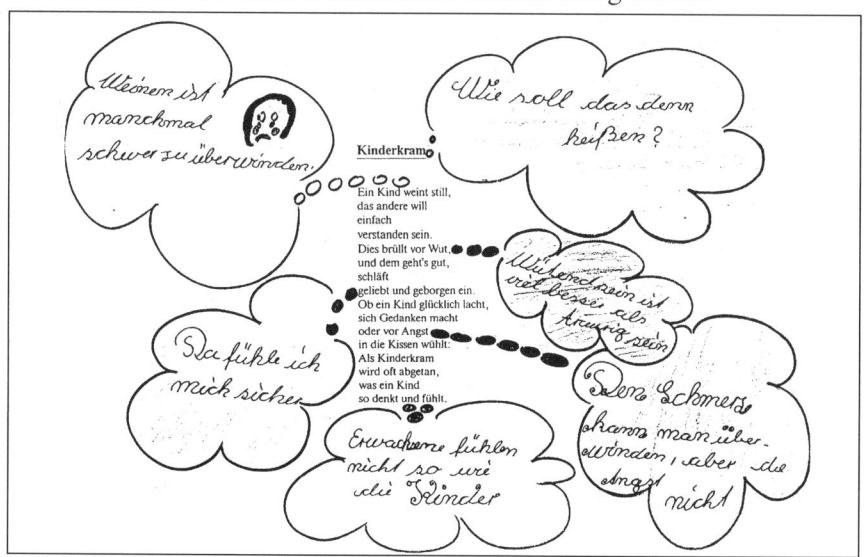

Patrick, 4. Klasse

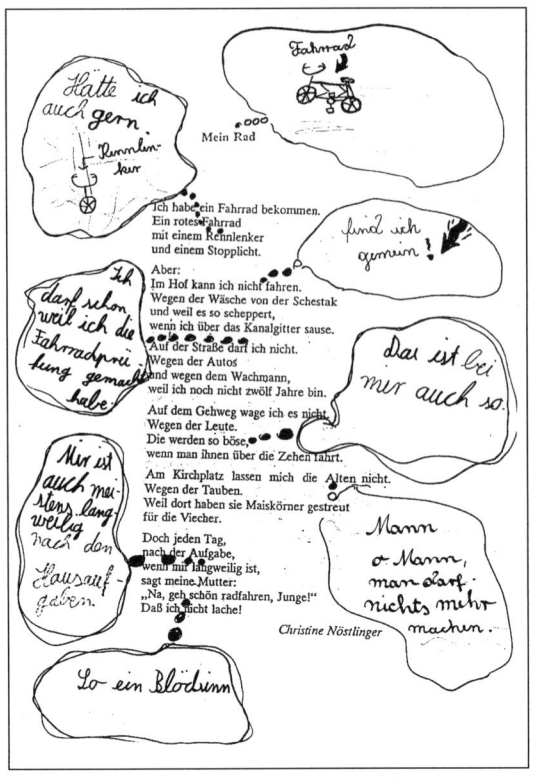

Moritz und Francesco, 4. Klasse

Abb. 25: Assoziatives Schreiben

3. Visuelle Gestaltung

Die vorangegangenen Anregungen für Textrekonstruktionen und Schreibimpulse waren textproduktive Verfahren. Auch visuelle Gestaltungen verlangen nach aktiver Rezeption des jeweiligen Gedichts, doch werden hier keine Originalgedichte hergestellt oder eigene Texte verfasst. Der Schwerpunkt liegt auf der gestalterischen Arbeit am Gedicht, was sowohl mit der Schrift wie auch mit Bildern umzusetzen ist.

Das Abschreiben ist eine alte, von manchen zu Unrecht verpönte Kulturtechnik. Es erfordert Konzentration, Ruhe, Sorgfalt, Anstrengung und Aufmerksamkeit – Arbeitstechniken und Tugenden, die angesichts der Situation in vielen Klassen wieder an Bedeutung gewinnen und für Entspannung sorgen. Nicht nur über Meditation und Musik, sondern auch über die Tätigkeit des Schreibens ermöglicht das Gedicht, Ruhe und Geborgenheit zu erfahren. Beim Abschreiben achten die Kinder auf einzelne Textelemente wesentlich stärker als beim Lesen und finden einen tiefer gehenden Zugang zur sprachlichen Gestalt des Textes.

Das Malen zum Gedicht, vor allem zu bestimmten Passagen des Textes, macht es erforderlich, seine ursprünglichen Überlegungen und Ideen zu ordnen und eventuell zu verändern. Ein Bild vergegenständlicht die Gedanken des Schülers zu einem bestimmten Gedichtabschnitt und wird in der Regel so lange verbessert, bis es die gewünschte Wirkung zeigt. Jedes Kind konzentriert sich auf das, was ihm wesentlich und wichtig erscheint, lässt seine Fantasie spielen und stellt dabei sehr persönliche Entwürfe her.

3.1 Schreibgestaltende Interpretationen

Schreibgestaltung bedeutet vor allem, das ausgewählte Gedicht in eine Schreib- oder Druckform zu übersetzen, die seiner Aussage entspricht.

Dazu sind sicher auch Vorerfahrungen nötig, die die Kinder im Weiterführenden Schreiben, in der Raumaufteilung bei Hefteinträgen und dem Hervorheben von Wichtigem und Sinntragendem bereits gesammelt haben sollten. Günstig ist auch, wenn die Klasse schon Übung im Herstellen von Ideogrammen und Piktogrammen hat.

Nun sollen die Kinder ein Gefühl für die unterschiedliche Wirkung von Schriftarten entwickeln. Dazu empfiehlt es sich, ein geeignetes Gedicht auszuwählen und mit möglichst vielen verschiedenen Schriften und Schriftgrößen, die der Computer hergibt, auszudrucken. Ich entschied mich für den Guggenmos-Text „Der Zitronenfalter", weil er aufgrund seiner Leichtigkeit und dem Frühlingsbezug für Kinder einfach nachzuvollziehen ist. Im Sitzkreis wurde eine reichhaltige Auswahl an Druckformen vorgestellt und die Schüler überlegten, was harmoniert und welche Schrift mit dem Inhalt nicht in Einklang zu bringen ist. Sie begründeten, diskutierten und artikulierten auf diese Weise, was viele unbewusst bereits verstanden hatten:

Die schriftliche Gestaltung korreliert mit dem Textgehalt. Damit ist sie in einem gewissen Rahmen auch abhängig von der Interpretation des Einzelnen und dessen individueller Art auf ein Gedicht einzugehen und es darzustellen.

Bevor die Kinder Gedichte unter Berücksichtigung des Besprochenen abschreiben, ist es hilfreich, wesentliche Ausdrucksmittel zu isolieren, auf einem „Schreibplakat" festzuhalten und im Klassenzimmer als Gedächtnisstütze anzubringen:

Beim Abschreiben kannst du viele Dinge selbst bestimmen.
Bedenke bei deiner Entscheidung aber, dass Text und Schrift zusammenpassen müssen!

Schreibmaterial:
- Filzstifte, Buntstifte, Füller, Bleistift, eventuell Wachsmalkreide und Pinsel
- dicke Stifte, dünne Stifte
- Schreibmaschine
  zu Hause auch Computer

Schrift:
- Schreibschrift, Druckschrift
- Ersetzen mancher Wörter durch Bilder im Text
- fette und zarte Wörter, Purzelwörter, Zitterwörter usw.
- Riesenschrift, Zwergenschrift
- mit einem Partner im Wechsel schreiben
- auf Zeilen schreiben, im Kreis, schräg, senkrecht usw.

Papier:
- kleine Blätter, große Blätter
- liniert, kariert, unliniert
- Umweltpapier, weiß und glatt, buntes Papier
- Packpapier, Tapetenrolle, Plakatkarton, Tonpapier, Pappkarton

Farben:
- Benutze Farben, die zum Gedicht passen.
- Es gibt warme und kalte, traurige und fröhliche Farben.
- Denke auch an die Jahreszeiten und den Farbwechsel der Natur.

Anregungen wollen einige Beispiele aus dritten und vierten Jahrgangsstufen zu ganz unterschiedlichen Gedichten geben, die im Klassenunterricht, aber auch in Freiarbeitsphasen entstanden sind. Sie machen deutlich, dass jedem Kind Raum zur eigenen Gestaltung gegeben ist. Im handelnden Tun wird die individuelle Bedeutung sichtbar und die Aussage des Ausgangstextes mithilfe grafischer Ausdrucksmittel optisch umgesetzt und interpretiert. Damit entsteht eine eigene Stellungnahme zum Gedicht in gestaltender Form.

Aus unserem „Winterbuch" suchten sich alle Kinder in angemessenem Zeitraum ein Gedicht aus, das sie schreibgestaltend interpretieren wollten. Das Winterbuch ist eine DIN-A5-Ringbuchmappe, in der eine Vielzahl an Gedichten rund um Winter, Advent und Weihnachten ästhetisch dargeboten werden. Hierzu zwei Schülerbeispiele:

① *Winter* von Wolfgang Borchert

(aus: Das Gesamtwerk. © 1949 by Rowohlt Verlag, Hamburg)

Abb. 26: Schülerarbeit „Schreibgestaltende Interpretationen"

② *Ein Fichtenbaum* von Heinrich Heine
(aus: *Andresen, Ute* (Hrsg.), Im Mondlicht wächst das Gras. Gedichte für Kinder und alle im Haus. Otto Maier Verlag, Ravensburg 1991)

Abb. 27: Schülerarbeit „Schreibgestaltende Interpretationen"

Ein ähnliches Verfahren wurde mit einer anderen Klasse im Frühling angewandt. Aus einer motivierend dargebotenen Sammlung von Frühlingsgedichten suchte sich jedes Kind nach einer längeren Phase des Lesens und Abwägens sein Lieblingsgedicht aus, das es unter Verwendung beliebiger Ausdrucksmittel abschreiben sollte. Stefan wählte

Schreibmaschine und Tonpapier, gestaltete weiter mit Buntstiften, Schere und Klebstoff, bis eine sehr originelle und persönliche Interpretation entstand:

③ *Die Frühlingssonne* von Christine Busta

    (aus: Christine Busta, Die Zauberin Frau Zappelzeh. Otto Müller Verlag, Salzburg 1979)

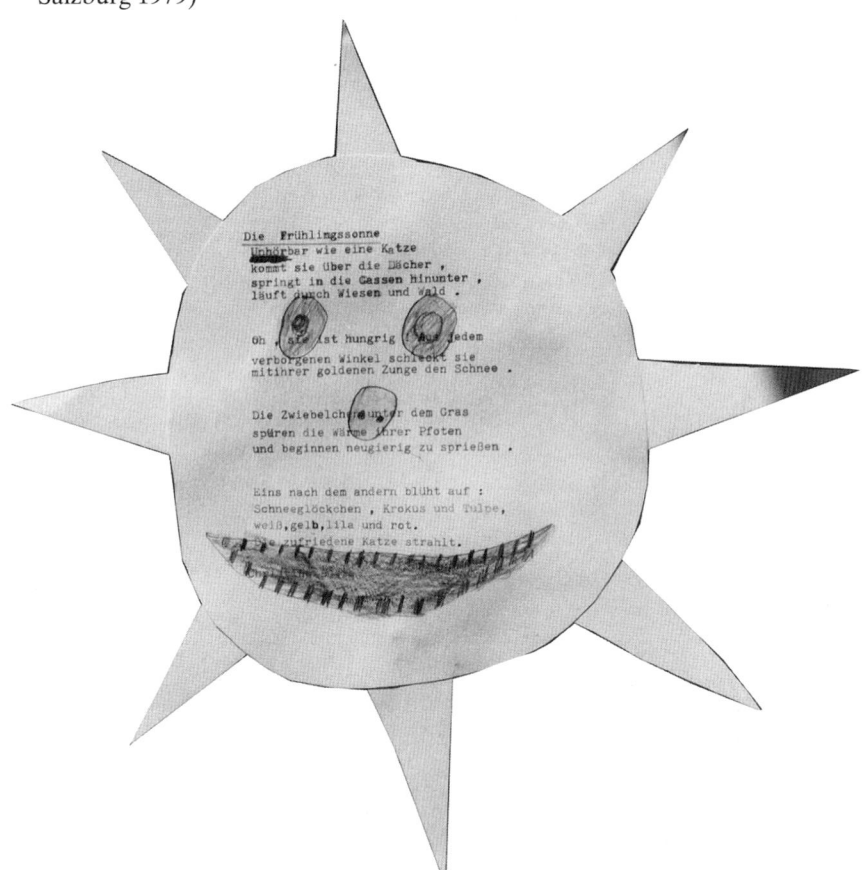

Abb. 28: „Die Frühlingssonne" von Stefan

Während des Ethikunterrichts stellte ich einige Gedichte vor, die Komponenten des sozialen Miteinanders beinhalteten. Die meisten Kinder entschieden sich für einen Text von Irmela Brender, den sie mit einem Partner im Wechsel abschrieben und anschließend gemeinsam vortrugen. Zu Aufteilung der Verszeilen, Gestaltung des Blattes und Vortragsweise sollte jedes Paar selbstständig einen Konsens finden.

④ *Wir* von Irmela Brender
   (aus: *Joachim Fuhrmann* (Hrsg.), Gedichte für Anfänger. Rowohlt Verlag,
   Reinbek 1980. © Irmela Brender)

> Wir
>
> Ich bin ich,
> und du bist du.
>
> Wenn ich rede,
> hörst du zu.
> Wenn du sprichst,
> dann bin ich still,
> weil ich dich verstehen will.
>
> Wenn du fällst,
> helf' ich dir auf,
> und du fängst mich,
> wenn ich lauf.
>
> Allein kann jeder diese Sachen
> gemeinsam können wir viel machen.
>
> ich mit dir
> und du mit mir –
> das sind wir!
>
> Irmela Brender

Abb. 29: Schreibgestaltung als Partnerarbeit

Im Sommer zeigten sich meine Schüler fasziniert von Schweiggerts Gedicht „Auf der bunten Wiese". Vielleicht, weil es eine bescheidene, ruhige und lebensbejahende Grundstimmung vermittelt. Der Text beschreibt unbeschwertes Sommer-Sonnen-Glück in einer intakten Flora und Fauna. Lautmalende Wörter, Paarreime und die häufige Aneinanderreihung von Substantiven oder Verben erzeugen puren Lesespaß. Über das „Du" wird jedes Kind direkt angesprochen und kann einen Bezug zur eigenen Lebenswirklichkeit herstellen.
Wir entschieden uns nach Abwägung einiger Möglichkeiten dafür, das Gedicht grafisch umzusetzen. Wieder wird Wert auf eine möglichst breite Palette an Ergebnissen gelegt, indem jeder Schüler ausdrücklich zu einer individuellen Gestaltung ermuntert wird. Gemäß des Themas fielen die Arbeiten sehr farbenfroh und fröhlich aus, was die beiden Abbildungen allerdings nur begrenzt wiedergeben können.

⑤ *Auf der bunten Wiese* von Alfons Schweiggert

Auf der bunten Wiese
Alfons Schweiggert

Tausend Blumen, Gräser, Pflanzen,
Mücken, die darüber tanzen,
Käfer, Bienen, Fliegen, Hummeln
summen, zirpen, surren, brummeln.
Raupen, Grillen und Heuschrecken,
Mäuse, Vögel, Würmer, Schnecken,
Eidechsen und Schmetterlinge,
Maulwürfe und andere Dinge
kann man auf der Wiese sehen.
Du brauchst nur dorthin zu gehen,
lauschen, schauen, schmecken, riechen,
vorsichtig am Boden kriechen,
und am besten völlig schweigen,
denn dann zeigt die Wiese dir,
was es alles gibt auf ihr.

(aus: *Franz-Xaver Riedl, Alfons Schweiggert*, Das große Feste- und Feierbuch. Ludwig Auer Verlag, Donauwörth 1990.© Alfons Schweiggert, München)

Abb. 30: Schülerinterpretationen „Auf der bunten Wiese"

Das Gedicht „Das Wasser" von James Krüss dürfte jedem Grundschullehrer geläufig sein. In meiner Klasse wurde es fächerverbindend als Abschluss zu einer entsprechenden Sachkunde-Einheit gelesen. Da zum Thema „Wasser" in der Sachunterrichtsecke schon zahlreiche Informationen angebracht und Poster und Schülerarbeiten ausgestellt waren, lag der Gedanke nahe, den Text zum Wasserkreislauf abzuschreiben, nach eigenen Vorstellungen zu gestalten und ebenfalls auszustellen.

Es entstanden eher traditionelle Interpretationen, die das epische Moment betonten und zu jeder Strophe ein Bild malten. Andere schrieben die Strophen durcheinander oder passend zur Aussage im Kreis. Manche verwendeten Bildwörter oder Bilder im fortlaufenden Text. Die entstandenen Werke blieben lange im Klassenzimmer hängen und erfreuten alle Kinder nicht nur aufgrund ihrer Vielseitigkeit, sondern auch, weil jeder Gestaltungsvorschlag gleichberechtigt akzeptiert wurde.

⑥ *Das Wasser* von James Krüss

(aus: *James Krüss*, Der wohltemperierte Leierkasten. © 1961 C. Bertelsmann Jugendbuchverlag, München)

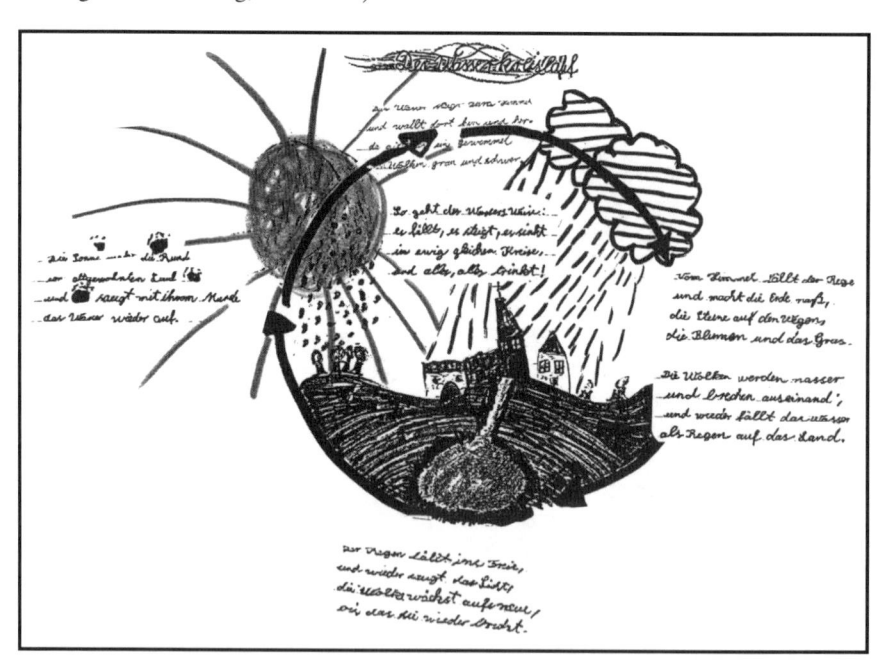

Daniel

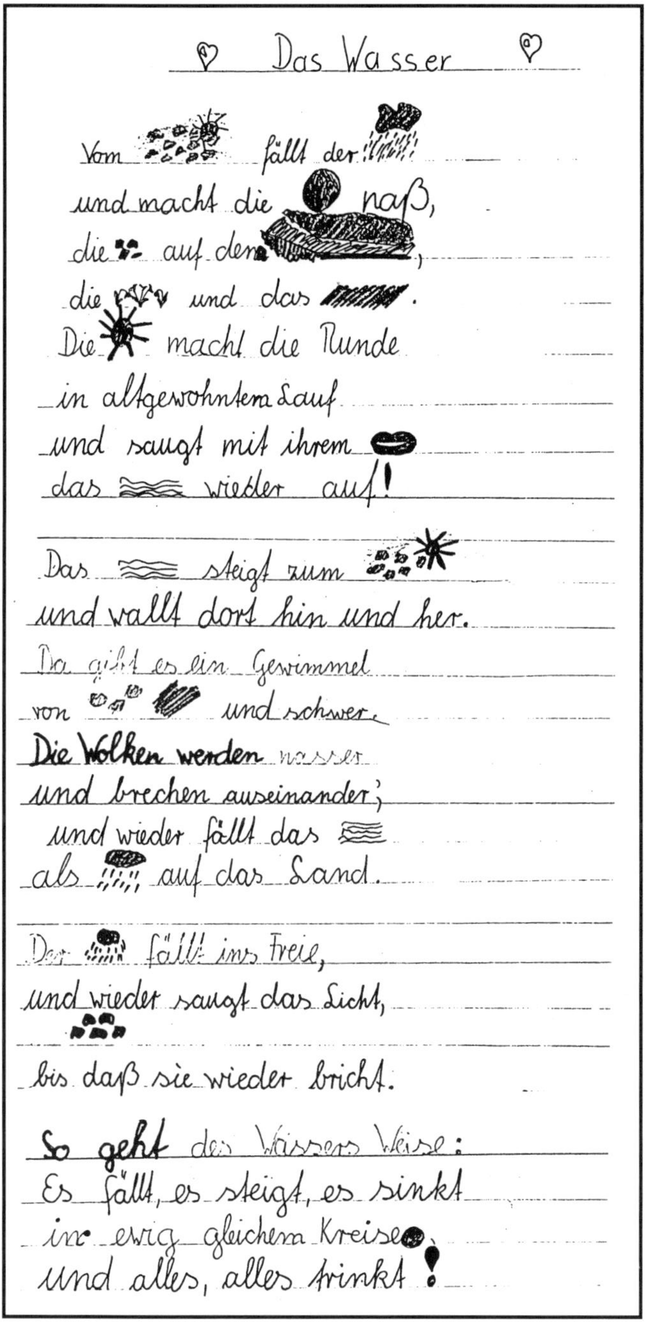

♡ Das Wasser ♡

Vom 🌥 fällt der 🌧
und macht die 🪨 naß,
die 🌱 auf den 🏔,
die 🌷 und das 🌾.
Die ☀ macht die Runde
in altgewohntem Lauf
und saugt mit ihrem 👄
das 〰 wieder auf!

Das 〰 steigt zum ☀
und wallt dort hin und her.
Da gibt es ein Gewimmel
von 🌥 🌧 und schwer.
Die Wolken werden nasser
und brechen auseinander,
und wieder fällt das 〰
als 🌧 auf das Sand.

Der 🌧 fällt ins Freie,
und wieder saugt das Licht,
🌥
bis daß sie wieder bricht.

So geht des Wassers Weise:
Es fällt, es steigt, es sinkt
in ewig gleichem Kreise💧,
und alles, alles trinkt!

Irina
Abb. 31: Zwei Schülerarbeiten „Das Wasser"

3.2 Illustrationen

Die knipsverrückte Dorothee von James Krüss

Die knipsverrückte Dorothee
James Krüss

Dorothea kriegte gestern
Einen Fotoapparat.
Und nun knipst sie unermüdlich
Hochformat und Querformat.
Dorothea hat Geschick:
Klick!

Dorothea knipste Bilder
Von der Mutter mit dem Hut,
Von dem Pinscher namens Satan
Und der Patentante Ruth.
Auch vom Vater mit dem Schlips:
Knips!

Dorothea wurde kühner,
Denn nun knipste sie sogar
Nachbars aufgescheuchte Hühner
Und die Birke mit dem Star.
Mittags war der Film schon voll.
Toll!

Vater in der Dunkelkammer
Hat den Film mit Müh und Zeit
Bis zum Abendbrot entwickelt.
Aufgepasst, es ist soweit!
Mutter zog die Bilder ab:
Schnapp!

Abends sah sich die Familie
Sehr verdutzt die Bilder an.
Vater grinste, Mutter lachte,
Tante Ruth rief: „Sieh mal an!"
Dorothea aber sprach:
„Ach!"

Man sah Mutters halbe Nase,
Obendrein ein Stück vom Hut.
Und die umgestülpte Vase
War ein Bein von Tante Ruth.
An der Birke sah man bloß
Moos.

Nachbars Hühner waren deutlich.
Aber keines sah man ganz.
Links sechs Beine, rechts ein Flügel,
Und ganz oben war ein Schwanz.
Vaters Bild war nur ein Schlips:
Knips!

Auch vom Pinscher namens Satan
Sah man nur das linke Ohr,
Und das schaute wie ein Dreieck
Hinterm Kohlenkasten vor.
Jeder rief: Ojemine,
Dorothee!

(aus: *James Krüss*, Der wohltemperierte Leierkasten. © 1961 C. Bertelsmann Jugendbuchverlag, München)

Name _____   Datum _____   **AB 15**

Die knipsverrückte Dorothea
James Krüss

Dorothea kriegte gestern einen Fotoapparat.
Und nun knipst sie unermüdlich Hochformat und Querformat.
Dorothea hat Geschick:
Klick!

Dorothea knipste Bilder mit dem Hut, Satan
Dorothea Mutter mit dem Schlips:
von dem Pinscher Ruth,
der Patentante mit dem
und der Vater mit dem
Auch vom Vater mit Knips!

Dorothea wurde kühner,
denn nun knipste sie sogar
Nachbars aufgescheuchte Hühner
und die Birke mit dem Star.
Mittags war der Film schon voll.
Toll!

Vater in der Dunkelkammer
hat den Film mit Müh und Zeit
bis zum Abendbrot entwickelt.
Aufgepasst, es ist soweit!
Mutter zog die Bilder ab:
Schnapp!

Man sah Mutters halbe Nase,
obendrein ein Stück vom Hut.
Und die umgestülpte Vase
war ein Bein von Tante Ruth.
An der Birke sah man bloß
Moos.

Nachbars Hühner waren deutlich.
Aber keines sah man ganz.
Links sechs Beine, rechts ein Flügel,
und ganz oben war ein Schwanz.
Vaters Bild war nur ein Schlips:
Knips!

Auch vom Pinscher namens Satan
sah man nur das linke Ohr,
und das schaute wie ein Dreieck
hinterm Kohlenkasten vor.
Jeder rief: „O jemine!
Dorothee!"

Abends sah sich die Familie
sehr verdutzt die Bilder an.
Vater grinste, Mutter lachte,
Tante Ruth rief: „Sieh mal an!"
Dorothea aber sprach:
„Ach!"

Beim Entwickeln der Bilder sind die Strophen etwas durcheinandergewirbelt.
Ordne durch Pfeile oder Nummern zu den Negativen.
Male dann 8 zum Inhalt passende Bilder.

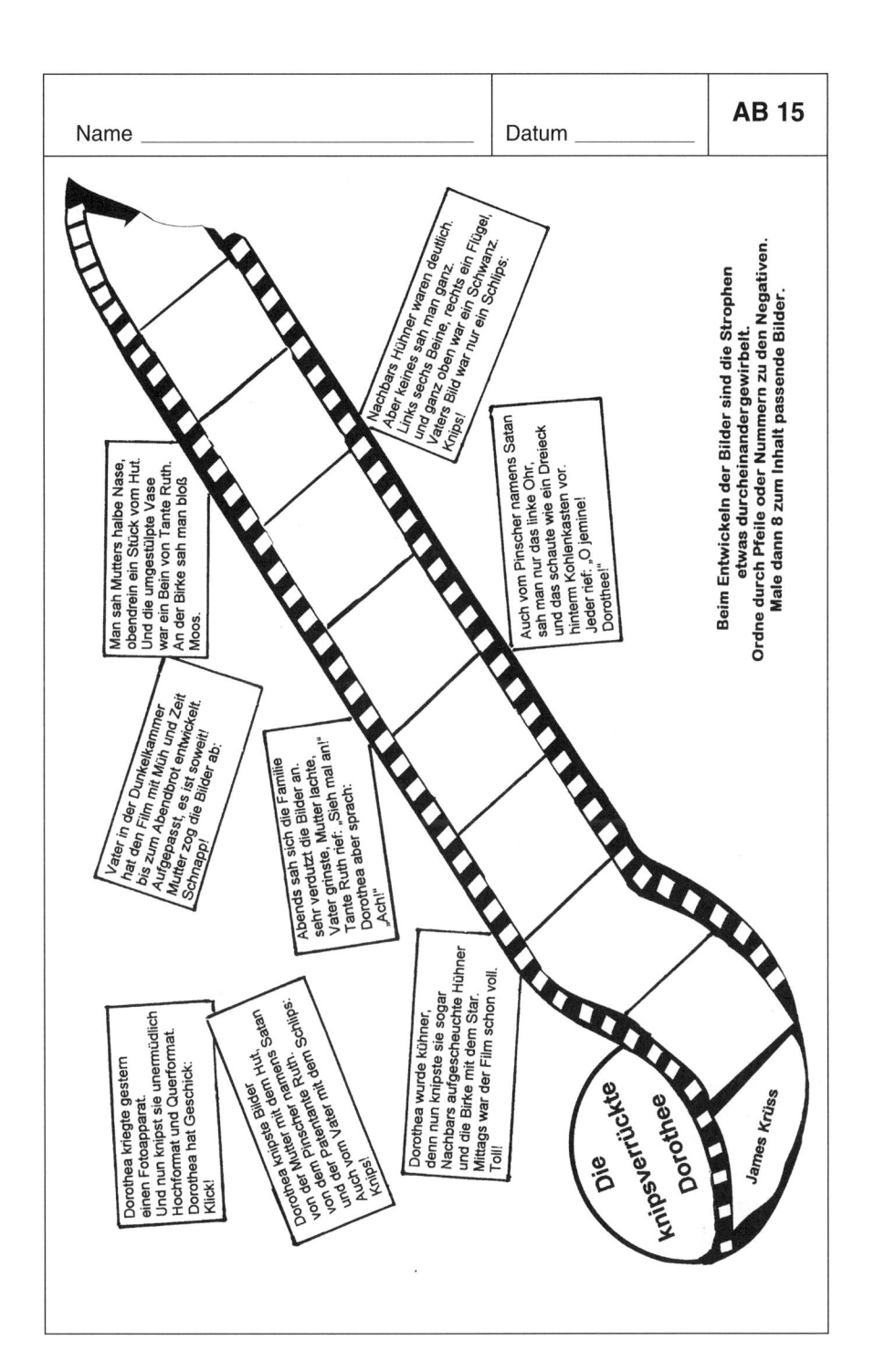

Überlegungen zum Text

Der Text gehört zur Gattung der „Geschehnislyrik", in der epische Elemente dominieren. In acht Strophen wird eine kleine, etwas antiquiert anmutende Episode aus einem normalen Familienalltag geschildert: Das Mädchen Dorothee bekam eine Kamera geschenkt, mit der sie voller Begeisterung erste Knipsversuche unternahm. Leider misslang der gesamte Film, was zur Heiterkeit beim Betrachten der entwickelten Bilder führte.

Zugegeben, das klingt nicht nach einer „Sensationsstory". Doch können sich Kinder gut in das Geschehen hineinversetzen, finden die Knips-Ergebnisse überaus witzig und freuen sich beim lauten Lesen über die sinntragenden Wörter am Ende jeder Strophe wie „Klick!" oder „Knips!".

Illustrationen erfordern erstes Textverständnis und sind bei allen Jahrgangsstufen gleichermaßen beliebt. „Dürfen wir etwas dazu malen?" ist eine Frage, die jeder Lehrer kennt. Doch sollen die Schüler nicht einfach irgendetwas dazu malen, sondern Bilder als handlungsorientierten Umgang mit Lyrik kennen lernen. Die eigenen Bilder illustrieren und kommentieren ein Gedicht. Der Krüss-Text wurde als Einstieg gewählt, weil es hier auch inhaltlich um Fotos geht. Die Kinder haben keine Schwierigkeiten sich jeden Vers bildlich vorzustellen und können sehr gegenständlich arbeiten.

Einsatz in der Gedichtewerkstatt

Die Kinder erhalten ein Blatt, in dem eine (noch) leere Filmrolle den Mittelpunkt bildet (siehe AB 15). Um den Negativstreifen gruppieren sich ungeordnet die Strophen des Gedichts, das zunächst rekonstruiert werden muss. Wenn die Kinder sehr genau lesen, können sie sich dabei von Strophe eins bis fünf am Geschehnisablauf orientieren. Danach jedoch kann die Reihenfolge des authentischen Textes kaum über den Inhalt gefunden werden. Für das Textverständnis ist es allerdings nahezu irrelevant, welche Variante jedes Kind wählen wird. Der Vergleich mit dem Original kann das Vorgestalten abschließen.

Illustrationen fallen reichhaltiger und schöpferischer aus, wenn vorausgehend Strophen geordnet wurden oder andere Textrekonstruktionen stattfanden. Jeder musste sich im sinnentnehmenden Lesen intensiv mit dem Inhalt auseinander setzen und hat danach kaum Schwierigkeiten passende „Fotos" zu malen. Die Schüler sollen das Gedicht in Form einer Bildergeschichte nachgestalten. Sie visualisieren dabei konkrete Verlaufsaspekte, verbunden mit unterschiedlichen Zugriffsweisen und Ideen.

Eine weitere Anregung zu Illustrationen soll mit dem unter „II./2. Handlungsorientierte Auswahl lyrischer Texte; 2.4 Konkrete Poesie" erwähnten akustischen Gedicht **„Das Geisterschiff"** von Jürgen Spohn verbunden werden. Lassen Sie Ihre Schüler ein *„Piratenschiff"* auf ein DIN-A3-Blatt zeichnen. Um die Ergebnisse zu verbessern, kann man sich dazu vorher einige Abbildungen betrachten. Nachdem die Kinder im Unterrichtsgespräch ihre Fantasie über mögliche Ereignisse auf dem Schiff aufblühen ließen, malt jeder eine Mitternachts-Szenerie mit entsprechenden Figuren gemäß seiner Erfindungsgabe. Auf das Hauptsegel oder den Schiffsrumpf kann das Gedicht, das Blatt abrundend, abgeschrieben werden.

Wer daran keinen Gefallen findet, hat vielleicht Lust einen *„Grusel-Comic"* zu gestalten? Dazu muss der Text in malbare Abschnitte eingeteilt werden und viel Kreativität zwischen den Zeilen fließen. In jedem Fall bereitet das Vorstellen der Ergebnisse großen Spaß und führt erneut zu einer intensiven Auseinandersetzung mit Inhalt und Gehalt des Gedichtes.

3.3 Bilderbuch herstellen

① *Das große, kecke Zeitungsblatt* von Josef Guggenmos
② *Das Liebesbrief-Ei* von Janosch

Gedichtabdruck und Überlegungen zum Text zu beiden Titeln finden sich unter IV./1. Textrekonstruktionen; 1.1 Verszeilen zusammensetzen und 1.2 Strophen ordnen.

Einsatz in der Gedichtewerkstatt
Handlungsorientierter Umgang mit Lyrik heißt nicht nur spielerisch und experimentierend mit Texten umzugehen, sondern vor allem auch Aussagemittel in verschiedenen Medien zu erproben und eine eigene Stellungnahme zum Gedicht zu erarbeiten. So bietet die Herstellung eines Bilderbuches im Grundschulbereich eine der interessantesten Möglichkeiten operativ und kreativ mit Poesie umzugehen. Die Kinder eignen sich die wesentlichen Inhaltsstrukturen an, üben sich in abwechslungsreichen Arbeitstechniken und erleben neben der reinen Inhaltserfassung eine fantasievolle Weiterarbeit am Text wie beispielsweise Zeichnen von Bildern zu Textabschnitten oder Zuordnen von Bild und Text. Dabei besteht ein enger Zusammenhang zu Comics, Bildergeschichten, Illustrationen und eventuell schreibgestaltenden Interpretationen.
Die beiden Beispiele stammen aus zwei verschiedenen dritten Klassen, die in der Buchherstellung noch keine Vorerfahrungen besaßen. Die

Ankündigung des Vorhabens löste Begeisterung aus, da die meisten Kinder mit Bilderbüchern positive Erlebnisse verbinden. Wiederholend wird aufgezählt, was alles zu einem Buch gehört: Titel, Autor, eigener Autorenname bei der Herstellung, Text, Bilder, Titelbild, Buchrückseite usf. Die Kinder sollen weiter wissen, dass ihre fertigen Bücher für alle in der Leseecke zum Blättern zur Verfügung stehen werden. Das Buch soll demnach auch anderen Kindern Vergnügen bereiten. Das verändert den Blickwinkel und versetzt die „Buchmacher" zumindest zeitweise in eine distanzierte Position zu ihren Bildern und gestalteten Texten. Die Aufteilung in malbare Abschnitte, die den späteren „Buchseiten" entsprechen, wurde vorab mit jeder Klasse gemeinsam besprochen und vorgenommen.

Beim Guggenmos-Gedicht **„Das große, kecke Zeitungsblatt"** ist es sinnvoll und auch für Kinder leichter umzusetzen, die Anzahl der Bilderbuchseiten der vom Autor vorgegebenen Stropheneinteilung anzupassen. Damit ergeben sich sechs Bilderbuchseiten plus Titelbild und Rückseite. Die Schüler arbeiten zu zweit, da es bei diesem Vorhaben Gewinn bringender ist, sich auszutauschen, zu korrigieren und zu ergänzen.

Folgendes Material benötigt jede Partnergruppe:
- 8 DIN-A5-Blätter im Querformat, weiß, seitlich gelocht; am besten eignet sich etwas kräftigeres Papier;
- Wollfäden, die zur Schleife gebunden werden, um das Bilderbuch nach Fertigstellung zusammenzuhalten;

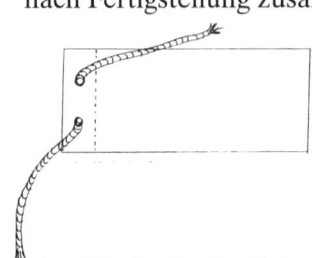

- eine Kopie des Gedichtes als Vorlage;
- 1 bis 2 Bogen Zeitungspapier;
- Lineal, Bleistift, Schere, Kleber, Filzstifte, Buntstifte.

Ausgestattet mit einigen Vorgaben, die man auch an die Tafel schreiben kann, beginnen die Kinder mit der Buchherstellung:
- *Ein Buch muss gut verpackt sein. Euer Titelbild soll neugierig machen und zum Lesen verlocken.*
- *Jede Buchseite erhält einen Rahmen. Verwendet dazu Lineal und Bleistift.*

- *Besprecht gemeinsam **vor** dem Malen, wie ihr das Bild zum Text gestalten wollt.*
- *Den Körper des Zeitungsblattes stellt ihr aus Zeitungspapier her. Reißen ist besser als schneiden.*
- *Ihr könnt jede Strophe abschreiben, den Text aber auch ausschneiden und aufkleben oder euch mit Schreiben abwechseln.*
- *Bindet am Schluss euer Buch mit einem Wollfaden zusammen.*

So unterschiedlich wie die Kinder sind auch ihre Bücher. Einen kleinen Eindruck davon wollen die folgenden Fotos vermitteln.

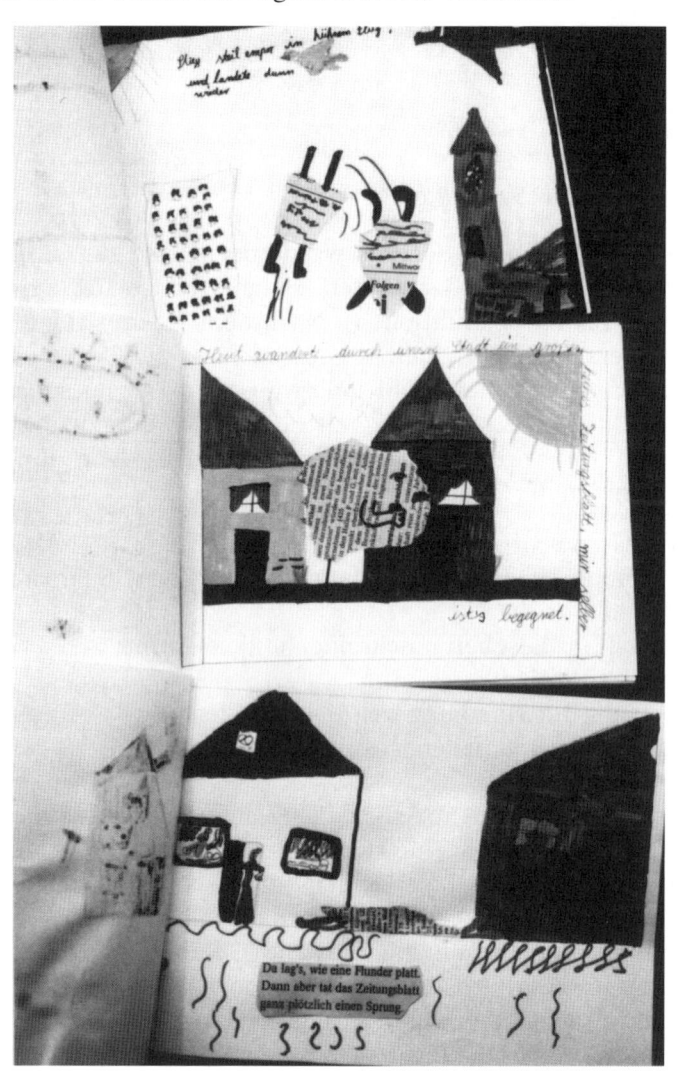

Abb. 32: Bilderbuch „Das große, kecke Zeitungsblatt"

„Das Liebesbrief-Ei" von Janosch wurde der Klasse zunächst mit verwürfelten Textelementen dargeboten (siehe Arbeitsblatt 5 „10 Eier im Nest" unter Textrekonstruktionen). Nach dem Rekonstruieren ist ein echtes Textverständnis erreicht, auf dessen Basis die Gestaltungsarbeit erfolgt. Das Gedicht gefiel allen Kindern ausnehmend gut, sodass es keiner großen Motivation bedurfte, mit dem Text weiterzuarbeiten. Auf meine Frage, was wir mit Janoschs Liebesbrief-Ei denn nun machen könnten, nannten die Schüler folgende Vorschläge:

- Eine Filmszene entwerfen wie im Kino;
- als Pantomime spielen, nur auf dem Postamt macht es einen fürchterlichen Knall;
- das Gedicht ins Leseheft abschreiben und verzieren;
- ein Liebes-Ei malen;
- den Fortgang der Handlung weiter ausdenken;
- zu jedem Ei ein Bild malen;
- Eier drucken;
- die Eier (Anm.: aus dem Arbeitsblatt) ausschneiden, in die richtige Reihenfolge kleben und eine Henne dazu malen;
- ein großes Ei malen und das Gedicht hineinschreiben.

Die Ideen waren alle brauchbar. Zum Glück konnte ich die Klasse, aufbauend auf den beiden Nennungen „richtige Reihenfolge" und „Bilder malen", für ein Bilderbuch-Projekt erwärmen. Um das Vorhaben zeitlich nicht ausufern zu lassen, entschloss ich mich zu folgenden Vorgaben bzw. Hilfestellungen:

- Die Schüler erhalten 10 Eier, die sich aus neun Textblättern und einem Blanko-Titelblatt zusammensetzen (siehe AB 16). In Originalgröße ist jedes Text-Ei 24 cm hoch, auf ein DIN-A4-Blatt kopiert und weiß, damit es besser bemalt werden kann. Die Textabschnitte orientieren sich an den den Kindern bekannten 10 Eiern im Nest, aus denen die Bilderbuchseiten entwickelt wurden.
- Das Umschlagbild enthält neben Titel und Autor auch die Nennung aller Zeichenkünstler, gemalt von: ...
- Jede Teilszene wird durch eine Zeichnung ausgedrückt, die den Inhalt genau wiedergibt. Die visuellen Kommentare können auch Sprech- und Denkblasen enthalten.
- Sind alle Blätter fertig gestellt, wird jede Eiform ausgeschnitten. Danach kleben die Kinder ihre Eier im Hochformat auf bereits vorgelochte, bunte DIN-A 4-Tonpapiere oder zurechtgeschnittenes Packpapier. Jedes Bilderbuch bleibt auf eine Farbe beschränkt. Ehe die Seiten mit Geschenkbändern zusammengefasst werden, wird noch ein Karton- oder ein dünner Wellpappenrücken im gleichen Format zur Stabilisierung angebracht.

Bevor die Kinder das Material erhielten, stellten wir gemeinsam konkrete Überlegungen zur Titelbildgestaltung und zu einzelnen Szenenbildern an. In keinem Fall sollten dabei festgefügte Bilder entstehen, sondern vielmehr Anregungen, um die eigene Fantasie aufzuwecken oder zu ermutigen. Nach der Besprechung war allen der Umfang des Projektes klar. Von selbst entschied sich die Klasse für Gruppenarbeit, um arbeitsteilig vorgehen zu können. Jede Gruppe umfasste vier bis fünf „Buchhersteller". Mit bewundernswerter Ausdauer produzierten sie ihre Bücher. Manche Gruppen teilten vorab alle Text-Eier auf und malten in Untergruppen. Eine Gruppe diskutierte heftig und nachhaltig jede Kleinigkeit. Sehr pragmatisch und einvernehmlich gingen fünf Kinder ans Werk, die die meisten Seiten in Serienproduktion fertigten und reihum weiterschoben: einer malte immer das Hühnerhaus, der Nächste nur das Huhn, wieder einer Gras, Himmel und Sonne usf.

In jedem Fall entstanden fünf originelle Bilderbücher, auf die alle sehr stolz waren. Wir liehen sie der Parallelklasse aus, um auch ihnen Lust auf Gedichte zu machen. Die nachstehenden Fotos vermitteln einen Eindruck vom Ideenreichtum der Kinderzeichnungen und der Fähigkeit Textstimmungen zu erfassen:

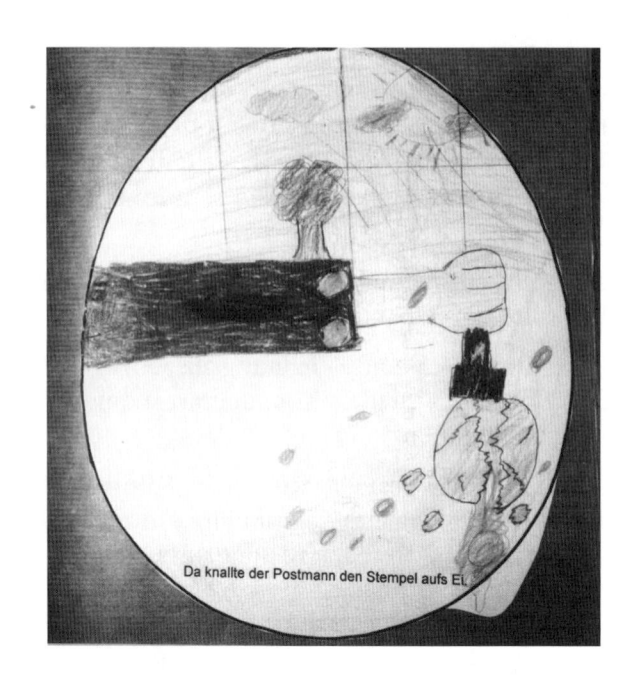

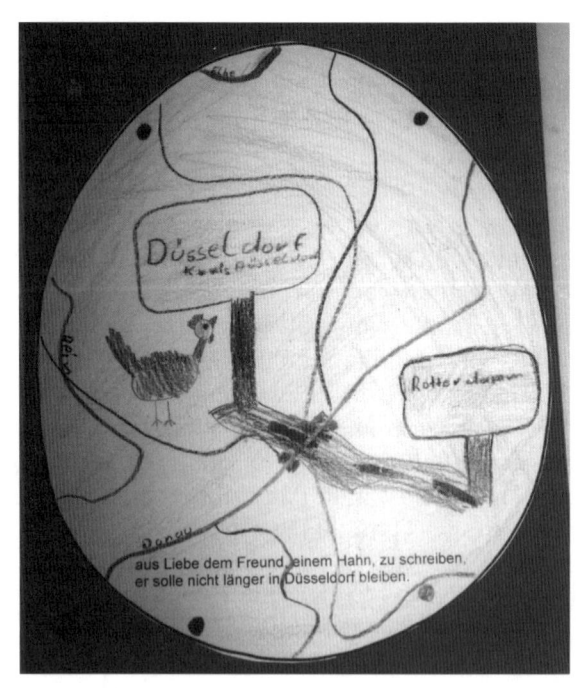

Abb. 33: Bilderbuch „Das Liebesbrief-Ei"

182

Name _____ Datum _____ **AB 16**

Ein Huhn verspürte große Lust
unter den Federn in der Brust.

aus Liebe, den Freund, einem Hahn, zu
schreiben, er solle nicht länger in
Düsseldorf bleiben.

Er solle doch lieber hier zu ihr eilen
und mit ihr die einsame Stange teilen.

auf der sie schlief.
Das stand in dem Brief.

Wir müssen noch sagen: Es fehlte ihr
an gar nichts. Außer an Briefpapier.

Da schrieb sie ganz einfach und deutlich
mit Blei
den Liebesbrief auf ein Hühnerei.

Jetzt noch mit einer Marke bekleben
und dann auf dem Postamt
abgegeben.

Da knallte der Postmann den
Stempel aufs Ei.

Da war sie vorbei.
Die Liebelei.

© Oldenbourg Schulbuchverlag GmbH, PRAXIS Bibliothek 184, Kinder begegnen Gedichten

3.4 Gedicht-Collage

Kinder (Sind so kleine Hände) von Bettina Wegner

Kinder
Bettina Wegner

Sind so kleine Hände,
winzge Finger dran.
Darf man nie drauf schlagen,
die zerbrechen dann.

Sind so kleine Füsse
mit so kleinen Zehn.
Darf man nie drauf treten,
könn sie sonst nicht gehn.

Sind so kleine Ohren
scharf und ihr erlaubt:
Darf man nie zerbrüllen,
werden davon taub.

Sind so schöne Münder
sprechen alles aus.
Darf man nie verbieten,
kommt sonst nichts mehr raus.

Sind so klare Augen
die noch alles sehn.
Darf man nie verbinden,
könn sie nichts verstehn.

Sind so kleine Seelen
offen und ganz frei.
Darf man niemals quälen,
gehn kaputt dabei.

Ist son kleines Rückgrat
sieht man fast noch nicht.
Darf man niemals beugen,
weil es sonst zerbricht.

Grade, klare Menschen
wärn ein schönes Ziel.
Leute ohne Rückgrat
hab'n wir schon zu viel.

(aus: Anar. Musikverlag c/o Bettina Wegner, Berlin)

Einsatz in der Gedichtewerkstatt
Bettina Wegners Song-Text hängt neben der Eingangstür meines Klassenzimmers.
So ist es kein Wunder, dass auch meine Schüler das Gedicht häufig lesen, mich darauf ansprechen und mir dazu Fragen stellen. Nie aber wurde der Inhalt tiefer gehend erörtert, da die Bilder genügend Aussagekraft besitzen und auch Grundschulkinder tief beeindrucken. Eine Klasse fand besonderen Gefallen an dem Text und schlug vor, nicht nur so ein kleines Bild, sondern ein richtiges, großes Plakat für das Klassenzimmer zu entwerfen.
Wie schon des Öfteren bei gemeinsamen Vorhaben, sammelten die Kinder eine Woche lang Ideen auf einem Stück Packpapier, das im hinteren Bereich des Zimmers hing. Neben den üblichen Vorschlägen wie „Schmuckrahmen" und „Zu jeder Strophe ein Bild malen" gab es auch neue und attraktive Einfälle. Daraus stellte die Klasse, aufgeteilt in vier

Gruppen, vier Plakate her. Basis bildeten jeweils die acht Strophen des Gedichts, Kinderzeichnungen und buntes Tonpapier zum weiteren Gestalten. Alles wurde vorab hergestellt, ausgeschnitten, arrangiert, diskutiert, manchmal verändert und schließlich auf der Rückseite einer Tapetenrolle zu einer Gedicht-Collage zusammengefügt. Auch Größe und Format bestimmten die Kinder selbst. Sicher wäre es ebenso möglich gewesen, aus Katalogen und Zeitschriften passende Abbildungen auszusuchen und sie mit dem zerlegten Text zu einer interpretativen Aussage zu verbinden. Darauf wurde hier aber verzichtet, da meine Schüler sich für andere Vorgehensweisen begeisterten:

Zwei Gruppen malten analog zu den acht Strophen acht Kinder, die je eine Strophe halten, auf ihr stehen, turnen, liegen usf. Eine gestaltete darüber hinaus aus den Versen und Kindern ein großes „K".

Eine neue Variante zeigte eine andere Arbeit: Kinder stehen im Mittelpunkt einer Sonne, deren Strahlen im Uhrzeigersinn zu den acht Textelementen des Gedichts führen.

Eine Gruppe Mädchen benützte die Vorderseite der Tapete als Blumenwiese. Darauf klebten sie eine heitere Landschaft mit einigen Kindern. Zum Schluss fügten sie bunt gemischt die Gedichtteile, zumeist als Sprechblasen, ein.

3.5 Werbeplakat

Die Werbeplakate bilden den Schlusspunkt eines umfangreichen Projektes in einer dritten Klasse mit dem Thema *„Frühlingsgefühle – Frühlingsgedanken"*, das ausführlich unter „III./1. Gedichte vertragen keine methodischen Patentrezepte; 1.2 Meditativer Zugang" erläutert ist.

Die Schüler haben zu diesem Zeitpunkt bereits eine Reihe von Frühlingsgedichten kennen gelernt und längst ihren persönlichen Favoriten gefunden. Die Anregung, ein Werbeplakat für sein liebstes Gedicht zu entwerfen, wird mit einiger Verblüffung und großem Interesse für die ungewöhnliche Aufgabe aufgenommen. Zum Glück denken Kinder noch nicht innerhalb festgefügter Kategorien, setzen sich mit Vergnügen über Grenzen hinweg und haben großen Spaß an der Verbindung von Poesie und Konsum.

Ehe die Plakatarbeit konkret wird, muss einige Vorarbeit geleistet werden. Die Schüler sammeln Wörter aus der Werbung und schneiden markante Sprüche, Adjektive und Attribute im Superlativ aus Zeitschriften, Zeitungsbeilagen und Ähnlichem aus. Dabei wird deutlich, wie ausgezeichnet schon Kinder auf diesem Sektor Bescheid wissen. Sie bilden eine spezielle Zielgruppe, wie man beispielsweise unschwer an den Werbeblöcken des Privatfernsehens rund um Kindersendungen erkennen kann. Dem Einfluss psychologisch ausgefeilter Werbung kann sich niemand vollständig entziehen. Dennoch müssen immer wieder Strategien entlarvt und kritische Distanz entwickelt werden. Dies kann bei Grundschulkindern nur in Ansätzen geschehen. Die Arbeit mit den Werbeplakaten und deren Ergebnisse zeigen eine handlungsorientierte und explizit spielerische Möglichkeit.

Zu zweit entscheiden sich die Kinder für „ihr" Gedicht, das sie zunächst einmal abschreiben. Dafür liegen verschiedene weiße Papiersorten zur Auswahl bereit. Einige Partner nehmen auch das Angebot wahr, ihr ausgewähltes Gedicht mit dem Kopierer nach Wunsch zu vergrößern und zu vervielfältigen. Anschließend machen wir uns gemeinsam Gedanken, wie ein Gedicht am besten anzupreisen ist. Dazu hängen an der Seitentafel noch alle gesammelten Werbewörter und -sprüche vom Vortag. Die Kinder bringen nun Ideen ein, die sie gezielt mit ihrem Text verbinden. So wird an der Tafel unter anderem festgehalten:

Tophit, Stargedicht, Niedrigpreisbeweis, 1.Preis, Mini-Preis, Preisschlager, Aktion im April, Spitzenleistung, beste Qualität;
super, stark, toll, neu, wieder da, immer schick, erfrischend, spritzig, sagenhaft;
Das müsst ihr kaufen/lesen, Leute!
Im Frühling weniger Gewicht mit dem Gedicht!
Aprilfrisch mit meinem Gedicht!
Kenner lesen Frühlingsgedichte!
Top-Angebot: 63 Wörter für eine Mark!

Man erkennt sofort, hier sind „Werbeprofis" am Werk. Bevor sie ihre Ideen visualisieren, wird die Aufgabe zusammenfassend knapp formuliert:

Bietet euer Gedicht so geschickt an, dass alle, die an dem Plakat vorübergehen, interessiert stehen bleiben und es lesen.
Das Plakat muss auffallen und ungewöhnlich aussehen.
Klebt euer Gedicht auf und gestaltet dann weiter mit ausgeschnittenen Bildern und Wörtern, malt selbst etwas dazu und/oder bastelt etwas zum Hinzukleben mit buntem Papier.

Bei dieser Aufgabenstellung wird deutlich, wie wichtig „Handwerker-Utensilien" (siehe III./2. Konzeption der Gedichtewerkstatt; 2.3 Handwerker-Utensilien) für einen reibungslosen Ablauf sind. Alle benötigten Materialien stehen, getrennt aufbewahrt in Kartons, in ausreichendem Umfang zur Verfügung. Dicke Stifte und Faserschreiber sind in Ein-

machgläsern übersichtlich aufbewahrt.
Die Kinder erhalten Packpapier nach Wunsch und beginnen eifrig und voller Pläne mit der Gestaltung. Sie arbeiten an zusammengestellten Tischen oder hocken mit ihrem Papier irgendwo am Boden. Dazwischen verstreut liegt das Material, das hin und her getauscht wird. So entsteht echte Werkstatt-Atmosphäre und es ist mir eine Freude, aus dem Hintergrund zuzusehen. Gefragt werde ich kaum. Die Kinder haben genug eigene Ideen, was die Ergebnisse bestätigen.
Die Klasse entwarf insgesamt 14 sehr unterschiedliche Werbeplakate, die auch in der Größe stark variierten. Sie wurden einige Wochen lang im Schulhausflur ausgestellt. Viele Kinder und Lehrer blieben stehen und lasen amüsiert die Gedichte, was meine Schüler eine Weile genau kontrollierten. Zwei Werbeplakate folgen unkommentiert.

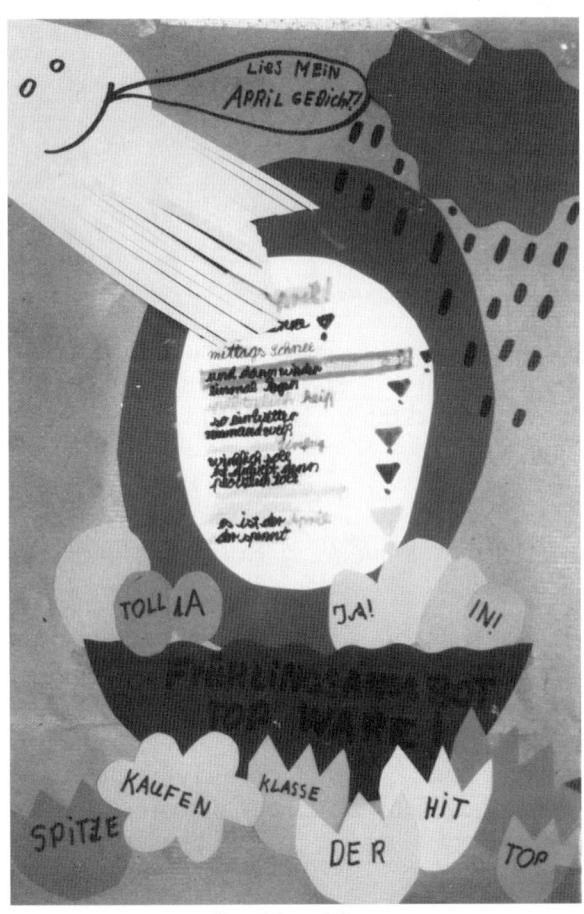

Gerald und Inga

Moritz und Daniel
Abb. 34: Mein Lieblings-Frühlingsgedicht

3.6 Gedichtposter

Anderssein von Klaus W. Hoffmann

Anderssein
Klaus W. Hoffmann

Im Land der Blaukarierten
sind alle blau kariert.
Doch wenn ein Rotgefleckter
sich mal dorthin verirrt,
dann rufen Blaukarierte:
„Der passt zu uns doch nicht!
Er soll von hier verschwinden,
der rot gefleckte Wicht!"

Im Land der Rotgefleckten
sind alle rot gefleckt.
Doch wird ein Grüngestreifter
in diesem Land entdeckt,
dann rufen Rotgefleckte:
„Der passt zu uns doch nicht!
Er soll von hier verschwinden,
der grün gestreifte Wicht!"

Im Land der Grüngestreiften
sind alle grün gestreift.
Doch wenn ein Blaukarierter
so etwas nicht begreift,
dann rufen Grüngestreifte:
„Der passt zu uns doch nicht!
Er soll von hier verschwinden,
der blau karierte Wicht!"

Im Land der Buntgemischten
sind alle bunt gemischt.
Und wenn ein Gelbgetupfter
das bunte Land auffrischt,
dann rufen Buntgemischte:
„Willkommen hier im Land!
Hier kannst du mit uns leben,
wir reichen dir die Hand!"

(aus: Wenn der Elefant in die Disco geht. Otto Maier Verlag, Ravensburg 1983)

Überlegungen zum Text
Epische Elemente überwiegen in Hoffmanns Versfabel. Mit dem Verhalten der Blaukarierten, Rotgefleckten und Grüngestreiften in indefiniten, imaginären Ländern wird uns ein Spiegel vorgehalten: Der berechtigte Vorwurf der Rassendiskriminierung und die mangelnde Toleranz gegenüber allem von der Norm Abweichendem. Das Gedicht äußert deutlich Gesellschaftskritik und ist damit auch didaktisches Instrument, glücklicherweise ohne „erhobenen Zeigefinger".
Die Metaphorik des Textes und deren Aussage können Grundschulkinder sehr gut verstehen, da die starre Ablehnung jeglicher Andersartigkeit leicht nachvollziehbar mit unterschiedlichen Personengruppen und wörtlicher Rede plastisch beschrieben ist. Nach dem Aufzeigen des intoleranten Verhaltens wird in der vierten Strophe eine Lösung angeboten, die Kinder erleichtert annehmen: Im Land der „Buntgemischten" sind Außenseiter, Individuen, Fremde und Andersdenkende nicht nur akzeptiert, sondern als soziale Bereicherung herzlich aufgenommen.

Einsatz in der Gedichtewerkstatt
Nach dem Kennenlernen des Gedichtes und sinnerschließendem Lesen bereitet es den Kindern zunächst große Freude, den Text klanggestaltend vorzutragen. Dabei ist die ganze Klasse miteinbezogen, indem Gruppen von Blaukarierten, Rotgefleckten, Grüngestreiften und Buntgemischten jeweils den Part der wörtlichen Rede übernehmen.
Im weiteren Unterrichtsgespräch wird die geschilderte Intoleranz mit Beispielen aus dem Erfahrungsbereich der Kinder in die Realität übersetzt. Sofort nennen sie ausländische Mitschüler und Betroffene berichten von ihren Erlebnissen. Ferner werden erwähnt: Leistungsschwache Schüler, Behinderte, alte Menschen, dicke Kinder und Schüler aus sozial schwachen Familien. Damit wird deutlich, dass Kinder dieser Altersstufe die inhaltliche Aussage des Textes nicht überfordert und sie eine Verbindung zu ihren eigenen Beobachtungen herstellen können.
Geplant ist nun ein **Gedichtposter als Gemeinschaftsarbeit** zu entwerfen.
Um die Diskussion zur Gestaltung und eine einvernehmliche Lösung zu erleichtern, schlage ich vor, den Inhalt zunächst spielerisch nachzuvollziehen.
Die Kinder werden in vier Gruppen eingeteilt, die sich am Ende im Land der Buntgemischten freundschaftlich vereinen. Wir benützen Bänder aus blau kariertem, rot geflecktem, grün gestreiftem und gelb getupftem Stoff, die sich die Kinder um Stirn, Hals oder Handgelenk binden. Die gleiche Wirkung kann man aber auch mit entsprechend bemaltem Papier

erzielen, das mit Teasafilm auf Brust oder Rücken geklebt wird. Das Spielhandeln sorgt nicht nur für fröhliche Aktivität, sondern ist eine ideale Vorbereitung der sich anschließenden visuellen Gestaltung.

Da das Poster als Titelbild für eine Gedichtezeitung (siehe VI. Interesse an Gedichten weckt man nicht mit Lesebüchern; 3. Redaktionelle Arbeit, S. 293 ff.) entworfen werden soll, gehen die Kinder mit besonderer Sorgfalt und Motivation ans Werk. In Gruppen werden Vorschläge und Rohentwürfe entwickelt. Die Wahl fällt dann während der Zusammenschau und Vorstellung der einzelnen Ideen auf ein Plakat, das den positiven Schluss des von allen erlebten Spielhandelns visualisiert:

Aus den vier Ecken wandern die vier Gruppen in das Zentrum des Plakates, um sich im Land der Buntgemischten „die Hand" zu reichen.

Der Titel ist schnell festgelegt. Obwohl auch andere Anregungen eingebracht werden wie „Willkommen", „Kommt zu uns!" oder „Miteinander leben", favorisiert die Mehrheit „Im Land der Buntgemischten".

Jetzt stellen alle aus weißem Papier und mit Filzstiften blau karierte, grün gestreifte, rot gefleckte und gelb getupfte Personen her. Dabei gibt es keine Vorgaben, um die Vielfalt und das Vorstellungsvermögen nicht einzuengen. Es entstehen die unterschiedlichsten Figuren, die die integrative Intention des Posters noch verstärken: Kleine, große, dicke, dünne Figuren, Winzlinge, Außerirdische, Chinesen, Kinder, Erwachsene, Riesenköpfe, ernsthafte, lustige, freche einschließlich zweier Furcht erregender Gestalten. Die Körper werden ausgeschnitten und auf ein großes Stück Packpapier gelegt, das vor der Tafel am Boden befestigt ist. So erkennt man schnell, bei welchen Gruppen noch Figuren fehlen. Sind genügend produziert, wird alles arrangiert und zu einer visuellen Aussage aufgeklebt. Ein, zwei Schüler haben inzwischen die vierte Strophe und den Plakattitel groß und farbig abgeschrieben. Beide Teile werden zum Schluss ebenfalls aufgeklebt.

Das fertige Gedichtposter hängt lange Zeit als Willkommensgruß an unserer Klassenzimmertür:

Abb. 35: Im Land der Buntgemischten

3.7 Impulse für eigene Bilder

Kindergedicht von Jürgen Spohn

Kindergedicht
Jürgen Spohn

Honig, Milch	Götterspeise
und Knäckebrot –	Leibgericht –
manche Kinder	kennen
sind in Not	manche Kinder nicht
Zucker, Ei	Wurst und Käse
und Früchtequark –	Vollkornbrot –
macht nur manche	manche Kinder
Kinder stark	sind schon tot

(aus: *Hans-Joachim Gelberg* (Hrsg.), Geh und spiel mit dem Riesen. Beltz Verlag, Weinheim und Basel 1971. Programm Beltz & Gelberg, Weinheim)

Überlegungen zum Text
Das realitätskritische Gedicht entspricht ganz dem Zeitgeist seiner Entstehung und den bereits erwähnten literaturdidaktischen Veränderungen zu Beginn der 70er Jahre. Der Text mit dem schon im Titel anklingenden Sarkasmus wird stets eingefasst von einem dicken, schwarzen Trauerrand abgedruckt, um die inhaltliche Aussage noch zu verstärken. Jürgen Spohns lyrisch verpackte Sozialkritik macht Erwachsene und Kinder gleichermaßen betroffen, weil er uns Wohlstandsbürgern am Beispiel der schwächsten Bevölkerungsgruppe das Elend der Dritten Welt vor Augen führt. Zwei Kinderwelten, wie sie unterschiedlicher nicht sein könnten, werden anklagend gegenübergestellt.
Der auch Kindern verständliche Kontrast zwischen „arm" und „reich" soll das Hauptthema im handlungsorientierten Umgang mit dem Gedicht werden.

Einsatz in der Gedichtewerkstatt
Der Text erschreckt und bewegt alle Kinder. Nach einer kurzen Pause können sie ihren spontanen Emotionen und Gedanken im Unterrichtsgespräch freien Lauf lassen. Allerdings darf es hier nicht darum gehen, den Schülern moralisierend das weggeworfene Pausenbrot oder bestimmte Extravaganzen beim Essen vorzuwerfen. Vielmehr soll auf das Leid und die existenziellen Ängste vieler Kinder in anderen Ländern aufmerksam gemacht werden. Wenn dabei einige Schüler das eigene konsumorientierte Essverhalten kritisch hinterfragen, ist das sicherlich

zu begrüßen. Ohnehin erspüren die meisten von selbst den Aufruf zu mehr Bescheidenheit zwischen den Zeilen, ohne es ausdrücklich aussprechen zu müssen.
Das Gedicht ist nicht einfach zu rezipieren und nur sehr unbekümmerte Gemüter können danach ohne Umschweife zum Alltagsgeschehen übergehen. Daher werden zwei Möglichkeiten angeregt, um auf produktive Weise das Gelesene verarbeiten zu können. Zugleich wird damit erneut der interdisziplinäre Aspekt von Lyrik untermauert.

Im **Sachunterricht** erstellen wir in den folgenden Wochen eine Info-Wand zum Thema:
Die Schüler sammeln Zeitungsausschnitte, Berichte, Bilder usw. über Notstandsgebiete in der Dritten Welt. Weiter wird versucht etwas über die Zustände in Slumgebieten großer Städte zu erfahren. Dazu werden persönliche Meinungen festgehalten und an der Themenwand angebracht. Sehr betroffen zeigen sich die Kinder vom Leben der verlassenen Straßenkinder in Südamerika und osteuropäischen Ländern. Bei der Informationsbeschaffung sind sicher auch einige Eltern behilflich.

Parallel werden im **Kunstunterricht** Bilder gestaltet, die unsere Überflussgesellschaft provozierend mit dem Hunger der Welt konfrontieren: Den eigenen Arbeiten wird eine **Bildbetrachtung** vorangestellt. Käthe Kollwitz' Zeichnung „Deutschlands Kinder hungern" (1924, Käthe Kollwitz Museum Köln) setzt in eindringlicher Weise den Gehalt des „Kindergedichts" auf bildnerischer Ebene fort.

Abb. 36: Bildbetrachtung Käthe Kollwitz: Deutschlands Kinder hungern
© VG Bild-Kunst, Bonn 2007

Käthe Kollwitz (1867-1945) gewann durch die Heirat mit einem Berliner Armenarzt einen Blick für die Nöte des „Proletariats". Sozialkritik war das Hauptthema ihrer Werke. Als Vertreterin des Expressionismus war es ihre Intention, Emotionen möglichst gegenständlich darzustellen und sichtbar zu machen. Charakteristisch ist die Verwendung von kräftigen schwarzen Umrisslinien, um den seelischen Ausdruck in den Gesichtern und die die Epoche beherrschende Unsicherheit und Ausweglosigkeit noch zu steigern.

Mit der Klasse kann die konkrete Malweise der Künstlerin sowie die ängstliche und verzweifelte Geste der Figuren erarbeitet werden. Leitimpulse unterstützen das Gespräch:

Betrachte genau die Augen der Kinder.
Wie alt mögen sie sein? Wo werden sie leben?
Sieh dir die Kleidung des Kindes im Vordergrund an.
Beschreibe deren Arme, Hände und Kopfhaltung.
Weshalb halten sie kleine Schüsseln hoch?
Wo sehen sie deiner Meinung nach hin?
Was und wie oft bekommen sie zu essen?

Die Gestaltungsaufgabe erwächst aus der gedanklichen Verbindung von Spohns „Kindergedicht" und Kollwitz' Zeichnung:
Hungrige Hände strecken sich nach Brot, das sich wie ein Füllhorn aus unserem überreichen Vorrat ausgießt. Wesentliche Beurteilungskriterien sind der Kontrast zwischen arm und reich, Hunger und Überfluss. Zunächst streichen die Schüler ein DIN-A3-Blatt mit einer beliebigen, aber hellen Wasserfarbe als Hintergrund ein. Während die Blätter trocknen, stellt jedes Kind aus einem mitgebrachten dünnen Kartonstück eine Schablone her. Dazu werden eine Hand und etwas Armansatz aufgelegt, mit Bleistift umfahren und ausgeschnitten. Die fertige Schablone wird mit schwarzer Wasserfarbe immer wieder kräftig angestrichen und im unteren Drittel des Blattes (Hochformat) mehrmals abgedruckt, bis eine interessante Gruppierung und Überschneidung entstanden ist. An einem anderen Tag beginnen die Kinder ihre inzwischen gesammelten Prospekte, Supermarktbeilagen und Werbeseiten aus Zeitungen und Zeitschriften, die allesamt Nahrungsmittel abbilden, auszubreiten. Es sollen möglichst viel und möglichst verschiedene Produkte sauber ausgeschnitten werden, wobei die Schüler untereinander austauschen und ergänzen. Danach holt jeder seinen Schablonendruck und versucht die Lebensmittel über den Fingern anzuordnen. Ist die gewünschte Wirkung erzielt, werden alle Teile aufgeklebt.

Einen Eindruck der entstandenen „Schablonendruck-Collagen" vermittelt die folgende Schülerarbeit:

Abb. 37: Schablonendruck/Collage: Arm und reich

4. Szenische Darstellung

Ähnlich den vorausgegangenen Beispielen visueller Gestaltung ist der Grundgedanke der szenischen Darstellung gestaltende Interpretation und Produktion. Ein lyrischer Text wird ins Spiel umgesetzt, d.h. gestisch nachvollzogen, szenisch aufbereitet und eventuell musikalisch untermalt. Kinder haben ein Recht auf Spiele und eine Grundschule ohne Spielimpulse ist schlichtweg undenkbar. Bilder und Figuren erfinden und diese in Szene setzen bereitet Schülern aller Altersstufen großen Spaß. Die spontane, ungehemmte Spielfreude lässt sich auch für Gedichte nutzen, deren inhaltliche Aussage und sprachlicher Gehalt im szenischen Interpretieren leichter aufgeschlossen und verstanden werden können. Die Kinder werden angeleitet, mit Texten experimentell und sinnlich agierend umzugehen.

Der große Vorteil des poetischen Textes gegenüber anderen Gattungsarten liegt in seiner Kürze: Der Inhalt kann ohne großen zeitlichen Aufwand rezipiert und zum gedanklichen Eigentum der Kinder werden. Mini-Geschichten erleichtern eine Inszenierung und bieten Spielmaterial für alle ästhetischen Bereiche. Hier wird Poesie zum Leben erweckt. Sie bildet die Spielvorlage aus der Rollen, Bühnenbilder, Puppen und Filmstreifen entwickelt werden, auf deren Basis mit Sprache experimentiert wird, mimisch-gestischer Ausdruck und Sprachrhythmus angeregt werden. Im „spielhandelnden" Umgang mit dem Text wird die Einfühlung in Stoff und Motiv erleichtert, werden körperliche und sprachliche Ausdrucksformen eingeübt, Fantasie und Gefühle freigesetzt.

4.1 Lebende Bilder

Die Wand / Die Brücke von Gerri Zotter, Mira Lobe und Renate Welsh

Gedichtabdruck und Überlegungen zum Text beider Gedichte finden sich unter IV./2. Schreibimpulse; 2.2 Weiterschreiben in Anlehnung an das Original.

Einsatz in der Gedichtewerkstatt
Die beiden Konstellationen aus dem Bereich experimenteller Lyrik bilden mittels dreier Wörter figurale Beziehungsgefüge, die Grundschüler wegen ihres spielerisch-rätselhaften Charakters besonders ansprechen und mehrere methodische Möglichkeiten eröffnen, sich die inhaltliche Aussage anzueignen und individuelle Assoziationen einzubringen.
Die Texte, die jeweils menschliche Interaktionsfähigkeiten visualisieren, sind der Klasse bereits gut bekannt. Die Kinder schrieben in Anlehnung an die Originale so genannte „Sehgedichte" zu zwischenmenschlichen Themen, die sie sich selbst aussuchten. Hier nun soll visuelle Poesie nicht auf grafischer Ebene interpretiert, sondern die Bedeutung, die der Rezipient für sich erkennt, mit einem Partner dargestellt und umgesetzt werden.
Die Idee entstand im Rahmen eines Projekts zum Thema Anderssein, dessen Ergebnisse in einer Gedichtezeitung abgedruckt werden sollten. Dies bedeutet für die Inszenierung der beiden Gedichte, sie nicht in einer längeren Szene zu spielen, sondern deren Aussage verdichtet unter Einsatz von Mimik und Gestik in **einem** Bild wiederzugeben. Auf der Grundlage ihrer Erfahrungen stellen die Kinder Gefühle dar und experimentieren mit nonverbalen Ausdrucksmitteln.

Annäherung an die Gedichte: Meine Schüler kennen die Überschriften aus dem erwähnten Einsatz in der Gedichtewerkstatt. Konfrontiert man Kinder jedoch zum ersten Mal mit den Texten, ist es denkbar, die Titel zunächst zu verschweigen und den Fantasien dazu freien Lauf zu lassen. Wir überlegen gemeinsam, welche emotionalen Aussagen gemacht werden und welche Beziehungen zwischen den beiden Personen bestehen:
Wo könnte/n die Situation/en spielen?
Was passierte vorher?
Wie fühlen sich „Ich" und „Du"? Was denken sie?
Erfinde passende Überschriften!
Was werden die Personen als Nächstes machen?
Wie kann sich die Handlung weiterentwickeln?
Kannst du eigene Erfahrungen einbringen?
Würdest du dich anders verhalten?
Für die weitere Auseinandersetzung mit den Gedichten werden die Situationsbeschreibungen an der Tafel festgehalten.

Inszenierungsidee: In Kleingruppen entscheiden sich die Kinder für eine Situation und beschreiben diese näher. Sie überlegen sich, mit welchen Empfindungen und Intentionen ihre Personen handeln, schreiben kurze Dialoge dazu und setzen ihre Vorstellung in eine konkrete Szene um. Die Ergebnisse werden im Kreis allen vorgestellt und diskutiert. Im szenischen Interpretieren bringen die Schüler persönliche Erlebnisse und Verhaltensmuster ein und zeigen dennoch Empathie, weil sie sich durch Körper- und Sprechhaltungen in die Figuren einfühlen müssen. Auch schwächere oder ausländische Schüler können aufgrund nonverbaler Ausdrucksfähigkeiten überzeugende Szenen und erstaunlich präzise Beziehungsstrukturen darstellen.
Ein am Folgetag mitgebrachter Fotoapparat weckt erneut die Neugierde der Schüler und führt zu der Überlegung: Wie können wir ohne Handlungsverläufe und Dialoge unsere (unterschiedlichen) Textvorstellungen in je einem Foto umsetzen?
Intention ist, die Konstellationen, die vorwiegend visuell durch die figurale Anordnung weniger Wörter verstanden werden wollen, auf anderer Ebene interpretativ darzustellen. Dazu werden Ich-Du- Partnergruppen gebildet , die eines der beiden Gedichte für ihre Arbeit auswählen. Anschließend erproben die Kinder Körperhaltung, Gestik, Mimik und vor allem die Positionen zueinander so lange, bis sie dem Bild entsprechen, das sie sich von der Situation gemacht haben. Bevor jedes Paar fotografiert wird, werden alle Entwürfe noch einmal vorgestellt und gegebenfalls von Lehrer und Mitschülern Verbesserungsvorschläge unterbreitet.

Einen Einblick wollen die vier folgenden Fotos aus einer vierten Klasse verschaffen, die meine Schüler „Lebende Bilder" nannten. Ein Begriff, der nicht nur szenische Interpretation, sondern auch zum Leben erweckte Literatur umfasst.

Kaveh und Patrick

Abb. 38: Lebende Bilder: Die Wand

Inga und Lena-Carline

Sabine und Irina

Abb. 39: Lebende Bilder: Die Brücke

4.2 Erzählkino

Der letzte Elefant von Peter Härtling

Der letzte Elefant
Peter Härtling

Ich bin der letzte Elefant.
Vor hundert Jahren fand
mich ein schwarzer Prinz und band
an seinen Traum mich fest.

Der Prinz ist tot. Und meine Haut
ist schwarz, vom Wetter angeraut.
Auf meinem Rücken war ein Haus gebaut –
dort saß mein Prinz und hielt mich fest.

Ich konnte tanzen. Ich war leicht.
Man hat mich einst von Hof zu Hof gereicht:
Seht diesen Elefanten, dem kein andrer gleicht!
Und zog mir bunte Decken über für das Fest.

Dann kam der Brand, der Elefantentod.
Die Wälder sanken ein und auch die Märchen
    starben.
Die Häuser wurden schwarz, die Erde rot –
das letzte Fest war wild in seinen Farben.

Die Prinzen starben und die Löwen auch.
Die Tore schlugen zu, das Reich zerfiel.
Der Zauberer versuchte es mit Götterrauch,
doch jenem Gott war's nur ein Spiel.

Ich bin der letzte Elefant.
Mein Prinz ist tot. An einem Strand,
wo ich die Wälder nicht mehr fand
hüt ich den letzten Baum.

Da singt kein Vogel. Nur der Wind.
Und Sand macht meine Augen blind.
Vielleicht nimmt einmal doch ein Kind
mich mit in seinen Traum.

(aus: *Peter Härtling*, Die Gedichte 1953–1987. © 1995 by Verlag Kiepenheuer & Witsch, Köln)

Überlegungen zum Text
Für das Vorhaben bot ich meinen Drittklässlern drei thematisch verschiedene Texte aus dem Bereich der Geschehnislyrik an. Die Mehrheit entschied sich zu meiner Überraschung für diese „schwere Kost". Nach den Motiven gefragt, antwortete ein Schüler: „Da geht es um die Umweltverschmutzung. Und der Härtling will, dass wir Kinder was dagegen tun." Ein anderer erklärte: „Das Gedicht ist schön, weil der Elefant den letzten Baum hütet und für die Natur kämpft."

Im Umgang mit Gedichten begegnet man immer wieder solchen erstaunlichen Leistungen junger Schüler. Auch hier hatte ich die Wirkung zunächst unterschätzt. Ich ging davon aus, dass sich die meisten eher vom Bild des afrikanischen Prinzen und den bunten Festen eines anderen Kontinents einfangen lassen, als sich der Symbolhaltigkeit des Textes anzunähern. Inwieweit die herausgelesene Botschaft tatsächlich der Intention des Autors entspricht, bleibt unbeantwortet und zweitrangig. Wichtig dagegen erscheint, dass die Kinder die metaphorischen Aussagen in Ansätzen erkennen und für die szenische Darstellung anwenden können.

Härtlings Ballade erzählt in gedrängter Form eine Geschichte und bedient sich dabei lyrischer Formalisierungs- und Ausdrucksmittel. Sechs Quartette umrahmen einen Fünfzeiler – die Bruchstelle des Gedichts: Ein geheimnisvolles, tragisches Geschehen entzieht Mensch und Natur nicht nur die Überlebensgrundlage. Nein, weit dramatischer tötet es auch die „Märchen", Jahrhunderte überliefertes Gedankengut, Tradition und Kultur. Die strophische und gereimte Handlung beschreibt wunderschöne, morbide Bilder. Ein agonierendes Land, gelähmt vor Angst, beherrscht von Verzweiflung, Trauer und vanitas-Stimmung. Vor allem die Metaphern „Der letzte Elefant", „Prinz", „Brand", „Märchen" und „Zauberer" müssen mit den Kindern besprochen und auf der Basis ihrer intellektuellen Möglichkeiten übersetzt werden. Wir entschieden uns beim „Brand" für eine atomare Katastrophe einschließlich der in den letzten vier Strophen geschilderten Folgen. Ein Hoffnungsschimmer erhellt zum Ende hin das düstere Szenario. Zögernd liest er sich und unsicher, der Appell an die Kinder als künftige Herren der Welt: „Vielleicht nimmt einmal doch ein Kind mich mit in seinen Traum." – So, wie vor hundert Jahren der schwarze Prinz? Vielleicht wachsen genug Idealisten heran, die der fortschreitenden Umweltzerstörung aufgeklärt, aktiv und mündig Einhalt gebieten können. Oder ist der alte Elefant tatsächlich blind vor Einsamkeit und Trauer und hofft vergebens?

Einsatz in der Gedichtewerkstatt
Der Bänkelsang als verwandte Gattung der Ballade liefert die Idee zur szenischen Interpretation des Textes. Sein erzählender Charakter erleichtert Grundschülern den Zugang und motiviert zu einer Form des Nacherzählens, die Ingendahl „Erzählkino" nennt (aus: Werner Ingendahl, Umgangsformen. Produktive Methoden zum Erschließen poetischer Literatur. Moritz Diesterweg Verlag, Frankfurt am Main 1991).
Dazu wird die Handlung des Gedichts in zeichenbare Abschnitte eingeteilt, die dann auf eine entsprechend gekürzte Tapetenrolle möglichst plakativ und verständlich gemalt werden. Anschließend befestigt man an den beiden Enden Stäbe um das „Filmband" beim Vorführen besser entrollen zu können. In unseren Handwerker-Utensilien gab es zu diesem Zeitpunkt zwar keine Tapetenrolle, doch fanden sich mehrere größere, ausgediente Kalender. Damit lassen sich mit minimalem Aufwand in etwas abgeänderter Form ebenfalls Erzählkinos herstellen.
Das ausgewählte Gedicht wird zunächst in Szenen unterteilt. Im Falle des Härtling-Textes entwickeln die Kinder analog zu den Strophen sieben Bilder. Hinzu kommen noch Titelbild und Prolog, sodass neun Kalenderblätter auf der Rückseite bemalt und die restlichen entfernt werden. Für den Vorspann halten wir an der Tafel Begriffe wie Kamera, Regie, Bühnenbild, Beleuchtung, Ton/Vorleser und Text/Drehbuch fest, die von den Gruppen gerne übernommen werden. Dahinter setzen sie in Absprache ihre Namen bzw. beim Drehbuch den Autorennamen. Sind sämtliche Bilder nach kritischer Betrachtung aller Gruppenmitglieder fertig gestellt, beginnt der zweite Teil der Arbeit: Die Präsentation oder szenische Sprechdarbietung. In Anlehnung an den Bänkelsang soll das Gedicht unter Einsatz von Mimik und Gestik vorgetragen werden. Dazu wird die Klanggestalt herausgearbeitet, das Lesen, Sprechen und Vortragen geübt. Es steht den Kindern frei, den Text auswendig zu lernen oder abzulesen. Allerdings müssen die Vorleser so gut üben, dass sie bei der Darstellung wie ein „Nachrichtensprecher" den Blick immer wieder vom Blatt auf die Zuschauer richten können. Im unten gezeigten Beispiel sind es vier Jungen, die sich in der Aufgabenverteilung abwechseln. Zwei lesen vor und die anderen beiden halten den Kalender zum Publikum und blättern um. Zusätzlich kann der Erzähler mit einem Zeigestock auf das jeweilige Bild verweisen.
Meinen Schülern hat diese Form der Darbietung gut gefallen, weil sie sich dabei sicher fühlen. Sie müssen nicht frei agieren, sondern können sich an einem Text orientieren und dennoch eigene Stellungnahmen über Sprechgestaltung, kleine schauspielerische Einlagen und Illustrationen einbringen. Insofern eignet sich diese Klappkalender-Variante mit einem entsprechenden Erzählgedicht auch für eine zweite Jahrgangsstufe.

Abb.40: Erzählkino

4.3 Mäusekino

Die Bohne von Josef Guggenmos
Das Samenkorn von Joachim Ringelnatz

Die Bohne
Josef Guggenmos

Ich wachse, was ich wachsen kann.
Erst vor acht Wochen fing ich an
und bin schon größer als ein Mann.

Wer macht mir's nach, wer holt mich ein?
Seht dort den Rettich, nein, ach nein,
wie ist er kurz, wie ist er klein!

Mit mir kommt keine Möhre mit.
Mit mir hält kein Kohlrabi Schritt.
Und auch der Schnittlauch dort, ich bitt,

den kann man täglich dreimal gießen –
er lernt es nie, so keck zu sprießen,
so hopp, hopp, hopp emporzuschießen.

Wie ich das kann, so wunderbar!
Nur eines freilich, das ist wahr:
Die Standkraft fehlt mir ganz und gar.

So ist es. Ach, was wäre ich,
am Boden läg ich jämmerlich,
ganz wie ein Wurm, hätt ich nicht dich!

Hätt ich nicht dich, du dürre, lange,
heiß geliebte Bohnenstange,
die ich inniglich umfange.

(aus: *Josef Guggenmos,* Sonne, Mond und Luftballon.
Gedichte für Kinder. Beltz Verlag, Weinheim und Basel 1984)

Das Samenkorn
Joachim Ringelnatz

Ein Samenkorn lag auf dem Rücken,
die Amsel wollte es zerpicken.

Aus Mitleid hat sie es verschont
und wurde dafür reich belohnt.

Das Korn, das auf der Erde lag,
das wuchs und wuchs von Tag zu Tag.

Jetzt ist es schon ein hoher Baum
und trägt ein Nest aus weichem Flaum.

Die Amsel hat das Nest erbaut;
dort sitzt sie nun und zwitschert laut.

(aus: Kleine Wesen. Altberliner Verlag. Berlin 1989)

Überlegungen zu den Texten
Für Mäusekino-Anfänger kommen lyrische Texte in Betracht, die eine Entwicklung erzählen. Ideal für den Einstieg sind Gedichte, die das Wachstum von Pflanzen beschreiben. Das Geschehen ist klar strukturiert, durch Zeilenkomposition optisch gegliedert und steigert sich vom winzigen Keim bis zur ausgewachsenen Pflanze. Grundschüler finden über ihr starkes inhaltliches Interesse raschen Zugang und können viele Ideen für die szenische Umsetzung einbringen.
Die Gedichte wurden mit zwei verschiedenen dritten Klassen im Rahmen der Gedichtewerkstatt gelesen. Im Reihenreim (aaa), bei dem alle Verszeilen den gleichen Reim aufweisen, erzählt der Guggenmos-Text über sieben Strophen vom rasanten Wachstum einer Bohne. Mit Witz und Tempo wird der Monolog einer anthropomorphisierten Pflanze entwickelt. Die Vorstellung vom Verhalten der „hochmütigen Bohne" inmitten eines Gemüsegartens gefällt Kindern und bringt sie zum Schmunzeln. Die beschriebene Arroganz beinhaltet komische Elemente und initiiert besonders bunte und lebensfrohe Bilder für das Mäusekino. Viel Interpretationsspielraum für eine Inszenierung ermöglichen die Zweizeiler im Paarreim des Ringelnatz-Gedichts. Ein Umstand, der den leicht moralisierenden Unterton verzeihen lässt.
Drei weitere, motivverwandte Texte, die sich aufgrund ihres epischen Charakters hervorragend zu einem Papierfilm umgestalten lassen, sollen an dieser Stelle wenigstens genannt sein: *Das Samenkorn* von Fredrik Vahle (in: *Fredrik Vahle*, Der Himmel fiel aus allen Wolken. Gedichte. Beltz Verlag, Weinheim und Basel 1994), *Die Tulpe* von Josef Guggenmos (in: *Josef Guggenmos*, Was denkt die Maus am Donnerstag? Deutscher Taschenbuchverlag, München 1971) und *Das Beet* von Johann Wolfgang Goethe (in: Goethes Werke. Band 1, Hamburg 1958).

Einsatz in der Gedichtewerkstatt
Unter der Überschrift „Ideen für ein Mäusekino" erhalten die Schüler drei der oben erwähnten Gedichte zur Auswahl. Sie werden intensiv ver-

gleichend gelesen und klanggestaltend vorgetragen. Schließlich wählen Kleingruppen einen Favoriten und begründen ihre Entscheidung.

Annäherung an das Gedicht: Um die Kinder für die spätere Aufgabe zu sensibilisieren und das Erleben zu vertiefen werden die Inhalte zunächst durch pantomimische Darstellung nachempfunden. Begleitend trägt ein Partner den Text vor und versucht die Geräusche und Bewegungen, die im Gedicht mit Worten ausgedrückt werden, mit Orff-Instrumenten hörbar zu machen. Das kann wie folgt aussehen, wobei die Anregungen von den Kindern nicht übernommen werden müssen, sondern ganz im Gegenteil eigene Vorschläge ausdrücklich erwünscht sind.

Die Bohne

(1) Ich wachse, was ich wachsen ...	A kauert am Boden; Kopf eingezogen; Arme darüber verschränkt; reckt und streckt sich; kommt über Vierfüßler- und Kniestand zügig zum Stehen.
	B begleitet Wachstumsprozess mit Xylophon;
	acht – Becken (leise); Mann – Becken (laut)
(2) Wer macht mir's nach ...	A blickt hochmütig nach allen Seiten, macht dazu ausschweifende Armbewegungen.
	Rumba-Rassel
	A deutet auf imaginären Rettich, beugt sich nach hinten und hält sich Bauch vor Lachen.
	Rettich – Xylophon (Missklang); nein, ach nein – Zimbeln; kurz, klein – Holzblocktrommel
(3) Mit mir kommt keine ...	A wie bei (2)
	B begleitet Gesten mit Schellenstab; Möhre — Gurke; Kohlrabi — Handtrommel; Schnittlauch — Handtrommel (Schaben mit Fingernägeln)

(4) den kann man täglich ...	A „keck zu sprießen" — streckt Arme weit nach oben; „hopp, hopp, hopp" – springt über Stuhl auf einen Tisch dreimal – Holzblocktrommel; keck zu sprießen – Schellentrommel (schütteln); hopp, hopp, hopp – Schellentrommel (mit der flachen Hand)
(5) Wie ich das kann ...	A Haltung wie oben, fehlende Standkraft – sackt immer mehr zusammen. wunderbar – Triangel; das ist wahr – Gurke; Die Standkraft ... – Xylophon (hoch → tief)
(6) So ist es. Ach, was ...	A steht nach vorn gebeugt, Arme hängen schlaff nach unten. B begleitet rhythmisches Sprechen der Zeilen mit Schlagstäben; dich! – Zimbeln
(7) Hätt ich nicht dich, ...	A breitet Arme aus, nimmt Besenstiel, richtet sich an ihm auf, umklammert ihn strahlend. dich/ dürre/ lange – Zimbeln; heiß geliebte – Metallophon; die ich inniglich umfange – Metallophon (Glissando).

Das Samenkorn

(1) Ein Samenkorn lag ...	A liegt zusammengekrümmt auf dem Rücken. B formt mit Händen einen Schnabel und hüpft um A herum oder „pickt" mit Schlagstäben.
(2) Aus Mitleid hat sie ...	A wie oben Mitleid – Rumba-Rassel; verschont – Becken (leise); reich belohnt – Becken (laut).

(3) Das Korn, das auf ...	A entfaltet sich, geht über die Seite in die Hocke, steht allmählich auf. B begleitet Wachstum mit Xylophon.
(4) Jetzt ist es schon ...	A steht mit leicht gespreizten Beinen und weit nach oben gestreckten Armen; zwischen Oberarm und Kopf steckt ein zusammengeknüllter Pullover o.ä. (=Nest). hoher Baum – Schellentrommel; Nest aus weichem Flaum – Schellenstab
(5) Die Amsel hat das ...	A wie oben, bewegt Oberkörper und Arme leicht hin und her. Amsel – Zimbeln; erbaut – Zimbeln (zweimal); zwitschert laut – Glockenspiel.

Inszenierungsidee: Nachdem jede Kleingruppe ihr Gedicht auf eine ähnliche Weise nachempfunden und die Entwicklung sukzessiv dargestellt hat, stelle ich der Klasse das Mäusekino (siehe Abb.43) vor. Aus Zeitgründen ist es ratsam, für dieses und weitere Vorhaben einige Kino-Schachteln vorab zu Hause herzustellen.

Im Sitzkreis reichen meine Schüler neugierig drei mitgebrachte Kinos weiter und untersuchen sie eingehend. Viele sind sofort auf der richtigen Fährte. Spätestens dann, wenn zurechtgeschnittene Papierstreifen und Taschenlampen in der Mitte liegen, ist die Aufgabe allen verständlich: Wir verändern Lyrik, wählen ein anderes Medium, verwandeln Worte in Bilder und malen Filmstreifen.

Die Kinder sollen den Inhalt des von ihnen favorisierten Gedichts in eine Bilderfolge umsetzen und anschließend in einer Filmrolle präsentieren. Dazu erstellen sie einzelne Szenen, deren Anzahl sich der Einfachheit halber an den Strophen des Textes orientiert. Bevor die Schüler mit ihrer elementaren Medienproduktion beginnen, bedarf es einiger Erklärungen und gemeinsamer Absprachen.

- **So funktioniert das Mäusekino:**
  Mit einfachen Worten wird den Kindern die Bedienung der movie box erklärt und vorgeführt. Möglichst alle erhalten die Gelegenheit auf die (noch) weiße „Leinwand" in der Schachtel zu blicken um die Aufga-

benstellung besser nachvollziehen und zielorientierter arbeiten zu können.
Der fertige Filmstreifen wird bei geöffneter Schachtel in die Schlitze eingelegt. Dann setzt man den Deckel auf und beleuchtet die Szenerie durch das Butterbrotpapier mit einer Taschenlampe. Ein Kind blickt nun durch das Guckloch und zieht langsam den Streifen von rechts nach links. Jede Szene bleibt eine Weile stehen. Das Gedicht wird also mittels langsam bewegter, ineinander fließender Bilder visualisiert. Vorleser und Geräuschemacher müssen dabei auf das individuelle Tempo des Kinobesuchers etwas eingehen.

- **Wir berücksichtigen Folgendes:**
- 2 bis 3 Schüler arbeiten an einem Gedicht.
- Jede Gruppe einigt sich vor dem Malen über Figuren, Bildmotive und Szenenfolge.
- Der Vorspann enthält Angaben wie Kamera, Regie, Bühnenbild, Beleuchtung, Ton, Drehbuch/Text, Vorleser usf. Die Auswahl treffen die Schüler selbstständig.
- Jeder Filmstreifen bleibt am Anfang mindestens 5 cm weiß, damit Daumen und Zeigefinger Platz zum Halten und Ziehen finden.
- Die Filmlänge ist beliebig; reicht ein Streifen nicht aus, wird mit Tesafilm ein zweiter angefügt.
- Jede Gruppe legt fest, wer bei der späteren Präsentation den Part des Vorlesers und Beleuchters übernimmt. Weiter bestimmen die Gruppen, ob der Film – wie bei der pantomimischen Darstellung - mit Geräuschen unterlegt werden soll. Trifft dies zu, wird noch ein Geräuschemacher gebraucht.

Wieder einmal verwandelt sich das Klassenzimmer in eine Gedichtewerkstatt. Zum Proben ziehen sich Kleingruppen in die hinteren Ecken oder auf den Flur zurück. Während der Produktion stellen meine Schüler immer wieder Fragen zum genauen Textverständnis. Zum Beispiel „Wie ist das mit der Bohnenstange gemeint?" oder „Wie kam das Korn in den Boden?" Dabei entstehen Kurzfilme und Spielfilme mit Überlänge. Die Vielfalt der beeindruckenden, kreativen Ergebnisse reflektiert die Individualität der Schüler, ihre ureigene Sichtweise und ihr interpretatorisches Vermögen.

Abb. 41: Mäusekino-Filmstreifen

Eine gemeinsame Aufführung kann es aus organisatorischen Gründen nicht geben. Drei Kino-Schachteln stehen der Klasse zur Verfügung. Somit können drei Kinder gleichzeitig je einen Film ansehen. Zusätzlich sind dabei die jeweiligen Filmemacher beschäftigt um Bilder, Sprache und Klänge zu realisieren. Kann die nötige Ruhe nicht hergestellt werden, braucht der unbeschäftigte Rest der Klasse eine andere Aufgabe. Bei uns werden Mäusekinos und Filmstreifen im Klassenzimmer aufbewahrt, sodass während informeller Phasen oder im Rahmen der Freiarbeit genügend Raum bleibt die Filme zu genießen.

Meinen Schülern macht es immensen Spaß, die Ergebnisse anzusehen. Sie kommentieren jeden Film und finden ihn besonders gelungen, wenn die Szenen farbintensiv und kräftig gemalt sind, Text und Bild genau zusammenpassen, lustige Ideen umgesetzt sind und ausdrucksstark vorgelesen wird.

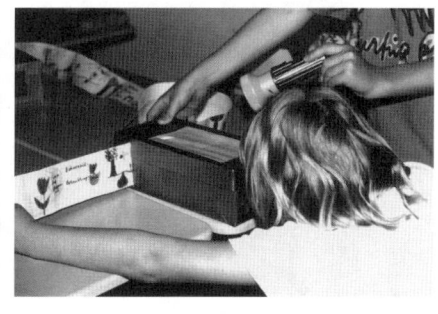

Abb. 42: Mäusekino live

Bastelanleitung: Für die Herstellung eines Kinos benötigt man eine Schuhschachtel mit Deckel, Butterbrot- oder Pergamentpapier, 1 Bogen Geschenkpapier, ein scharfes Messer und Klebstoff.

Empfehlenswert sind schmale Kinderschuh-Kartons. Dadurch ist während der Präsentation immer nur ein kleiner Teil des Films sichtbar. Aus ästhetischen Gründen werden die Schachtelaußenflächen zunächst mit einfarbigem Papier beklebt. Dabei erzielt man eine besondere Wirkung mit Gold und Silber. Wem das zu mühsam erscheint, kann die Schachteln im nachhinein von einzelnen Schülern bemalen lassen.

Anschließend schneidet man, wie in der Abbildung deutlich sichtbar, an den Seiten im hinteren Teil der Schachtel zwei gegenüberliegende Schlitze bis knapp zum Schachtelboden, die ihre Fortsetzung im Deckel finden müssen. Damit die Seitenflächen sich nicht nach innen biegen, setzt man zur Stabilisierung einen Steg aus Pappe ein. Vorne wird ein Guckloch hineingeschnitten, das eckig oder rund ausfallen kann. Schließlich schneidet man aus dem Deckel ein Rechteck heraus und unterfüttert die spätere Beleuchtungsfläche mit Butterbrotpapier.

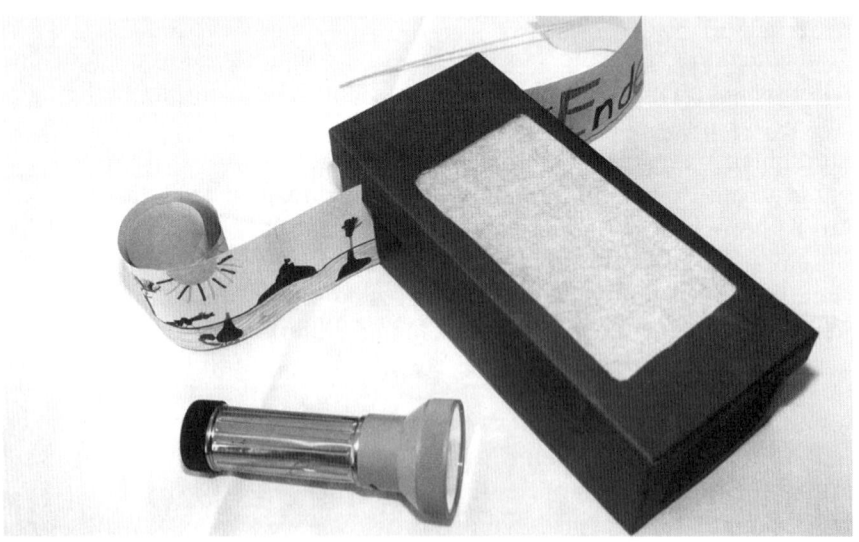

Abb. 43: Bastelanleitung Mäusekino

4.4 Bühne frei im Schuhkarton

Gemüseball von Werner Halle

Gedichtabdruck und Überlegungen zum Text finden sich unter IV./1. Textrekonstruktionen; 1.4 Gedicht als Figur anbieten.

Einsatz in der Gedichtewerkstatt
Meine Schüler kennen Werner Halles Gedicht bereits sehr genau, da sie den Text unter Analyse des Reimschemas und der Reimwörter rekonstruiert und in Form von Analogiebildungen weitere Strophen nachgestaltet haben. Darauf basierend soll nun ein kleines Theaterstück mit selbst gebastelten Figuren aufgeführt werden. Unsere Vorarbeit ist allerdings keine unabdingbare Voraussetzung für eine szenische Darstellung. Das Theater kann auch mit einer Klasse realisiert werden, die dem Gedicht zum ersten Mal in diesem Zusammenhang begegnet.

Inszenierungsidee: Aufgrund der vielen Handlungselemente und der bildhaften Sprache eignet sich der Text gut für ein szenisches Spiel. Dargestellt werden sollen die vier Strophen des Originalgedichts sowie die von den Kindern dazugedichteten Episoden. Zwei Bühnen aus Schuhkartons (siehe Abb. 46) weisen den Weg: Unser Theaterstück heißt *Gemüseball*. Dazu basteln wir passende *Spielfiguren aus Pappe* und malen einige *Kulissen*.

Die Freude auf das in Aussicht gestellte Puppenspiel ist Motivation genug, um begeistert Ideen beizusteuern und mit Eifer die Spielfiguren herzustellen. Zwanglos ergibt sich die Aufgabenverteilung. Jede Partnergruppe gestaltet die Schauspieler ihrer selbst verfassten Strophe. Die acht weiteren Gemüseballgäste übernehmen Schüler, die bereits fertig sind. Das Gleiche gilt für die Kulissen, die nicht bei allen Szenen verändert werden müssen. Dennoch kann jede Gruppe bei genügend Zeit und Lust ihr eigenes Bühnenbild erstellen.

Stabpuppen und Kulissen: Benötigt werden Schaschlikstäbe, Kleber, Tesafilm, Filzstifte, Buntstifte und dünne Pappe. Papier ist ungeeignet, weil die Figuren damit in kurzer Zeit an Stabilität verlieren.
Um die bildnerische Umsetzung zu erleichtern liegen auf einem Tisch alle in den Gemüseballstrophen vorkommenden Gemüsesorten. Dort können die Schüler „ihr" Gemüse suchen, genau betrachten oder auch auf ihren Platz mitnehmen. Mithilfe der Originalvorlage zeichnen sie dann mit Bleistift auf Pappe eine Figur vor, deren Größe und Proportion im Kartontheater überprüft werden muss. Danach wird das Gemüse zum Leben erweckt und in eine Flachpuppe verwandelt, die möglichst viele

der beschriebenen Attribute aufweisen soll. Die Kinder verwenden vorwiegend Filzstifte und kräftige Farben, damit die Figuren bei der späteren Präsentation auch auf Distanz nichts von ihrer Aussagekraft verlieren. Die Pappschauspieler erhalten ferner eine vorzeigbare Rückseite um sie auf der Bühne nach rechts und links drehen zu können. Zum Schluss werden Vorder- und Rückansicht ausgeschnitten und zusammengeklebt. In die Mitte steckt man dabei einen Schaschlikstab, da die Flachpuppen von oben an Stäben geführt werden.

Abb. 44: Gäste des Gemüseballs: Stabpuppen

Die Kulissen gestalten die Kinder nach eigenen Ideen und bemalen dafür zurechtgeschnittenen, dünnen Karton. Das Ambiente soll die Ballszenerie aufgreifen. Vorab werden wesentliche Elemente besprochen und für die spätere Arbeit an der Tafel unkommentiert aufgelistet. Meine Schüler sind darin sehr einfallsreich und lassen Hollywood-Träume en miniature wahr werden: Kronleuchter, Kerzen, Kandelaber, Blumenschmuck, geschwungene Freitreppe, Kristallgläser, Champagnerkühler, Kaltes Buffet, Kapelle, goldenes Besteck, große, zweiflüglige Türen, Seidenvorhänge, Damasttischdecken usw.
Die fertige Kulisse deckt in etwa den Hintergrund der Bühne ab und wird an einer dünnen Holzleiste von oben in das Theater eingehängt.

Abb. 45: Schuhkarton-Kulisse

Bauanleitung für ein Kartontheater: Grundlage bildet ein großer Schuhkarton, wie er als Verpackung von Gummistiefeln oder Ähnlichem verwendet wird. Man stellt ihn ohne Deckel auf und schneidet oben und an den beiden Seitenflächen je ein größeres Rechteck aus. So können sowohl von der Decke wie auch seitlich während der Aufführung Figuren und Requisiten auf die Bühne gebracht und bewegt werden. Der Boden sollte zusätzlich mit Pappe oder einer Sperrholzplatte verstärkt werden, damit das Theater nicht bei jeder heftigen Bewegung umkippt. Nun ist das Grundmodell fertig und kann nach persönlichen Vorlieben ausgeschmückt werden. Abbildung 46 zeigt zwei mögliche Varianten:
Modell 1 ist sowohl außen wie auch im Bühnenbereich mit glänzendem, rotem Geschenkpapier beklebt. Ein Sternenvorhang, der an einer dünnen Rundholzstange befestigt ist, rahmt die Bühne ein und kann bei Szenenwechseln zugezogen werden. Verwendet man beim Zurechtschneiden des Stoffs eine Zackenschere, erspart man sich sogar das Einsäumen. Mit roten Geschenkschleifen wird der Vorhang zurückgehalten.
Modell 2 ist aufwendiger ausgestattet und unterstreicht das festliche Ambiente des Gemüseball-Theaters. Der eigentliche Schuhkarton und die Holzplatte, auf der er befestigt ist, sind mit Silberpapier bezogen. Rechts und links sind zwei Vierkant-Säulen aus Pappe angeklebt, die als Abschluss mit je einer Holzscheibe oder Holzkugel verziert werden. Auf dem Dach sitzt ein Pappdreieck, das wie die Säulen mit Goldpapier

215

beklebt ist. Verschönert wird das Theater noch mit unterschiedlich großen, selbstklebenden Glitzersternen und einer Goldflimmerborte, die leicht geschwungen die beiden Säulen miteinander verbindet. Die verwendeten Materialien können in jedem Laden für Bastelbedarf erworben werden.

Abb. 46: Kartontheater

Der gesamte Ablauf: Sind sämtliche Stabpuppen und Kulissen hergestellt, zieht sich jede Gruppe zum Proben zurück. Ein Partner mimt den Erzähler und übt den flüssigen und betonten Vortrag. Der andere führt darauf abgestimmt in der Regel zwei Gemüseball-Figuren. Die musikalische Begleitung kommt in diesem Fall vom Band, damit sich die Kinder ganz auf ihr Spiel konzentrieren können. Hervorragend eignet sich eine Krebspolka, da sie mit leicht antiquiert anmutenden Klängen die Ballatmosphäre unterstreicht (aus: Tänze für Kinder. Fidula Cassette 15. Fidula Verlag, Bopphard/Rhein).

Nun kann die Darstellung beginnen. Wir legen die Reihenfolge der Auftritte fest und jede Gruppe inszeniert ihre kleine dramatische Szene. Die durch den Wechsel bedingten kurzen Unterbrechungen stören die Präsentation nicht, da jede Strophe eine abgeschlossene Ballepisode erzählt, die nur über das gemeinsame Thema miteinander verbunden sind. Mit großem Erfolg kann das Puppenspiel einer anderen Klasse oder Eltern vorgeführt werden. Die beiden folgenden Fotos stammen aus einer 3. Klasse. Sie entstanden während der Proben und zeigen daher kein Bühnenbild im Hintergrund.

Annkathrin und Christina

Yasemen und Thomas

Abb. 47: Puppenspieler in Aktion

5. Unbegrenzte Möglichkeiten

Handlungs- und produktionsorientierter Umgang mit Lyrik bringt ständig neue Ideen hervor, die sich glücklicherweise nicht immer in eine der bereits beschriebenen methodischen Schubladen einordnen lassen. In der kreativen Arbeit mit Poesie eröffnen sich oft neue Wege, die das Schulleben bereichern. Die folgenden „unbegrenzten Möglichkeiten" verschaffen Einblick in einen Unterrichtsalltag, der Gedichte selbstverständlich integriert und in vielen untypischen Situationen einsetzt. Routinierte Werkstatt-Schüler begegnen lyrischen Texten entwaffnend unvoreingenommen, sind aufgeschlossen für ungewohnte Vorschläge und können schöpferisch denken, wie die Beispiele zeigen möchten.

5.1 Spiel herstellen

Weisheit der Indianer von Dorothee Sölle

Weisheit der Indianer
Dorothee Sölle

Jeden tag
die erde mit den füßen berühren
am feuer sich wärmen
ins wasser fallen
und von der luft gestreichelt sein

Wissen ein tag ohne die vier
schwester wasser und bruder feuer
mutter erde und vater himmel
ist ein verrotteter tag

Ein tag im krieg
den wir gegen alles
führen

(aus: *Dorothee Sölle*, Spiel doch von Brot und Rosen. W. Fietkau Verlag, Berlin 1981)

Die fortschreitende Zerstörung der Natur und das entstandene ökologische Ungleichgewicht sind Themen, die Kinder sehr bewegen. Ernsthaft, mit viel Energie und voller Idealismus setzen sie sich damit auseinander und legen dabei ein ausgeprägtes Umweltbewusstsein an den Tag. Indianermythen faszinieren Grundschüler. Werden sie aktualisiert und mit Natur- und Umweltschutz in Verbindung gebracht, entsteht daraus immer eine „hitverdächtige" Kombination.

Dorothee Sölles Text ist nicht für Kinder geschrieben und ist doch ein Gedicht für Kinder. Mit ungekünstelter Sprache und knapper Syntax werden eindrucksvolle, poetische Bilder beschrieben. Die starken Sinneseindrücke korrelieren mit der Wahrnehmung von Kindern. Ohne Schwierigkeiten verstehen sie die lyrische Aussage, zeigen sich tief beeindruckt von der Schönheit der Wörter und beginnen sofort engagiert zu diskutieren.
Die Wahrung und Achtung von Natur und Umwelt muss in seiner Bedeutung den Schülern bewusst gemacht werden. Es gilt, die Bereitschaft zu wecken, zur Lösung ökologischer Probleme im Rahmen ihrer Möglichkeiten beizutragen. Damit sind Maßnahmen wie Müll trennen, Wasser und Strom sparen, unnötigen Abfall vermeiden oder der Kauf umweltfreundlicher Schulsachen gemeint. Kinder dafür frühzeitig zu sensibilisieren, gelingt am besten auf spielerische Weise.
Im gemeinsamen Gespräch über die „Weisheit der Indianer" entsteht der Impuls auf der Basis von Sölles Text ein Umweltspiel zu entwerfen. Meine Schüler erweisen sich als hervorragende Ideenlieferanten und Spielekenner. Die Spielidee, der Spielplan, die Regeln wie auch die dazugehörenden Ereignis- und Fragekarten werden im Team entwickelt, der Lehrer sammelt Vorschläge und Rohentwürfe und realisiert schließlich das vorliegende Würfelspiel.

Spielplan
Der Spielplan (siehe AB 17) zeigt ein Szenario mit kapitalen Umweltsünden, die Denkanstöße zu Natur- und Umweltschutz geben wollen. Im Laufe des Spiels wird der Kreis im Zentrum des Plans mit den zwölf Segmenten des Arbeitsblattes 18 zu einem Bild ergänzt. Auf visueller Ebene ist damit das Gedicht „Weisheit der Indianer" gemäß den Vorstellungen meiner Schüler kommentiert und interpretiert:
Dargestellt wird eine „heile Welt", eine noch unzerstörte Natur mit einem „weisen" Indianer, der klug genug ist die Natur zu achten und als seine Lebensgrundlage zu schützen. Die vier Elemente Erde, Feuer, Wasser und Luft strukturieren das Bild. Indianern sind Erde und Kreislauf der Natur heilig. Um zu überleben, gingen sie mit allen Dingen sorgfältig um und achteten darauf, den Kreislauf der Natur nicht zu zerstören. Aufgrund dieser Überlegungen wird das illustrierte Gedicht in Kreisform präsentiert.

Spielvorbereitung
Zum Umweltspiel gehören ein Spielplan, 12 Kreissegmente, 20 Ereigniskarten und 20 Fragekarten (siehe Arbeitsblätter 17 bis 20). Weiter benötigt man einen Würfel und Spielsteine.

Zunächst werden die Spielfelder des Plans koloriert; Fragefelder (?) rot, Ereignisfelder (!) blau, Glücksfelder (Baum) grün und alle übrigen Kreise gelb. Dann malt man das Indianerbild mit möglichst kräftigen Farben bunt aus um den Kontrast zwischen Natur-Idylle und der sie umgebenden Realität noch zu verstärken. Schließlich werden Spielplan und Kreis mit Pappe verstärkt und mit Klarsichtfolie kaschiert. Danach wird das Kreisbild in die eingezeichneten 12 Teile zerschnitten. Analog zu den Farben im Spielplan kopiert man Fragekarten (AB 19) auf roten und Ereigniskarten (AB 20) auf blauen Karton. Anschließend werden auch alle Aufgabenkärtchen voneinander getrennt.

Der Kartensatz kann beliebig ergänzt, die Fragen dem Wissensstand und dem Alter der Kinder angepasst und um aktuelle Unterrichtsinhalte erweitert werden.

Spielregeln
Mitspieler: 2 bis 4 Kinder
Spielbeginn: Die Aufgabenkärtchen werden nach Farben getrennt mit der Schriftseite nach unten in zwei Stapeln neben das Spielfeld gelegt. Die Bildausschnitte werden in einem Briefumschlag neben dem Spielplan aufbewahrt. Alle Spielsteine werden auf Start gesetzt. Wer die höchste Zahl würfelt, beginnt. Danach wird im Uhrzeigersinn weitergespielt.
Spielstein: Der Spielstein kann entsprechend der gewürfelten Zahl in jede Richtung bewegt werden. Während eines Zuges darf die Richtung nicht gewechselt werden. Auf einem Feld dürfen beliebig viele Setzsteine stehen.
Spielverlauf: Den Spielverlauf steuern verschiedene Karten, die an besonders gekennzeichneten Stellen gezogen werden müssen. Kommt ein Spieler auf ein Fragefeld, muss er eine Frage beantworten. Dazu nimmt der Mitspieler, der zuvor an der Reihe war, die oberste Karte vom entsprechenden Stapel und liest die Frage laut vor. Stimmt die Antwort, darf ein Bildausschnitt aus dem Briefumschlag entnommen und in den Kreis gelegt werden. Wird die Frage nicht oder falsch beantwortet, setzt der Spieler eine Runde aus. Die Karte wird unter den Stapel geschoben. Kommt ein Spieler auf ein Ereignisfeld, liest er die gezogene Karte selbst laut vor und muss die Anweisung genau befolgen. Auch die Ereigniskarte wird unter den entsprechenden Stapel zurückgelegt. Ferner sind auf dem Spielplan drei Glücksfelder (Baumfelder) abgebildet. Wer mit seiner gewürfelten Zahl einen der Bäume erreicht, darf noch einmal würfeln.
Ziel des Spiels: Alle Mitspieler arbeiten zunächst zusammen um das Bild

im Mittelpunkt des Spielplans herzustellen. Dazu müssen so viele Fragefelder wie möglich erreicht werden, da nur bei richtiger Beantwortung einer Umweltfrage ein weiterer Bildausschnitt aufgelegt werden darf. Liegen alle Segmente im Kreis, wird das Gesamtbild stimmig zusammengesetzt. Danach verlieren die Fragefelder, nicht jedoch die Ereignis- und Glücksfelder, an Bedeutung und jeder Spieler versucht so schnell wie möglich nach Reinhausen (= Ziel) zu kommen. Das ist aber nur mit der genauen Würfelzahl möglich. Ist die gewürfelte Augenzahl zu hoch, muss sich der Spieler um die gewürfelte Zahl wieder vom Ziel wegbewegen. Wer als Erster ins Ziel gelangt, hat gewonnen.

Name	Datum	**AB 17**

Name _____ Datum _____ **AB 18**

AB 19

Name _____ Datum _____

Was kann einen Fluss verschmutzen? Nenne 3 Gründe. Auswahl: Abfälle, Müll, giftige Pflanzenschutzmittel, Dünger, Öl, giftiges Sickerwasser, Abwässer aus Fabriken, Chemikalien	**Problemmüll darf nicht in den Hausmüll, sondern muss aussortiert werden. Nenne 3 Dinge, die dazu gehören.** Putzmittel, Medikamente, Spraydosen, Batterien, Klebstoffe, Farben, Lacke Pinselreiniger	**Wie verpackst du dein Pausebrot am besten?** In einen Plastikbehälter, den man wieder verwenden kann.	**Warum ist der Wald so wichtig für uns? Nenne zwei Gründe.** Bäume sind lebende Umweltfilter; Waldboden speichert Wasser; Baumwurzeln halten lockeren Boden fest; liefert wichtigen Rohstoff Holz; Lebensraum für Tiere und Pflanzen; Erholungsgebiet für den Menschen.	**Warum sollst du Glas sammeln?** Glas ist ein wiederverwendbarer Rohstoff.
Die Batterie deines ferngesteuerten Autos ist leer. Du kaufst dir eine neue. Was machst du mit der alten? Ich werfe sie in einen Sammelbehälter für Batterien oder gebe sie im Laden ab.	**Kennst du die eine Regel, die man in einem Naturschutzgebiet beachten muss?** Pflanzen nicht beschädigen oder ausgraben. Tiere nicht stören, auf den Wegen bleiben.	**Wie lange braucht Kunststoff, um auf einer Mülldeponie zu zerfallen? Ein Jahr, 50 Jahre oder mehrere hundert Jahre?** mehrere hundert Jahre	**Was kannst du in eine Biotonne werfen? Nenne drei Dinge.** Gras, Blumen, Laub, Bananenschalen und andere Obstreste, Gemüsereste, Eierschalen, Teebeutel, Kaffeefilter, altes Brot, ...	**Wohin fließt das verbrauchte Wasser von Toilette, Waschmaschine, Spülbecken und Dusche?** Es kommt in eine Kläranlage und wird dort gründlich gereinigt.
Welche Stoffe kann man wiederverwerten? Nenne drei! Papier, Glas, Metall, Plastik, Styropor, Holz, Gummi, Altkleider, Küchenabfälle	**Was braucht ein Baum zum Wachsen?** Erde, Wasser, Luft, Sonnenlicht, Wärme	**Jeder Fluss entspringt einer Quelle. Woher kommt das Quellwasser?** Regenwasser, das in den Boden eingedrungen ist, sickert durch das Erdreich. An einer wasserundurchlässigen Schicht fließt es unterirdisch weiter, bis das Grundwasser als Quelle hervorkommt.	**Warum sind Bäume für Menschen und Tiere lebenswichtig?** Bäume erzeugen Sauerstoff; sammeln feinen Staub aus der Luft; erhöhen die Luftfeuchtigkeit.	**Was ist Kompost?** Natürlicher Abfall, der verfault und später im Garten als Dünger verwendet werden kann.
Was verstehst du unter dem Ozonloch? Ein Loch in der Gasschicht (Schutzhülle) der Erde. Schädliche Sonnenstrahlen dringen ungehindert durch.	**Welches Papier darfst du nicht zum Altpapier werfen? Nenne zwei!** Verschmutztes Papier, Tempotaschentücher, benützte Küchenrolle, Windeln	**Du hast für deine Mutter eingekauft. Wie trägst du die Lebensmittel umweltschonend nach Hause?** Korb, Einkaufstasche, Baumwolltasche, ...	**Was ist Recycling?** Aus Alt wird Neu! Rohstoffe aus Abfällen wie Glas oder Papier werden wiederverwendet.	**Was macht unsere Bäume krank? Nenne zwei Ursachen.** natürliche Ursachen: Hagel, Sturm, Schnee- und Eisbruch, Wildverbiss, Insekten wie der Borkenkäfer durch Luftverschmutzung; giftige Abgase, Staub, saurer Regen

Name _____   Datum _____   **AB 20**

Du hast einen kaputten Fahrradschlauch in den Weiher geworfen. Nimm eine Angel zum Herausfischen. *Setze dazu 2 Runden aus.*	Beim Zähneputzen lässt du das Wasser laufen. *Alle anderen Spieler dürfen 4 Felder weiterrücken.*	Du fährst mit deinem BMX-Rad im Naherholungsgebiet nur auf gekennzeichneten Wegen. *Rücke vor zum nächsten Glücksfeld.*	Deine Schreibtischlampe brennt, während du dir im Wohnzimmer einen Film ansiehst. *Rücke drei Felder zurück.*	Du trampelst achtlos durch ein Blumenbeet. *Setze eine Runde aus.*
Anstatt in Schaumbergen zu baden, duschst du. *Rücke 5 Felder weiter.*	Deine Eltern wollen am Sonntag einen Ausflug mit dem Auto unternehmen. Du überredest sie zu einer Fahrradtour. *Rücke zum nächsten Fragefeld.*	Du zündelst mit Plastik. *Setze eine Runde aus.*	Eine Bananenschale liegt auf dem Pausenhof. Du wirfst sie in die Biotonne. *Rücke 2 Felder weiter.*	Du schlägst deiner Mutter vor, Milch nicht mehr in Tüten, sondern in Glasflaschen zu kaufen. *Würfle noch einmal.*
Du findest einen alten Autoreifen und bringst ihn zum Schrottplatz. *Würfle noch einmal.*	Du gräbst am Bach Schlüsselblumen aus und pflanzt sie in einen Balkonkasten. *Zurück zum Start.*	Aus Langeweile stößt du im Wald mit der Fußspitze Pilze um. *Zurück zum Start.*	Du hast eine Coladose statt einer Pfandflasche gekauft. *Rücke 4 Felder zurück.*	Dein kleiner Bruder hat einen schmutzigen Joghurtbecher in den Gelben Sack gesteckt. Du holst ihn raus, um ihn auszuwaschen. *Rücke 5 Felder weiter.*
Während eines Fahrradausflugs versteckst du deine Proviantreste in einem Gebüsch. *Warte auf eine 6.*	Du schaltest die Spülmaschine ein, obwohl sie nur halbvoll ist. *Warte auf eine 6.*	Deine Fahrradkette ist verschmutzt. Du reinigst sie mit einem in Öl getränkten Lappen und wirfst ihn danach in die Toilette. *Zurück zum Start.*	Du hast einen angebissenen Apfel weggeworfen. Hebe ihn wieder auf und *gehe 2 Felder zurück.*	Du bringst eine alte Flasche Hustensaft zur nächsten Apotheke. *Rücke 2 Felder weiter.*

5.2 Gedichtpuzzle

Dem Aufruf an die Elternschaft einer vierten Klasse Spiele für die Spieleecke zur Verfügung zu stellen war nur mäßiger Erfolg beschieden. Aus diesem Grund wurden einige Spielvorschläge zusammengestellt, die die Kinder bei vertretbarem Material- und Zeitaufwand selbst anfertigen konnten. Eine dieser Varianten sind Gedichtpuzzle.

Dazu wird zunächst in Lesebüchern und Anthologien ein Gedicht nach der persönlichen Vorliebe des Spielemachers ausgesucht. Geeignet sind allerdings nur kurze Texte, da lange Gedichte zu schwierig zu rekonstruieren sind. Danach schreibt man die Zeilen auf stabilen Fotokarton und gestaltet dem Inhalt entsprechend das gesamte Blatt. Zum Schluss werden die Puzzleteile mit Bleistift vorgezeichnet und ausgeschnitten. Das fertige Puzzle kommt in einen DIN-A5-Umschlag, dessen Vorderseite mit dem Titel des Gedichts beschriftet wird. Auf die Rückseite klebt man zur Selbstkontrolle eine kopierte Lösung.

Alternativ bietet der ALS-Verlag in seinem Programm Blankopuzzle in unterschiedlichen Größen an. Sie sind für dieses Vorhaben zu empfehlen, weil man damit wesentlich ökonomischer und ästhetischer arbeiten kann. (Zu beziehen über: ALS-Verlag GmbH, Postfach 1440, 63114 Dietzenbach)

Während der Freiarbeit und auf freiwilliger Basis zu Hause stellen 12 meiner Viertklässler über mehrere Wochen hinweg Gedichtpuzzle her. Es entstehen Spiele mit großen wie auch mit knifflig kleinen Stücken. Ein Junge arbeitet dabei zwei Stunden völlig in seine Aufgabe versunken und entwirft ein Puzzle mit 92 Teilen. Alle fertigen Spielumschläge werden hintereinander gestellt in einem Schuhkarton aufbewahrt. So überblickt man bei der Auswahl alle Titel, ohne die Lösung zu sehen. Von dem Angebot machen meine Schüler über lange Zeit gerne Gebrauch.

Das folgende Beispiel bietet sich als motivierender Einstieg in Puzzleaktivitäten oder andere Möglichkeiten handlungsorientierten Umgangs an. Kopiert auf stärkeres Papier erhalten alle Schüler ein Exemplar, schneiden die Teile aus und setzen das Puzzle zusammen. Das dabei entstehende Gedicht *Spur im Sand* von Hans Baumann ist entnommen aus: Klaus Lindner (Hrsg.), Wann Freunde wichtig sind. Gedichte für die Grundschule. Ernst Klett Grundschulverlag, Leipzig 1996. © Elisabeth Baumann, Murnau.

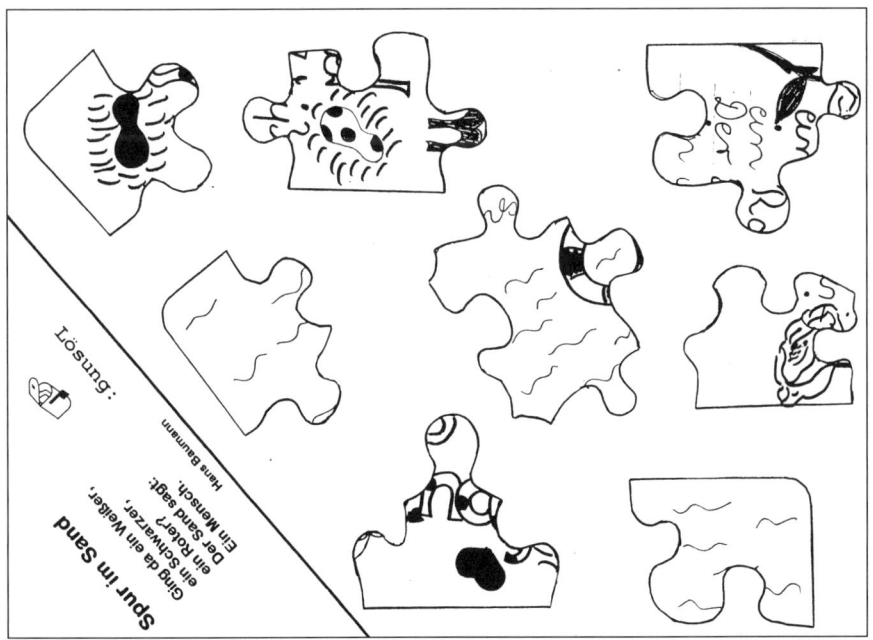

Abb. 48: Puzzle mit!

5.3 Gedichte zum Verschenken

Gedichtekalender, Leporellos, gerahmte Gedichte, Gedichtfenster oder Gedichte auf Streichholzschachteln sind häufig zu findende Vorschläge, wie man mit lyrischen Texten kreativ umgehen und dabei ein persönliches Geschenk anfertigen kann. Ich habe mit verschiedenen dritten und vierten Klassen andere Möglichkeiten mit Erfolg ausprobiert. Sie wollen nicht besser oder schlechter sein, sondern als weitere Alternativen schlicht zur Nachahmung anregen. Im Folgenden werden vier Beispiele, die während unterschiedlicher Situationen des Schullebens entstanden sind, kurz beschrieben.

① Muttertagstaschen
Als sich wieder einmal der Monat Mai und damit der Muttertag näherte, zeigte ich wenig Neigung, mit meiner vierten Klasse wie schon im Vorjahr ein Gedicht über die „liebe Mutter" in Schönschrift abschreiben zu lassen. Gleichzeitig sollte ein Geschenk im Rahmen des Deutschunterrichts hergestellt werden. Daraus entwickelte sich die Geburtsstunde der Muttertagstaschen.
Zur Idee: Jede Mutter erhält eine beschriftete und bemalte Baumwolltasche als Muttertagsgeschenk. Dazu werden (über einen TAW-Fachlehrer) im Klassensatz naturbelassene Einkaufstaschen aus Baumwollnessel mit kurzen Tragegriffen bestellt und bunt sortierte Stoffmalstifte in ausreichender Menge beschafft. Auf einem DIN-A4-Blatt erhalten alle Schüler sieben Texte zur Auswahl, wobei nur ein klassisches Muttertagsgedicht darunter ist. Die Kinder treffen ihre Entscheidung unter folgendem Angebot:

Wen du brauchst von *Regina Schwarz*

(aus: *Hans-Joachim Gelberg* (Hrsg.), Überall und neben dir. Beltz Verlag, Weinheim und Basel 1986)

Frühlingslied von *Ludwig Hölty*

(aus: *James Krüss* (Hrsg.), So viele Tage wie das Jahr hat. 365 Gedichte für Kinder und Kenner. Sigbert Mohn Verlag, Gütersloh 1959)

Ich freu mich von *Lutz Rathenow*

(aus: *Lutz Rathenow*, Sterne jonglieren. Otto Maier Verlag, Ravensburg)

Meine Mutter von *Rosemarie Neie*

(aus: *Gertraud Middelhauve/Gisela Radowitz* (Hrsg.), Ich und du und die ganze Welt. Middelhauve Verlag, Köln 1979)

Der Regenbogen von *Josef Guggenmos*

(aus: *Josef Guggenmos*, Was denkt die Maus am Donnerstag? Deutscher Taschenbuch Verlag, München 1971)

Alles kann man nicht sagen von *Martin Auer*

(aus: *Hans-Joachim Gelberg* (Hrsg.), Überall und neben dir. a.a.O.)

Sonntagsbild von *Josef Guggenmos*

(aus: *Josef Guggenmos*, Sonne, Mond und Luftballon. Gedichte für Kinder. Beltz Verlag, Weinheim und Basel 1984)

Da es sich um ein individuelles Geschenk handelt, werden den Schülern bei der Gestaltung der Tasche möglichst viele Freiheiten gelassen. Zwischen die Stoffteile muss unbedingt ein Zeichenblock oder Karton geschoben werden, damit beim Arbeiten die Farbe nicht durchgedrückt wird. Die Kinder schreiben den ausgewählten Text in Druck- oder Schreibschrift, einfarbig oder bunt ab. Die Stifte werden untereinander ausgetauscht, kurze Wartezeiten lassen sich allerdings nicht vermeiden. Manche schreiben das gesamte Gedicht auf eine Seite, verzieren nur sparsam und malen auf der Rückseite ein großes Bild. Die meisten verteilen den Inhalt über beide Seiten und illustrieren reichhaltig. In keinem Fall gibt es ein Motivationsproblem. Alle widmen sich konzentriert und mit Hingabe ihrem Werk, um der Mutter ein ansprechendes und fehlerfreies Präsent überreichen zu können. Abschließend werden vom Lehrer in Heimarbeit alle Taschen gebügelt.
Drei Baumwolltaschen mit Höltys Ode an den Frühling sind vergleichend abgebildet und liefern einen Eindruck von den überzeugenden Ergebnissen.

Nissanka   *Daniel*   *Lena-Carline*

Abb. 49: Einkaufstaschen zum Muttertag

② Lesezeichen basteln

Auf ein Lesezeichen zu schreiben
Josef Guggenmos

Tollkühn legt die Räuberbraut,
die sich einfach alles traut,
in das Buch als Lesezeichen
Schokolade und dergleichen.
Aber dir
verehr ich hier
diesen Streifen
aus Papier.

(aus: *Josef Guggenmos*, Sonne, Mond und Luftballon. Gedichte für Kinder. Beltz Verlag, Weinheim und Basel 1984)

Eine Räuberbraut, die sich über alle Grenzen hinwegsetzt! Ihr gilt die Bewunderung und die heimliche Sehnsucht der kindlichen Rezipienten. Die verwegenen, anarchischen Bilder, die zwischen den Zeilen auftauchen, erwecken eine Pippi Langstrumpf der Poesie zum Leben. Das Gedicht erzählt in zwei Sätzen eine große Geschichte, wenn man den Fantasien der Kinder nach der Begegnung mit dem Text freien Lauf lässt. In den letzten Zeilen wird der Leser direkt angesprochen: Er bekommt ein Geschenk, ein Lesezeichen aus Papier gereicht.
Der Text garantiert unbeschwerten Lesegenuss. Er wird in einer dritten Klasse als Impuls eingesetzt um die unterschiedlichsten Möglichkeiten eine Textstelle zu markieren näher zu beleuchten. In diesem Zusammenhang soll jeder selbst ein Lesezeichen basteln. Dabei benützen die Schüler stärkeres, weißgrundiges Papier und Filzstifte. Faktoren wie Form, Farbe und Größe bleiben dem Einfallsreichtum der Kinder überlassen. Allerdings muss das Guggenmos-Gedicht auf dem Buchzeichen gut lesbar abgeschrieben und mit Zeichnungen kombiniert werden.
Es entstehen die unterschiedlichsten Formen wie Schmetterling, Elefant, Schokoladentafel, Teebeutel, Spiegelei und natürlich die Räuberbraut, auf deren Körper die Gedichtzeilen untergebracht werden. Dabei sind Papierstreifen mit mehr als dreißig Zentimeter Länge, aber auch sehr kleine und extrem schmale. Einige erhalten Papierfransen oder Troddeln aus Wollresten. Mit den fertigen Lesezeichen (siehe Abb.50) wird in der Folgezeit vornehmlich Großmüttern und -vätern eine Freude gemacht.

Abb. 50: Lesezeichen

③ Buttons - „Gedichte sind wie Sommerferien"

So Kinder, heute machen wir Anstecker für Gedichte!
Sie sind irritiert? Wunderbar, denn selbstverständlich kann die Herstellung von Buttons so nicht beginnen, sondern muss in einen sinnvollen Kontext eingebettet sein. Das heißt, die Schüler konnten bereits Erfahrungen als aktive Rezipienten sammeln und die Sticker werden zu einem bestimmten Anlass im Schulleben produziert.

Im zu beschreibenden Fall stellt eine vierte Klasse im Rahmen der Vorbereitungen zu einem Sommer-Schulfest eine Gedichtezeitung zusammen, die während der Veranstaltung verkauft werden soll. Die Zeitung enthält einen Aufruf, zu einem bestimmten Thema seine Meinung zu äußern und der Klasse Leserbriefe zukommen zu lassen. Als Anreiz sollen die Schreiber der interessantesten Briefe ein Gedicht-Button erhalten.

Die Anstecker bestehen aus einem durchsichtigen Kunststoffdeckel, einem separaten Rückteil mit Anstecknadel und stabilen, weißen Kartoneinlagen. Sie sind unter dem Namen „Blanki-Button" beim bereits erwähnten ALS-Verlag zu beziehen.

Gemeinsam denken sich die Kinder *Slogans* für die Pappkreise aus und überlegen gleichzeitig eine witzige Kombination von Text und Bild. Schließlich sind sie begeisterte Gedichte-Konsumenten und möchten mit den Buttons auf Lyrik aufmerksam machen. Das gelingt in diesem Fall am besten über „eyecatcher", einem Begriff aus dem Fachjargon der Werbeindustrie. Die Kinder können die übersetzte Bedeutung gut verstehen und sollen sie für das Vorhaben wörtlich nehmen. So werden an der Tafel originelle Sprüche gesammelt wie beispielsweise:

Mit Gedichten kann man fliegen!
Gedichte? Wow!
Gedichte find ich stark!
Ich wäre auch gern ein Gedicht. (seufzt ein Geschichtenbuch)
Gedichte - echt cool! (meinen zwei Pinguine)
Gedichte verbinden Völker.
Gedichte - garantiert wasserfest!
Gedichte - zum Abtauchen gut! (Schwimmer, der in See/Becken aus Gedichten springt.)
Mit Gedichten heb ich ab! (Kind auf einem Gedichtband sitzend)
Gedichte helfen weiter.
Keine Zeit. Ich lese!
Gedichte sind wie Sommerferien.

Jeder Schüler übernimmt einen Slogan und sucht nach einem möglichst kreativen Weg ihn visuell umzusetzen. Dabei achtet er darauf, den Text gut lesbar und gut platziert im Bild zu integrieren. Die Arbeit ist kurzweilig und geht schnell voran, sodass sich die meisten Kinder noch weitere Sprüche ausdenken und zwei bis drei Buttons herstellen können.

Abb. 51: Buttons

④ Weihnachtsbuch und Adventsheft
Die Wochen vor Weihnachten sind für Kinder und viele Erwachsene eine wunderschöne Zeit voller Vorfreude, besinnlicher Momente bei Kerzenlicht, gemütlicher Stunden in der Familie und einer ganz besonderen Atmosphäre in der Schule, mit vielen kleinen Ereignissen, die das Schulleben bereichern und Kinder die Adventszeit gemeinsam genießen lassen.
Während solcher Unterrichtsphasen entsteht das **Weihnachtsbuch** (siehe Abb.52), eine individuell gestaltete Sammelmappe für Weihnachts- und Wintergedichte – kopiert und ausgeschmückt, abgeschrieben oder selbst verfasst. Weiter enthält das Geheft Weihnachtslieder und -geschichten, die in der Klasse gesungen und gelesen werden sowie Beiträge aus der Heimatkunde zu diesem Thema. Dazu bringt jedes Kind zu Beginn der Adventszeit folgendes Bastelmaterial mit:

2 DIN-A4-Bogen Tonpapier, schwarz
Goldfolie
1 Transparentpapierheft, farbig sortiert
goldfarbenes Geschenkband
Plätzchen-Backformen

Der Lehrer besorgt 3 Lackmalstifte in Gold, die bei guter Einteilung für eine Klasse genügen und locht vorab alle Tonpapierbögen. Im Rahmen der Feier zum 1. Advent wird den Kindern das Vorhaben erklärt:

Jeder fertigt ein persönliches Weihnachtsbuch an, das sich aus einem Buchdeckel und einem -rücken zusammensetzt. Auf die Vorderseite wird im oberen Drittel „Mein Weihnachtsbuch" mit einem Goldstift geschrieben und mit einer Umrandung hervorgehoben. Dann legt man gut verteilt Backförmchen wie Engel, Stern, Tannenbaum etc. auf das Papier und fährt die Umrisse mit Bleistift nach. Die Form wird ausgeschnitten und mit Transparentpapier unterfüttert. Auf die gleiche Weise schneidet man weihnachtliche Motive aus Goldfolie zurecht und klebt sie auf das Tonpapier. Zum Schluss werden die Ränder der Transparentpapierformen mit Goldstift nachgefahren um einen attraktiven Kontrast zum schwarzen Tonpapier zu erzielen. Nach Belieben verteilt jedes Kind winzige Sterne mit dem Lackmalstift über die Vorderseite. Mit Ausnahme der Beschriftung wird mit dem Buchrücken ebenso verfahren.

Abb. 52: Weihnachtsbuch

Bis knapp vor Weihnachten haben die Kinder während frei verfügbarer Phasen Gelegenheit die Buchhülle fertig zu stellen. Die Einlageblätter, die im Laufe des Dezembers immer mehr werden, bewahrt jeder in einer gesonderten Mappe auf. In der letzten Woche vor den Ferien werden die Buchseiten gemeinsam sortiert und mit der inzwischen fertigen Vorder- und Rückseite zu einem Buch zusammengefügt. Durch die links liegenden Löcher wird von unten das Geschenkband geschoben, straff gezogen und zuletzt zu einer Schleife gebunden. Das ist etwas schwierig und gelingt am besten, wenn zwei Kinder zusammenhelfen. Nun liegt das Weihnachtsbuch fertig vor uns, das an die zurückliegenden Wochen erinnert, Gelerntes zusammenfasst und vor allem ein beliebtes Geschenk für Mutter oder Vater ist.

Das **Adventsheft** entsteht im gleichen Zeitraum wie das Weihnachtsbuch, ist jedoch inhaltlich anspruchsvoller und empfiehlt sich deshalb mehr für eine vierte Jahrgangsstufe. Man benötigt dazu pro Kind:

1 DIN-A 5-Schreibheft
Packpapier
Filzteile in unterschiedlichen Grüntönen, je ein Filzrest in Rot, Braun und Gelb.
Zunächst wird das Heft mit Packpapier eingebunden, wobei der Lehrer bei manchen Kindern helfen muss. Danach schneiden die Schüler in Serienproduktion aus den grünen Filzstücken möglichst viele Dreiecke zurecht. Sie werden einander überlappend auf der Heftvorderseite zu einem Weihnachtsbaumkorpus arrangiert und nach einigen Korrekturen aufgeklebt. Nun werden aus den Filzresten der Baumstamm, ein Stern für die Spitze sowie einige rote Kerzen nebst Flammen angefertigt und ebenfalls aufgeklebt. Die Außenseiten des Adventsheftes sind damit fertig (siehe Abb.53).
Jetzt beginnt man die Innenseiten einzuteilen. Seite 1 wird wie folgt beschriftet und danach verziert:

Ein
Adventskalender
besonderer
Art

von ....
für ....

Die folgenden Seiten werden durchgezählt und mit ästhetisch gestalteten Überschriften von 1.DEZEMBER bis 24.DEZEMBER versehen. „Nikolaus" und „Heilig Abend" erhalten je eine Doppelseite. Täglich beschriftet und bemalt nun jedes Kind eine Adventsheft-Seite. Die

Wochenendeinträge werden montags nachgeholt. Bevorzugt tragen die Schüler Gedichte ein. Dazu gibt es in unserem Klassenzimmer einen Ordner, der eine Anthologie zum Thema „Winter-Advent-Weihnachten" mit einer Fülle von Vorschlägen enthält. Beliebt sind auch persönliche Einträge in Tagebuchform. Die Kinder werden ferner angeregt kleine Episoden und Geschichten aus der Familie oder Erlebnisse mit Freunden niederzuschreiben um den Freizeitbereich stärker zu betonen. Immer soll etwas Passendes, meist Weihnachtliches, dazu gemalt werden. An bestimmten Tagen wie dem 4. Dezember (Barbaratag), 6. Dezember (Nikolaus), 13. Dezember (Luzia), 21. Dezember (Thomasnacht und Winteranfang) und 24. Dezember (Heiliger Abend; vorweggenommen) gestalten wir gemeinsame Einträge, die an der Tafel erarbeitet und abgeschrieben werden. Hinzu kommen Besonderheiten aus der Heimatgeschichte des jeweiligen Ortes. Am Ende ist ein individuelles und buntes Adventsheft entstanden, das meine Schüler mit Stolz zu Weihnachten verschenken.

Abb. 53: Adventsheft

5.4 Sachensucher-Gedicht

Alle Kinder kennen und lieben Astrid Lindgrens Pippi Langstrumpf. Sie ist herrlich unkonventionell, chaotisch, freiheitsliebend und kennt weder Furcht noch Selbstzweifel. Mit ungezügelter Energie behauptet sie ihren Platz in der wohlgeordneten bürgerlichen Welt einer schwedischen Kleinstadt. Das Aufeinanderprallen zweier Welten, Pippis verwegene Ideen und die subtil kritisierte bürgerliche Moral versprechen humorvolle Unterhaltung und höchsten Lesespaß.

Das Kapitel „Pippi wird Sachensucher und gerät in eine Prügelei" bildet die Grundlage des Sachensucher-Gedichts. Es ist Lindgrens erstem Buch „Pippi in der Villa Kunterbunt" entnommen. Der Text wird gemeinsam gelesen und soll aufgrund seiner Länge inhaltlich gründlich erschlossen werden. Um das Sachensucherthema einzugrenzen richtet sich das Hauptaugenmerk auf folgende Fragen. Die Kinder beantworten sie schriftlich, wenn möglich mit Seiten- und Zeilenangaben.

1. Welche Dinge nennt Pippi um Thomas und Annika für das Sachensuchen zu begeistern?
   Goldklumpen, Straußfedern, tote Ratten, Knallbonbons, kleine Schraubenmuttern
2. Was findet Pippi?
   rostige Blechbüchse mit Loch, leere Garnrolle
3. Würdest du dich über Pippis Fundstücke ebenso freuen?
4. Was entdecken Thomas und Annika?
   Notizbuch mit Lederdeckel und einem kleinen silbernen Bleistift; rote Korallenkette
5. Glaubst du, man kann tatsächlich solche Dinge in einem alten Baum finden?

Anschließend erhalten die Kinder eine ungewöhnliche Hausaufgabe:
Sei heute Nachmittag Sachensucher und bringe deine Fundstücke in die Schule mit. Du kannst auch gemeinsam mit einem Freund suchen.
Am nächsten Tag erfolgt die schrittweise Annäherung an die Objekte. Im Sitzkreis zeigen die Kinder die gefundenen Gegenstände, reichen sie zum Befühlen und eingehenden Betrachten weiter und beschreiben möglichst treffend. Letzteres ist angesichts der späteren Verwendung von Adjektiven im Gedicht besonders wichtig. Die Sachen, visuell und taktil analysiert, laden zu einem Fantasie-Spaziergang ein. Vielleicht verbergen sich hinter manchen interessante Episoden. Die Schüler erleben, dass in ihren Köpfen viele Geschichten schlummern und erproben ihre Lust auf Wörter beim Erzählen und späteren Reimen.

Jedes Kind erstellt nun zu seinen Fundstücken ein Sachensucher-Gedicht. Anfang und Ende des Textes sind vorgegeben. Die Zeilen dazwischen werden mit mindestens drei Paarreimen ausgefüllt. Jede Zeile besteht aus zwei Dingen, die durchweg unbestimmte Artikel erhalten und durch das Bindeglied „und" miteinander verbunden werden.
Nicht alle Schüler finden genügend Gegenstände für die Schreibaufgabe. Deshalb können sie sich von Fundstücken anderer anregen lassen oder Sachen dazu erfinden. Dabei muss man aber realistisch bleiben und darf nur Dinge verwenden, die tatsächlich irgendwo auf der Erde liegen könnten. Im folgenden Gedicht-Beispiel sind die Schülervorgaben kursiv gedruckt. Jeder Dichter erhält demnach ein Wortgerüst. Darauf aufbauend erfindet er Endreime und fügt Gegenstände ein, die unter Berücksichtigung eines durchgängigen Zeilenrhythmus näher beschrieben werden.

Sachensuchergedicht

In einer Schachtel in meinem Geheimversteck
sammle ich Sachen, die ich so entdeck':

einen alten Schlüssel *und* einen Glitzerstein
einen runzligen Korken *und* ein Käferbein
ein grünes Stück Glas *und* eine Vogelfeder
ein Spielzeugauto *und* einen Handschuh aus Leder
einen einäugigen Teddybär *und* eine Haarspange
einen Glückspfennig *und* eine rostige Zange
einen leeren Geldbeutel *und* ein rotes Band
eine große Kastanie *und* noch so allerhand

Ich finde wie Pippi ganz tolle Schätze.
Doch geht's nur mit Glück und ohne Hetze.

Wer mag, klebt sein Sachensuchergedicht auf eine Schuhschachtel und bewahrt seine Fundsachen darin auf. Die Sachensuchereuphorie hält eine Weile an, so dass die Kartoninhalte laufend ergänzt werden. Für einige Wochen steht im Klassenzimmer eine ganze Reihe von Schatzschachteln, deren Deckel die Besitzer als einfallsreiche Dichter ausweisen und deren Inneres angefüllt ist mit Kuriosem, Interessantem, Nippes und Müll.

5.5 Hörspiel

Wer Horror liebt muß Horror reimen von Friederike Mayröcker

Wer Horror liebt muß Horror reimen
Friederike Mayröcker

der Kuß... der Schuß
der Pfiff... das Riff
das Krachen... das Lachen
die Säge... die Schläge
die Schritte... der Dritte
das Klopfen... der Tropfen
das Gift... der Lift
das Beil... der Keil
das Gespenst... das Fenst-
die Wasserspülung... die Unterkühlung
die Schere... die Gewehre
das Blut... die Wut
das Blutbad... das Mühlrad

(aus: *Friederike Mayröcker*, Gesammelte Prosa 1949 – 1975.
„HorrorFibel". Suhrkamp Verlag, Frankfurt)

Überlegungen zum Text
Gruselgeschichten, Krimis, Erzählungen über Blut saugende Vampire und schaurige Abenteuer mit spukenden Schlossgespenstern übten auf meine vierte Klasse große Faszination aus. Mit dieser besonderen Vorliebe waren sie die geeigneten „Testpersonen" für Mayröckers ungewöhnliche Horror-Reime.
Der Text besteht aus Begriffen, die den Eindruck machen, überwiegend einem Gruselfilm entnommen zu sein. Die Substantive werden in Paarreimen scheinbar beziehungslos aneinander gereiht. Doch entdeckt man nach dem ersten, oberflächlichen Lesen, dass sich dahinter weit mehr verbirgt, als eine simple Aufzählung. Ein harmloser Kuss führt zu einer Kettenreaktion, die an dramatischen Ereignissen nicht zu überbieten ist und in einem Blutbad gipfelt. Reduziert auf ein Minimalvokabular wird in nüchternen Textfragmenten ein Kapitalverbrechen geschildert. Die Punkte zwischen den Reimpaaren erinnern an Gedankenfetzen oder flüchtige Notizen und fordern die Fantasie des Lesers heraus. Was geschieht zwischen den Zeilen?
Allzu seriös und humorlos darf das Gedicht jedoch nicht aufgenommen werden. Die Ironie der Autorin ist allgegenwärtig und sollte den

Schülern in diesem Fall auch vermittelt werden. Bereits im Titel ist der leise Spott nicht zu überhören und spätestens die Kombination „Gespenst - Fenst-" zeigt: Hier wird nicht Menschen, sondern Wörtern Gewalt angetan! Agieren die Schüler auf dieser Basis mit Mayröckers Horror, gibt es wenig zu gruseln und viel zu lachen.

Annäherung an das Gedicht
Wie erwartet löst die eigenwillige Überschrift großes Staunen und Neugierde aus. Ein kurzes Brainstorming soll die Schüler der „gefährlichen" Thematik näher bringen.
Auf die Frage *„Horror - Woran denkst du dabei?"* können die Kinder in Sätzen, mit Minigeschichten oder Stichworten antworten. Abgesehen davon, dass einige Spaßvögel „brüllende Lehrer", „Probearbeiten" oder „Hausaufgaben" nennen, tauchen folgende Begriffe immer wieder auf:

Pistole/Knarre, Messer, Daumenschraube, scharfe Zähne, schwarze Lederhandschuhe, Mord, Tod, Sarg, Friedhof, Stille, Schreie/Kreischen, Killer, Räuber, Geiselnehmer, Lösegeld, Missbrauch, Folter, Blut, Vollmond, Mitternacht, Gefahr, Vampir, Skelette, Fledermäuse, Alptraum, Todesangst und frei gegeben ab 18 Jahren.

Meine Schüler sind noch besser informiert als befürchtet. Verglichen mit deren erschreckender Liste liest sich der Mayröcker-Text wie eine naive Version.
Bei der ersten Begegnung mit dem Original macht sich Enttäuschung und Unverständnis breit: „Da wird ja nur gereimt und nichts erzählt!", „Worum geht's da eigentlich?" oder „Fenst-, so was Blödes!" lauten einige Spontanreaktionen.
Verspricht der Titel mehr als er halten kann? Nein, ganz im Gegenteil eröffnet der Text einen großen Interpretationsspielraum und fordert aufgrund seiner Struktur zu weiteren Aktionen mit dem Wortmaterial heraus. Der Impuls *„Wir können etwas nachhelfen und aus den Reimen eine packende Story machen."* leitet eine mündliche Dichterphase ein. Die Kinder sind um keine Idee verlegen und überbieten sich gegenseitig im Erfinden spannender und schauriger Begebenheiten.

Inszenierungsidee
Ein komplexer Auftrag zur Gruppenarbeit beendet die noch ungelenkten Schüleräußerungen:

Jede Autorengruppe schreibt mithilfe der Mayröcker-Wörter eine Horror-Geschichte.
Überlegt euch vor dem Schreiben eine Situation oder einen Ort, an dem die Handlung spielen soll.

Beim Schreiben können die Reimwörter umgestellt werden (z.B. Lift vor Gift).
Auch die Reihenfolge der Reimpaare muss nicht eingehalten werden.
Aber alle 26 Wörter sollen in eurer Geschichte enthalten sein.

Fast alle Gruppen verändern wenig und füllen einfach die Leerräume zwischen den Reimen, sodass der Charakter des authentischen Textes in Prosa fortgesetzt wird. Dennoch gelingt es den Kindern, einen Sinnzusammenhang herzustellen und einen stimmigen Handlungsverlauf zu verfassen. Die Ergebnisse sind sicher nicht von gleicher Qualität, doch enthalten alle Erzählungen originelle Passagen.

Anschließend liest der Lehrer eine Geschichte (aus Gründen des pädagogischen Takts die beste!) besonders gelangweilt vor, macht lange Pausen nach den Reimwörtern und provoziert damit Verbesserungsvorschläge und Klangvorstellungen:

Nun beginnt der wohl unterhaltsamste Teil der Horror-Geschichte. Jede Gruppe überarbeitet ihren Text und entwickelt daraus ein Hörspiel, das mit geeigneten Geräuschen untermalt und am Ende aufgezeichnet wird. Unverzichtbar sind bei diesem Vorhaben folgende Voraussetzungen:

- Die Kinder sind mit Methoden der Verklanglichung vertraut und können Klangarten in irgendeiner Form notieren.
- Sie kennen verschiedene Tonerzeuger und dürfen während der Experimentierphase darüber frei verfügen:

    Orff-Instrumente nach Ausstattung der Klasse;
    Körperinstrumente wie Hände, Finger, Füße, Zunge etc.
    Geräuscherzeuger wie Butterbrotpapier, Joghurtbecher, Dose, Glas, Steine etc.

Ausgestattet mit folgenden Arbeitsaufträgen und Hilfestellungen beginnen die Gruppen, aus ihrer selbst erfundenen Geschichte ein Hörspiel zu entwickeln, indem sie Reizwörter verklanglichen und dazu entsprechende Zeichen und Symbole festhalten.

Unterstreicht in der Geschichte alle Wörter, die ihr mit einem Geräusch betonen wollt!
Soll der Klang mit oder nach dem Wort zu hören sein?
Bestimmt Lautstärke, Dauer, Tempo und Klangfarbe (hell/dunkel)!
*Probiert verschiedene Möglichkeiten aus und entscheidet euch dann für **eine** Lösung, die der Gruppenschreiber hinter dem Wort notiert.*
Wählt einen Vorleser, bestimmt die Rollenbesetzung und legt genau fest, wer welches Geräusch erzeugt.

Probt den Ablauf vor der Tonbandaufnahme mehrmals.
Verbessert bei Bedarf und verändert Klänge, die euch nicht gefallen.

Die Gruppen ziehen sich in verschiedene Bereiche des Klassenzimmers zurück und verwandeln ihre Geschichte in ein Hörspiel, wobei einige Textstellen dem Verwendungszweck entsprechend umgeschrieben werden. Die Horrorgeschichte der Viertklässler Laura, Christina, Markus, Julia, Bodmas und Alexander soll abschließend zeigen, wie obige Vorgaben realisiert werden können.

Das Liebesdrama!
Untertitel: Mord und Tod in New York

Es war einmal ein **Liebespaar**,   *Triangel*
das in Manhattan wohnte.
Es ist **Mitternacht**.   *Handtrommel*
In der 41. Straße ist gerade das Kino
zu Ende. Adrian und Ann kommen
aus dem Film „Die nackte Kanone".
Auf dem Heimweg geben sie sich in
der U-Bahn-Toilette einen **Kuss**.   *Lippen*

Plötzlich fällt ein geheimnisvoller
Schuss!   *Zimbeln*

Sie ducken sich und lauschen.
Dann hören sie einen schrillen
Pfiff.   *Trillerpfeife*
Adrian (mit gepresster Stimme):
Verdammt noch mal, das kommt
vom **Riff!**   *Xylophon*
    (Glissando hell → dunkel)

Gleich darauf ertönt lautes **Krachen**,   *Handtrommel*

gefolgt von einem grässlichen **Lachen**.   *Stimme*

Jetzt kreischt eine **Säge**.   *Kork auf Glas*

Und danach donnern zwei **Schläge**.　　　　　　　　　　　　*Becken*

Ann (leise und ängstlich): Ohgottohgott,
da kommen **Schritte**!　　　　　　　　　　　　　　　　　*Schlagstäbe*
Adrian (flüsternd): Das ist der unheim-
liche Dritte. Jetzt **klopft**　　　　　　　　　　　　　　　*Holzblock*
jemand an ihre Klotür!
Sie bewegen sich nicht.
In der fürchterlichen Stille hört man
nur das **Tropfen** eines Wasserhahns.　　　　　　　　　　　*Lippen*

Oder waren die Tropfen **Gift?!**　　　　　　　　　　　　　*Schellenkranz*
Adrian: Komm, lass uns abhauen!
Wir müssen hier raus und steigen in
den **Lift**.
　　　　　　　　　　　　　　　　　　　　　　　　　　　Metallophon
　　　　　　　　　　　　　　　　　　　　　　　　(Glissando dunkel → hell)

Die beiden versuchen die Tür zu
öffnen. Sie drücken **fester und fester**,　　　　　　　　　　*Schlagstäbe*
doch etwas klemmt.
Da entdecken sie einen **Keil**.　　　　　　　　　*Fingernägel/Handtrommel*

Ann stößt ihn **weg**　　　　　　　　　　　　　　　　　　　*Rassel*
und **rennt raus**.　　　　　　　　　　　　　　　　*flache Hand/Handtrommel*
Ann (laut): Aaaaaaaaaaah!!!!!!
Vor ihr liegt ein toter Mann mit einem
blutverschmierten Beil.
Er sieht aus wie ein **Gespenst**.　　　　　　　　　　　　　　*Becken*
　　　　　　　　　　　　　　　　　　　　　　　　(Tremolo mit 2 Schlägeln)
Adrian:
Wir verschwinden durchs F-f-f-fenst-!
Plötzlich rauscht eine **Wasserspülung**.　　　　　　　　　*Eimer Wasser*
　　　　　　　　　　　　　　　　　　　　　　　　(ins Waschbecken leeren)

Adrian (leise): Da ist noch jemand.

Ann (klappert mit den Zähnen):
Ich glaub, ich hab 'ne Unterkühlung.
Jetzt schnippt eine **Schere**. ◄◄◄◄◄◄ *Schere*
Oder sind das Gewehre?
Ann (in Panik): Hilfe!
Da unten an der Tür läuft **Blut**! *Metallophon (hell)*

Adrian packt die kalte **Wut**: *Becken*

Das ist ja das reinste Blutbad, wie
unter einem Mühlrad!
**Wir wissen nicht, wie sie nach Hause
gekommen sind. Aber wenn sie nicht
gestorben sind, dann leben sie noch
heute.**
Begleitung mit Triangel

V. Lust auf Gedichte?
– Karteikarten für die Freiarbeit

1. Zur Idee: Fächerübergreifende Arbeitsanregungen

Für die Unterrichtsgestaltung in der Grundschule spielen besonders im Zusammenhang mit Lyrik *zwei elementare Fragen* eine Rolle:
Wie gestaltet man kindgerechte Lernprozesse?
und
Welche literaturdidaktischen Alternativen gibt es im Vergleich zu traditionellen Interpretationsversuchen?
Die Suche nach Antworten und weiterführendem Praxismaterial lieferte letztlich die Idee zur Entwicklung der Karteikarten in der vorliegenden Form.

Allen „neuen" Lernformen ist ein Mehr an Selbstständigkeit und die Förderung eigenverantwortlichen Lernens und selbsttätigen Arbeitens gemeinsam.

Eine Veränderung in der Lesehaltung der Kinder ist nur dann zu erwarten, wenn im Klassenzimmer Leseangebote vorhanden sind, die die Mühe des Selberlesens wert sind. Erst eine vielseitige Palette an Material und Arbeitsanregungen schafft Möglichkeiten für

- eigene Initiative
- Entdecken von Interessen
- selbst gewollte Anstrengung
- kooperative Zusammenarbeit und soziale Interaktion
- Erweiterung des Erfahrungsbereichs
- kreative Prozesse
- Ausleben des Bewegungs- und Spieltriebs

Begabungsunterschiede und individuelle Lernvorgänge erfordern differenzierten Unterricht, was in diesem Kontext mit einem breit gefächerten Lyrik-Angebot bei freier Textauswahl realisiert werden soll. Jedes Kind arbeitet selbsttätig an einem Gedicht unter Berücksichtigung subjektiver Vorlieben und persönlichem Leistungsvermögen. Im Umgang mit den Karteikarten erfahren die Schüler:

- Ich kann mir einen Text aussuchen, mit dem ich mich gern näher beschäftigen möchte.
- Ich allein bin verantwortlich für mein Arbeitstempo und die Anzahl der Aufgaben.

- Ich wähle aus einem Angebot und kann dichten, malen, Musik machen, Theater spielen, Sachinformationen zusammenstellen oder einfach nur lesen und nachdenken.
- Es ist oft hilfreich, sich Partner zu suchen und mit ihnen zusammenzuarbeiten.
- Einen Teil der Aufgaben kann ich selbstständig kontrollieren.
- Wenn ich keine Lust auf Gedichte habe, darf ich etwas anderes bearbeiten.

Individuelle Zugriffsweisen und der Aufbau einer selbstverantwortlichen Lernhaltung gelingen nur über offene Lernphasen. Damit ist das planvolle Verfügen über einen freien Zeitraum gemeint, in dem nicht alle die gleichen Tätigkeiten ausführen, sondern ganz unterschiedliche Aktivitäten zur Verfügung stehen. Freie Arbeit bedeutet jedoch nicht eine für Schüler freie Auswahl bei Zielen und Inhalten des Lernens, sondern eine partielle Neugestaltung mancher Unterrichts- und Lernabläufe mit einem Lehrer, der während einer begrenzten Unterrichtsphase in den Hintergrund treten kann.

Dies gelingt nur mit motivierendem und ästhetisch aufbereitetem Material, das eine ganze Reihe von Qualitäten aufweisen sollte:

Es muss fördern und fordern, reproduktiv-mechanische Lernprozesse unterstützen, aber auch produktiv-entdeckendes Problemlösen initiieren.

Es soll einen liberalen Charakter ausstrahlen, wobei eigene Sichtweisen und Mitdenken beim Lesen erwünscht sind.

Es will verschiedene Leseinteressen befriedigen und zu diesem Zweck vielfältige Texte in freier Auswahl mit unterschiedlichen Schwierigkeitsgraden zur Verfügung stellen.

Lyrik-Karteikarten eröffnen unterschiedliche Zugangsmöglichkeiten zu einem Gedicht, geben eine Fülle von Arbeitsanregungen und fördern ausdrücklich den selbstständigen Umgang mit dem Arbeitsmittel.

Immer sind sie als Angebot zu verstehen, das die Kinder deswegen gerne annehmen. Lässt man ihnen weitgehend freie Hand, bringen nach einer Gewöhnungsphase viele Schüler weitere, eigene Ideen im Umgang mit dem ausgewählten Gedicht hervor.

Ein besonderer Aspekt von Gedichten ist deren starker interdisziplinärer Bezug. Dies betrifft nicht nur andere Teilbereiche des Deutschunterrichts, sondern besonders auch Fächer wie Kunst, Musik oder Heimat- und Sachkunde. Daher ist das Zusammenstellen *fächerübergreifender Arbeitsaufträge* ein Leitgedanke bei der Entwicklung der Karteikarten. Die Karten enthalten auf dem Deckblatt entweder das Originalgedicht oder der Text wird in einer unvollständigen, veränderten oder verfremdeten Form dargeboten.

Fünf verschiedene Auftragsarten realisieren einen fachintegrativen Weg der Interpretation und handlungsorientierten Auseinandersetzung mit einem Gedicht.

Sie werden allerdings in ihrer Gesamtheit nicht sklavisch bei jedem Text verwendet, sondern unter Berücksichtigung der lyrischen Aussage und Form eingesetzt. Auf den Karten sind dafür Symbole abgebildet, die den Kindern vorab erklärt werden müssen. Im Idealfall hängen sie zur Orientierung im Klassenzimmer aus.

Dichterauftrag: Berührt neben Weiterführendem Lesen vor allem den Schriftlichen Sprachgebrauch und bei Gestaltungsvorschlägen das Weiterführende Schreiben.

Künstlerauftrag: Meint in der Hauptsache Kunsterziehung; ist häufig kombiniert mit Sprachgebrauch oder Schreiben.

Komponistenauftrag: Verlangt nach Lösungsvorschlägen aus der Musik in unterschiedlicher Ausprägung.

Bühnenauftrag: Vereint eine Reihe von Bereichen wie Mündlicher Sprachgebrauch, Musik, Kunst, Textilarbeit und Werken.

Forscherauftrag: Beschäftigt sich vor allem mit Themen aus der Sachkunde und regt zum selbstständigen Nachschlagen und Informieren an.

Daneben gibt es kombinierte Aufträge, die durch eine Diagonale mit Teilen beider Zeichen gekennzeichnet sind. Niemand wird alle Vorschläge einer Karte bearbeiten wollen. Jedes Kind sollte sich gezielt auf ein bis zwei Angebote beschränken um den zeitlichen Aufwand realistisch zu begrenzen und nicht in puren Aktionismus zu verfallen.

Auf Möglichkeiten zur Einzel-, Partner- und Gruppenarbeit wird mit „Smilies" bildhaft hingewiesen. Musste der authentische Text vorab rekonstruiert werden, ermöglicht eine Lösungskarte die Selbstkontrolle.

Inhaltlich sind die Gedichte in drei grobe Bereiche aufgeteilt:
Mut- und Wutgedichte üben Gesellschaftskritik und fordern zum Nachdenken über ökologische Missstände heraus. Weiter beschäftigen sie sich mit Problemen in der peer group, Umgang mit Gefühlen und persönlichen Sorgen der Altersgruppe.

Jahr- und Zeitgedichte integrieren Inhalte aus dem Fest- und Jahreskreis.

Sach- und Lachgedichte schließlich bilden den Kollektivbegriff für Texte mit naturwissenschaftlicher Tendenz und lustige Gedichte, die in der Hauptsache humorvoll unterhalten möchten.

Für den Einsatz der Karteikarten im Unterricht gelten die gleichen Voraussetzungen wie bei der Gedichtewerkstatt. Auch hier brauchen die Schüler Handwerker-Utensilien, eine verfügbare Materialsammlung in ausreichendem Umfang, die den selbstständigen Umgang mit den Arbeitsaufträgen fördert (siehe III.2 Konzeption der Gedichtewerkstatt / 2.3 Handwerker-Utensilien). Daneben müssen die Kinder über ein gewisses sprachliches Handlungsrepertoire verfügen und mit Begriffen wie Vers, Strophe, Reim, Reimwort, Reimpaar oder Reimform umgehen können (siehe III.2 Konzeption der Gedichtewerkstatt / 2.2 Sprachliches Handlungsrepertoire). Die Komponistenaufträge gelingen spielend, wenn im Musikunterricht eine Liste mit Klangnotierungsmöglichkeiten sowie verschiedene rhythmische Bausteine erarbeitet wurden. Daneben sollten Orff-Instrumente zur freien Verfügung stehen oder Möglichkeiten zum Selberbasteln einiger Geräuscherzeuger vorhanden sein.

2. Mut- und Wutgedichte

2.1 Abfallverwertung (Josef Guggenmos)

(aus: *Josef Guggenmos*, Oh, Verzeihung sagte die Ameise. Beltz & Gelberg, Weinheim 1990)

2.2 Vorfreude (Hans Manz) / Ausländer (Siv Widerberg)

(aus: *Hans Manz*, Mit Wörtern fliegen. Beltz Verlag, Weinheim und Basel 1995. Programm Beltz & Gelberg, Weinheim;
Siv Widerberg aus: *Hans Bödecker* (Hrsg.), Die Kinderfähre. © Union Verlag, München)

2.3 Werbung (Gudrun Pausewang)

(aus: *Hans-Joachim Gelberg* (Hrsg.), Die Erde ist mein Haus. Beltz Verlag, Weinheim und Basel 1988. Programm Beltz & Gelberg, Weinheim)

2.4 Enthüllung (Pat Moon)

(aus: *Pat Moon*, Unsere Erde. Wunderbar - Verwundbar. Alle Rechte an der deutschen Übersetzung von Wolf Harranth beim C. Bertelsmann Jugendbuchverlag, München 1991)

Karteikarten 2.1

Abfallverwertung

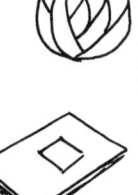

Glasscherbe
Orangenschale
Löffelstiel
Dachrinne
Bierflasche
Apfelbutzen
Radieschenschwanz
Rechenheft
Eimer
Nagel

Lauter weggeworfenes Zeug! Was tun damit?
Nimm von jedem etwas. Es lohnt sich.

(Nimm von jedem Wort den Anfangsbuchstaben.)

(aus: Josef Guggenmos, Oh, Verzeihung sagte die Ameise. Beltz & Gelberg, Weinheim 1990)

© Oldenbourg Schulbuchverlag GmbH, PRAXIS Bibliothek 184, Kinder begegnen Gedichten

Abfallverwertung

Konntest du das Rätsel lösen? Zur Kontrolle steht die Auflösung hier noch einmal rückwärts: *nerrabdloG*.

Schreibe dein eigenes Müllschatzgedicht!
Suche dir dazu einen verlockenden Schatz oder einen wertvollen Gegenstand aus und schreibe wie im Gedicht alle Buchstaben des Wortes senkrecht untereinander. Drucke am besten mit Filzstift und großen Buchstaben auf kariertes Papier.
Denke dir dann Abfallwörter aus. Du kannst Überschrift und Schlusssätze vom Originaltext übernehmen oder selbst etwas erfinden.

Vorschlag **K**önigskrone
Kuchenrest
Ölsardinenbüchse
Nutellapapier
...

(*Dichterhilfen:* Schatzkiste, Geldsack, Platinring, Königinnendiadem, Dukatenbeutel, Silberschmuck, Perlenkette, Rolexuhr, Brillantarmband, Diamantfund)

Eine Plastiktüte erzählt
Ich bin eine alte Plastiktüte, etwas eingerissen und ziemlich verdreckt. Seit gestern liege ich in einer stinkenden Mülltonne. Doch ich habe schon bessere Zeiten erlebt.

Na, fällt dir dazu etwas ein? Vielleicht hatte die Plastiktüte schon viele Besitzer, die Unterschiedliches darin transportierten oder aufbewahrten: Kleidung, Schuhe, Lebensmittel, Weihnachtsschmuck, Spielsachen, alte Fotos, Geschenk, Beute, Lösegeld usw.
Schreib einfach los.

© Oldenbourg Schulbuchverlag GmbH, PRAXIS Bibliothek 184, Kinder begegnen Gedichten

Karteikarten 2.1 / 2.2

Bastelt Müllmonster!

Sammelt dazu (nicht riechendes) Abfallmaterial von zu Hause oder aus der Schule. Es eignen sich leere Toiletten- und Küchenpapierrollen, Plastiktüten, Joghurtbecher, Dosen, Kronkorken, Alufolie, Tetra Pak, alle Arten von Verpackungen, Käseschachteln, alte Zahnbürsten und und und.
Klebt und tackert passende Dinge zu furchterregenden oder witzigen Gestalten zusammen. Wer will, kann die fertige Figur mit Wasserfarben bunt ausgestalten.

Tanz auf dem Müllberg

Komponiert für eure Müllmonster eine geeignete Müllmusik. Denkt an Missklänge und polternde Geräusche. Sucht zu jedem Monster ein passendes Klangbild und macht es mit einem Instrument hörbar.
Vorschlag: Die Gestalten marschieren schwerfällig nacheinander auf den Müllberg, stellen sich durch Drehung einzeln vor und tanzen dann zusammen einen Mülltanz. Es ist hilfreich, wenn einer von euch als Dirigent die Einsätze gibt. Z. B.:

„Stinker"

„Schepper"

Der täglich anfallende Müll ist ein großes Problem unserer Wegwerfgesellschaft. Daher wird Abfall gesammelt, sortiert und recycelt.
Erstelle ein **Info-Poster**, auf dem alle zurzeit möglichen Mülltrennungsarten aufgelistet sind. Klebe in durchsichtigen Tüten je ein Beispiel dazu.
Papier – Glas – Aluminium – Biomüll – ...
Wie sortiert unsere Schule?
Wie können wir Abfall im Klassenzimmer vermeiden?
Suche nach Verbesserungsvorschlägen.

© Oldenbourg Schulbuchverlag GmbH, PRAXIS Bibliothek 184, Kinder begegnen Gedichten

Ausländer

Mein Papa ist Ausländer.
Und meine Mama ist Ausländerin.
Klaus und ich, wir sind auch Ausländer,
eben jetzt, obwohl wir Deutsche sind.

Denn eben jetzt sind wir in Dänemark.
Ha ha!

Daran hast du nicht gedacht, was?
Dass Deutsche auch Ausländer sind –
im Ausland.

Siv Widerberg

Vorfreude

Yussuf Tütschük
hatte aufs kleine Schild
unterm Klingelknopf geschrieben:
Yussuf Tütschük, Mensch.
Doofkopf, höhnten die Nachbarn,
dass du ein Mensch bist,
sieht schließlich jeder!
Tatsächlich? Desto besser!
sagte Yussuf Tütschük
und freute sich schon darauf,
künftig auch
als solcher behandelt zu werden.

Hans Manz

(aus: Hans Manz, Mit Wörtern fliegen. Beltz Verlag, Weinheim und Basel 1995. Programm Beltz & Gelberg, Weinheim; Siv Widerberg aus: *Hans Bödecker* (Hrsg.), Die Kinderfähre. © Union Verlag, München)

© Oldenbourg Schulbuchverlag GmbH, PRAXIS Bibliothek 184, Kinder begegnen Gedichten

Karteikarten 2.2

Ausländer/Vorfreude

Beide Texte beschäftigen sich auf ganz unterschiedliche Weise mit dem Thema „Ausländer". Bei uns in Deutschland nehmen gegenwärtig Vorurteile, Feindschaften, Hass und Gewalt gegenüber Ausländern wieder zu.
Was denkst du darüber? Welches Gedicht gefällt dir besser?
Schreibe es ab und schreibe deine Meinung und deine Erfahrungen dazu.
Wenn du magst, darfst du deine Gedanken vorlesen.

Ein Ausländer wird von Deutschen angepöbelt ...

Denke dir dazu eine Spielszene aus und stelle sie mit einigen Mitschülern dar.
Überlege genau: *Wo soll die Szene stattfinden?*
         Pausenhof, Spielplatz, Straßenbahn/Bus, Warteschlange an
         Supermarkt-Kasse, ...
Was macht ihr?
         zusehen und lachen, wegsehen, abhauen, helfen, Hilfe
         holen ...

Einladung zum Dichten

Ändere den Text von Siv Widerberg und mache daraus dein eigenes Gedicht!
- Tausche „Papa", „Mama", „Klaus" und „ich" mit anderen Personen deiner Wahl.
- Nimm ein anderes Land. Eventuell dein liebstes Urlaubsland?
  Beispiele: Österreich, Italien, Spanien, Frankreich, England, Schweiz, Schweden, Polen, Ungarn, Niederlande (Holland), Tschechien usw.
- Ersetze das Wort „Ausländer" durch das freundlichere „Andersländer".
  Z. B.: <u>Andersländer</u>
        Mein Opa ist Andersländer.
        Und meine Oma ist Andersländerin ...

© Oldenbourg Schulbuchverlag GmbH, PRAXIS Bibliothek 184, Kinder begegnen Gedichten

Interview für Meinungsforscher

Lest die beiden Gedichte verschiedenen Personen vor und benützt sie als Einstieg zu kurzen Fragen über das Thema: *Ausländer in Deutschland – Menschen 2. Klasse?*
Befragt dazu ausländische Mitschüler, Eltern, Lehrer, Oma, Opa, Freunde, Hausmeister, den Gemüsehändler um die Ecke usw.
Interviewhilfen: *Was findest du/finden Sie gut und was schlecht an Deutschland?*
         Gibt es ein schönes Erlebnis im Zusammentreffen zwischen einem
         Deutschen und einem Ausländer?
         Hast du dich bei Freunden oder in der Schule wegen deiner Nationa-
         lität schon einmal zurückgesetzt gefühlt?
         Wurden Sie von einem Deutschen schon schlecht behandelt?
Sammelt alle Antworten und schreibt sie auf Blätterzettel.

Nehmt dann einen großen Bogen Packpapier oder die Rückseite einer Tapetenrolle, malt darauf formatfüllend einen Laubbaum und klebt die Antwortblätter in das Bild. Angenehme Erlebnisse in die Baumkrone, schlimme Erlebnisse auf den Boden oder gerade vom Baum fallend.

Ihr werdet staunen, wie viel Gesprächsstoff das fertige Plakat liefern wird.
© Oldenbourg Schulbuchverlag GmbH, PRAXIS Bibliothek 184, Kinder begegnen Gedichten

Karteikarten 2.2 / 2.3

☺ ☺ Türkische, spanische oder russische Musik klingt anders. Nicht nur wegen der fremden Sprache, sondern vor allem wegen ungewohnter Melodien und Klänge.
Bitte ausländische Mitschüler, dir eine Musikkassette aus ihrem Heimatland mitzubringen, die sie sich zurzeit besonders gern anhören.
Es macht Spaß, zuzuhören und ein fremdes Land über seine Musik näher kennenzulernen.

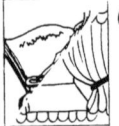

☺ ☺ **Nur für ausländische Kinder!**
Übersetze eines der beiden Gedichte in deine Muttersprache. Wenn nötig, können dir zu Hause bestimmt deine Eltern helfen.
Suche dir dann einen deutschen Mitschüler und lest nacheinander den Text in unterschiedlichen Sprachen vor.
Vielleicht haben noch andere Lust, mitzumachen?
Je mehr Sprachen, desto besser!

☺ **Bist du ein Plakat-Künstler?**
Nur Mut, du kannst mehr als du glaubst! Entwirf ein Plakat, das allen deutlich zeigt:
Ich möchte, dass Andersländer friedlich mit uns leben können.
Denke dir dazu einen knappen Spruch aus und male ein passendes Bild.
Verwende Zeichenblock und Wasserfarben.

© Oldenbourg Schulbuchverlag GmbH, PRAXIS Bibliothek 184, Kinder begegnen Gedichten

---

brennt *KUKIDENT*

Werbung

Nimm PERSIL bei Naselaufen!
Katzen würden PAMPERS _____.
Mein PAL? Dein PAL? – Na, na, na:
PAL ist für uns alle _____!

KITEKAT *Versuchung* *Tank*

Köstlich: BAC und DENTABELLA,
zubereitet mit _____!
Und bei Arbeit, Sport und _____,
was macht da mobil? – Nur _____!
Bist verkalkt du, nimm _____,
doch vielleicht hilft DUPLO schon.
ATA-Reisen: Schnell die Buchung!
KNORR – die zarteste _____ …

Spiel *kaufen* *da*

MEISTER PROPER, Gott sein Dank,
packt dir SCHAUMA in den _____.
und DOMESTOS mit _____
gibt der Zahnarzt seiner Oma.

Aroma *PRIL*

Koch nur mit _____!
und wenn's dir im Magen _____:
AJAX, ESSO, _____ –
Ja, da weiß man, was man hat!

SANELLA *CALGON*

Gudrun Pausewang

(aus: Hans Joachim Gelberg (Hrsg.), Die Erde ist mein Haus. Beltz Verlag, Weinheim und Basel 1988. Programm Beltz & Gelberg, Weinheim)

© Oldenbourg Schulbuchverlag GmbH, PRAXIS Bibliothek 184, Kinder begegnen Gedichten

Karteikarten 2.3

Werbung

Das Gedicht ist mit 10 Paarreimen aufgebaut. Stelle die richtigen Reimwortpaare zusammen und fülle damit die Leerstellen im Text.
Lege dazu eine Folie über die Karteikarte oder schreibe das Gedicht ab und ergänze dabei die fehlenden Reimwörter.
🔑 Lösungskarte Nr.

Schreibe **dein persönliches Werbegedicht** mit aktuellen Produkten aus der TV-Werbung, die du kennst, gerne magst oder haben möchtest. Du brauchst dazu das „Gedichtskelett" nur mit deinem Namen und entsprechenden Dingen zu versehen. Selbstverständlich kannst du auch andere Zeitwörter verwenden und den Text kürzen oder verlängern.
Gestalte deine Zeilen auf einem großen Bogen Papier besonders farbenfroh, verwende grelle Farben und auffallende Buchstabenformen.

```
                    Konsum
            von _____

   Hanuta          – Denn ich nasche was ich will.
   .............  – Denn ich esse was ich will.
   .............  – Denn ich trinke was ich will.
   .............  – Denn ich höre was ich will.
   .............  – Denn ich spiele was ich will.
   .............  – Denn ich lese was ich will.
   .............  – Denn ich lerne was ich will.
```

© Oldenbourg Schulbuchverlag GmbH, PRAXIS Bibliothek 184, Kinder begegnen Gedichten

Berichte für die Klassennachrichten
Werbung ist aus unserem Alltag nicht mehr wegzudenken. Du begegnest ihr überall:
An Plakatwänden und Litfaßsäulen, an Bus und Straßenbahn, in Zeitungen und Illustrierten, im Radio und natürlich im Fernsehen.
Hast du dich schon einmal zum Kauf verführen lassen und dich hinterher darüber geärgert?
Berichte über deine Erfahrungen.
Schreibhilfen: *Welches Produkt hast du gekauft?*
Warum wolltest du es haben?
Weshalb hast du den Kauf bereut?

Ein Ratespiel für die ganze Klasse!
Die meisten TV-Spots verwenden einen typischen Begriff oder Satz, der sich wie ein Ohrwurm im Gedächtnis festsetzt, dir beim nächsten Gang durch den Supermarkt wieder einfällt und dich zum Kauf verleiten soll. Ihr kennt eine ganze Menge, ohne euch darüber bewusst zu sein!
Baut euch aus Pappe einen Fernsehrahmen und stellt dahinter Werbung aus dem Fernsehen dar. Einigt euch auf ein paar Spots, die ihr gut nachspielen könnt. Legt Rollen und Sätze fest, lasst dabei aber die Namen der Waren weg. Nach einigen Proben spielt ihr der Klasse eure Ergebnisse vor. Eure Mitschüler sollen den Namen des jeweiligen Produkts erraten.
Spielhilfen: Die längste Praline der Welt (Duplo)
Die zarteste Versuchung, seit es Schokolade gibt (Milka)
Chefköche aus aller Welt empfehlen beim Braten und Backen (Biskin)
Wenn der kleine Hunger kommt (Müller Milchreis)
Ich will so bleiben, wie ich bin (Du darfst)

© Oldenbourg Schulbuchverlag GmbH, PRAXIS Bibliothek 184, Kinder begegnen Gedichten

Karteikarten 2.3

Wirb für ein Zukunftsprodukt!
Damit deine Werbeidee ein Erfolg wird, gilt es, vorab gründlich nachzudenken:
Welchen Artikel nehme ich? (Auto/Genussmittel/Nahrung/Waschmittel/Kosmetik/Kleidung/Schmuck/Spielzeug/Reisen ...)
Wie soll er heißen?
Was muss er können?
Warum ist er besser als andere?
Vier Beispiele wollen dir als Werbetexter auf die Sprünge helfen. Doch bestimmt erfindest du noch überzeugendere Produkte aus der Zukunft!

- **Direktimport vom Orion: Galaxis**
  Der sternenflotte Duft mit der laserhaften Note.
- Starluna – Das Shampoo für die zeitreisende Frau
  Sichtbarer Erfolg schon nach einer Anwendung. Da wächst kein Haar mehr!
- Creation Camicaze mit der sensationellen Oxmoxmorf-Faser
  Der ideale Freizeitanzug für das Kind: unverwüstlich, selbstreinigend, mit automatischer Mitwachsformel in gefälligen Schockfarben!
- **Die Lösung für alle verzweifelten Eltern!!!!!**
  Der geniale **Mikrochip Einstein II** macht aus Ihrem Kind den perfekten Lernroboter: bib biib - üp üb - bob - tsss - tak tak tak - Krrrrrrrrrrrrrrr

Weltraummusik
Suche dir Partner und komponiert zum Werbetext eine passende Musik. Unterstreicht wichtige oder witzige Wörter, die ihr mit Klängen und Geräuschen besonders betonen wollt. Schreibt Klangbilder auf und probt mit verschiedenen Instrumenten, bis ihr die gewünschte Wirkung erzielt.
Tragt eure Reklamesprüche musikalisch untermalt anderen Kindern vor.

© Oldenbourg Schulbuchverlag GmbH, PRAXIS Bibliothek 184, Kinder begegnen Gedichten

---

Werbung

Nimm PERSIL bei Naselaufen!
Katzen würden PAMPERS kaufen.
Mein PAL? Dein PAL? – Na, na, na:
PAL ist für uns alle da!

Köstlich: BAC und DENTABELLA,
zubereitet mit SANELLA!
Und bei Arbeit, Sport und Spiel,
was macht da mobil? - Nur PRIL!
Bist verkalkt du, nimm CALGON,
doch vielleicht hilft DUPLO schon.
ATA-Reisen: Schnell die Buchung!
KNORR – die zarteste Versuchung ...

MEISTER PROPER, Gott sei Dank,
packt dir SCHAUMA in den Tank.
Und DOMESTOS mit Aroma
gibt der Zahnarzt seiner Oma.

Koche nur mit KUKIDENT!
Und wenn's dir im Magen brennt:
AJAX, ESSO, KITEKAT –
Ja, da weiß man, was man hat!

Gudrun Pausewang

(aus: Hans-Joachim Gelberg (Hrsg.), Die Erde ist mein Haus. Beltz Verlag. Weinheim und Basel 1988. Programm Beltz & Gelberg, Weinheim)

© Oldenbourg Schulbuchverlag GmbH, PRAXIS Bibliothek 184, Kinder begegnen Gedichten

Karteikarten 2.4

Enthüllung

DieOr angen schalew eichtin schön enRingen,
dieBana nenscha leist ganzle ichtzuz wingen,
sel bstdi eNu ssläss tsi chmit wen igMüh ekna cken,
un dein Eibrau chtman nich tei gens zuver packen,
weilssch onin derper fektenP ack ungst eckt,
diev omA pfe lisstman, weils ieso garsch meckt.
Nurd erKä sedaver weig ertsichto tal,
eris tvaku umversch weißt, verda mmtn och mal.

Pat Moon

(aus *Pat Moon*, Unsere Erde. Wunderbar – Verwundbar. Alle Rechte an der deutschen Übersetzung von Wolf Harranth beim C. Bertelsmann Jugendbuchverlag, München 1991)

© Oldenbourg Schulbuchverlag GmbH, PRAXIS Bibliothek 184, Kinder begegnen Gedichten

---

Enthüllung

Auch wenn es auf den ersten Blick nicht so aussieht: Dahinter versteckt sich ein tolles Gedicht! Es heißt *Enthüllung*.
Kannst du zunächst einmal das Rätsel enthüllen?
Lege eine Folie auf die Karteikarte und ziehe senkrechte Trennungsstriche. Schreibe dann den Text richtig ab.
    Lösungskarte Nr.

Bevor ein Autor einen Text aufschreibt, hat er darüber gründlich nachgedacht oder etwas erlebt, das in ihm die Gedichtidee auslöste.
Was hat deiner Meinung nach Pat Moon erlebt?
Schreibhilfen: Ist etwas Besonderes passiert? Hat er sich über etwas geärgert oder gefreut? Hat er ein Geschenk bekommen oder sich etwas gekauft?

Der Text verfügt über eine Reihe von Wörtern, die man sehr gut mit geeigneten Klängen musikalisch gestalten kann.

Z. B.: *weicht in schönen Ringen*

Z. B.: *knacken*

Sucht weitere Begriffe, die ihr mit Instrumenten hörbar machen wollt.
Lest das Gedicht vor und spielt eure Geräusche dazu.

© Oldenbourg Schulbuchverlag GmbH, PRAXIS Bibliothek 184, Kinder begegnen Gedichten

Karteikarten 2.4

Inzwischen kann man beim Einkaufen alle Arten von Verpackungen in den Geschäften zurücklassen.
Sicher hast du dich schon über ein Zuviel an Verpackung geärgert. Manche Behälter allerdings sind unumgänglich. Oder möchtest du Quark oder Sahne in der hohlen Hand nach Hause tragen?
Es gibt notwendige, unnötige und natürliche Verpackungsarten.
Informiere dich im Supermarkt und frage andere nach ihren Erfahrungen. Bringe Beispiele mit oder schneide aus Prospekten Bilder aus. Gestalte mit deinem Material eine kleine Ausstellung und beschrifte deine Ergebnisse.

Im Hühnerstall des Bauern Kernstock geschehen revolutionäre Dinge:
Der stolze Hahn Bodo, weit gereist und sehr belesen, ist mit den Produkten seiner Hühner ausgesprochen unzufrieden. Ihm steht der Sinn nach außergewöhnlichen Erzeugnissen.

Begeistert von seiner genialen Erfindungsgabe, befiehlt er seinem Hühnervolk, sofort Eier mit diesen fantastischen Öffnungsmethoden zu legen ...
Schreib einfach weiter.

© Oldenbourg Schulbuchverlag GmbH, PRAXIS Bibliothek 184, Kinder begegnen Gedichten

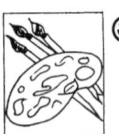

Der **Maler Andy Warhol** ist ein wichtiger Vertreter der amerikanischen **Pop-Art**. Das ist eine Kunstrichtung, die die moderne Konsumgesellschaft zugleich verherrlicht und kritisiert. Ganz normale Dinge aus unserem Alltag werden zunächst extrem vergrößert und dann aneinandergereiht wie in einem Warenregal dargestellt. Ein berühmtes Beispiel dafür sind **Campbell's Suppendosen**.
Betrachte das Bild genau. Es sind 10 verschiedene Dosen eines Herstellers namens Campbell abgebildet, der in Amerika so bekannt ist wie bei uns Unox oder Maggi. Dein Lehrer übersetzt dir gern die Namen der verschiedenen Suppensorten. Vergleiche mit deutschen Suppendosen.
Eine interessante Kunstvorstellung?

Hast du Lust, als Künstler ein ähnliches Bild zu gestalten?
Nimm dazu ein Lebensmittel deiner Wahl, das du beliebig vervielfältigst.
Das geht so:
- selber einmal zeichnen und in gewünschter Anzahl kopieren;
oder
- den immer gleichen Gegenstand aus verschiedenen Prospekten zusammensuchen und ausschneiden;
oder
- Originale verwenden wie zum Beispiel Aludeckel von Joghurtbechern.

Klebe dann wie bei einer *Collage* alle Dinge nebeneinander auf Papier. Orientiere dich an Andy Warhols Bild. Größe und Anzahl der Gegenstände bzw. Reihen bestimmst du selbst.

Künstlerhilfen: Tiefkühlpizza, Tütensuppen von Knorr, Miracoli, Marmeladen, Nutella.

© Oldenbourg Schulbuchverlag GmbH, PRAXIS Bibliothek 184, Kinder begegnen Gedichten

Karteikarten 2.4

Andy Warhol **Campbell's Suppendose I,** 1968
© The Andy Warhol Foundation for the Visual Arts/VG Bild-Kunst, Bonn 2007

© Oldenbourg Schulbuchverlag GmbH, PRAXIS Bibliothek 184, Kinder begegnen Gedichten

Enthüllung

Die Orangenschale weicht in schönen Ringen,
die Bananenschale ist ganz leicht zu zwingen,
selbst die Nuss lässt sich mit wenig Mühe knacken,
und ein Ei braucht man nicht eigens zu verpacken,
weils schon in der perfekten Packung steckt,
die vom Apfel isst man, weil sie sogar schmeckt.
Nur der Käse da verweigert sich total,
er ist vakuumverschweißt, verdammt noch mal.

Pat Moon

(aus: Pat Moon, Unsere Erde. Wunderbar – Verwundbar. Alle Rechte an der deutschen Übersetzung von Wolf Harranth beim C. Bertelsmann Jugendbuchverlag, München 1991)

© Oldenbourg Schulbuchverlag GmbH, PRAXIS Bibliothek 184, Kinder begegnen Gedichten

3. Jahr- und Zeitgedichte

3.1 Lied des Prinzen Karneval (James Krüss)

(aus: *Bruno Horst Bull* (Hrsg.), Glück und Segen. Bertelsmann Jugendbuchverlag, © James Krüss Erben)

3.2 Frühling (Christine Nöstlinger)

(aus: *Christine Nöstlinger*, Der Frühling kommt. Schroedel Verlag, Hannover 1971)

3.3 Der Herbst steht auf der Leiter (Peter Hacks)

(aus: Der Flohmarkt. © Middelhauve Verlag, München)

3.4 Die Blätter an meinem Kalender (Peter Hacks)

(aus: Der Flohmarkt. © Middelhauve Verlag, München)

Karteikarten 3.1

Lied des Prinzen Karneval

Macht mit und tut, was euch gefällt!
Lasst keck und ohne Trauern
die bunte Seifenblasenwelt
bis Aschermittwoch dauern.

Ich hab mir mein Kostüm geborgt
mit Schellen und mit Bändern.
Mit hundert Masken wohlversorgt
kann ich mich rasch verändern.

Auch euch verwandle ich im Nu,
wenn ich vorüberwandle.
Ich seh euch an, ich wink euch zu
und ihr seid plötzlich andre.

Ich bringe euch die Narrenzeit.
Ihr dürft auf Händen laufen.
Auf meinem bunten Karren, Leut,
sind Träume zu verkaufen!

Seid König oder Königin,
seid Seemann oder Bayer!
Es steckt ein Sinn im Unsinn drin
und Lachen macht euch freier!

Der Metzger wird ein Rittersmann,
der Schneider wird sein Knappe.
Und du kommst wie ein König an
mit Pomp aus Putz und Pappe.

Dann nehmt die Maske vom Gesicht,
seid wieder Hans und Grete.
Jedoch vergesst im Leben nicht
den Ton der Blechtrompete!

Ich, Kinder, bin Prinz Karneval.
Ich spiele Bass und Flöte.
Doch mir am liebsten ist der Schall
von einer Blechtrompete.

James Krüss

(aus: *Bruno Horst Bull* (Hrsg.), Glück und Segen. Bertelsmann Jugendbuchverlag, © James Krüss Erben)
© Oldenbourg Schulbuchverlag GmbH, PRAXIS Bibliothek 184, Kinder begegnen Gedichten

Karteikarten 3.1

Lied des Prinzen Karneval

Beim ausgelassenen Karnevalstreiben sind die Strophen des Gedichts wie Konfetti durch die Luft gewirbelt. Nun ist alles durcheinander!
Kannst du Ordnung machen?
Lies mehrmals und sehr genau, bevor du versuchst, eine Reihenfolge herzustellen. Orientiere dich dabei am Inhalt. In der 1. Strophe stellt sich Prinz Karneval vor ...
Lege zuerst eine Folie auf die Karteikarte und nummeriere alle Strophen, schreibe dann den Text ab.
   Lösungskarte Nr.

Hinweis: Du musst nicht die gleiche Strophenfolge wie James Krüss finden. Aber dein Text soll insgesamt einen Sinn ergeben.

James Krüss beschreibt hier die lustige Narrenzeit. Sicher feierst du auch gerne Karneval/Fasching und verkleidest dich.
Gestalte ein Faschings-Abc.
Dazu brauchst du gute Laune und viele Ideen. Suche nach *Faschingswörtern!* Das sind Begriffe, die zum Karneval passen oder davon handeln. Nimm viele unterschiedliche Filzstifte und schreibe in kunterbunten Faschingsfarben.
Z. B.: **A** schermittwoch
       B unt
       C owboy
       D urst
       ...
Sieh in der **Faschingswörter-Narrenkiste** nach, wenn dir selbst nichts mehr einfällt.

© Oldenbourg Schulbuchverlag GmbH, PRAXIS Bibliothek 184, Kinder begegnen Gedichten

Die bunte Seifenblasenwelt soll man auch auf deinem Blatt erkennen.
Mache aus deinem Faschings-Abc ein lustiges und buntes Poster.
Male dazu einen Schmuckrand. Überziehe am Schluss die noch weißen Stellen mit zarten Konfetti-Tupfen.

Ein Vorschlag für die Faschingsparty:
Suche dir Partner und baut zusammen ein **Erzählkino**.
Jetzt willst du wissen, wie das geht?
Besorgt euch eine Tapetenrolle und malt auf die Rückseite zu den 8 Strophen des Gedichts passende Bilder. Dann befestigt ihr rechts und links einen Stab und rollt eure Bilder zusammen.
Beim Vorführen wird Bild um Bild aufgerollt und gezeigt, während ihr das Gedicht vortragt. Ihr könnt euch beim Vortragen strophenweise abwechseln. Man kann auch Zeilen gemeinsam sprechen.

Interview für Neugierige
Fragt Lehrer, Mitschüler, Rektor, Hausmeister, Oma, Opa, Eltern, Freunde usw.
Was halten Sie/hältst du vom Fasching?
Verkleidest du dich? Wenn ja, welches Kostüm?
Feiern Sie? Gehen Sie auf einen Faschingsball?
Wenn nein, warum nicht?

© Oldenbourg Schulbuchverlag GmbH, PRAXIS Bibliothek 184, Kinder begegnen Gedichten

Kartenkartei 3.1

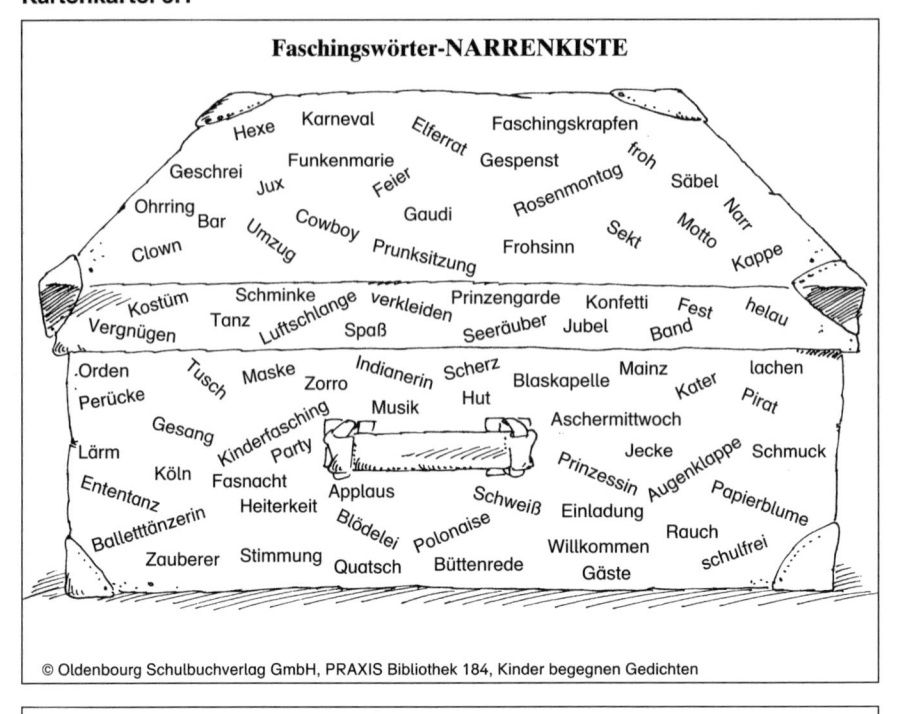

Faschingswörter-NARRENKISTE

Hexe, Karneval, Elferrat, Faschingskrapfen, froh, Geschrei, Funkenmarie, Gespenst, Rosenmontag, Säbel, Jux, Feier, Narr, Ohrring, Bar, Cowboy, Gaudi, Sekt, Motto, Umzug, Prunksitzung, Frohsinn, Kappe, Clown, Kostüm, Schminke, Luftschlange, verkleiden, Prinzengarde, Konfetti, Fest, helau, Vergnügen, Tanz, Spaß, Seeräuber, Jubel, Band, Orden, Tusch, Maske, Indianerin, Scherz, Blaskapelle, Mainz, lachen, Perücke, Zorro, Hut, Kater, Pirat, Gesang, Kinderfasching, Musik, Aschermittwoch, Lärm, Party, Jecke, Schmuck, Köln, Fasnacht, Prinzessin, Augenklappe, Ententanz, Applaus, Schweiß, Papierblume, Balletttänzerin, Heiterkeit, Blödelei, Polonaise, Einladung, Rauch, Zauberer, Stimmung, Quatsch, Büttenrede, Willkommen, Gäste, schulfrei

© Oldenbourg Schulbuchverlag GmbH, PRAXIS Bibliothek 184, Kinder begegnen Gedichten

Lied des Prinzen Karneval

Ich, Kinder, bin Prinz Karneval.
Ich spiele Bass und Flöte.
Doch mir am liebsten ist der Schall
von einer Blechtrompete.

Ich hab mir mein Kostüm geborgt
mit Schellen und mit Bändern.
Mit hundert Masken wohlversorgt
kann ich mich rasch verändern.

Auch euch verwandle ich im Nu,
wenn ich vorüberwandle.
Ich seh euch an, ich wink euch zu
und ihr seid plötzlich andre.

Der Metzger wird ein Rittersmann,
der Schneider wird sein Knappe.
Und du kommst wie ein König an
mit Pomp aus Putz und Pappe.

Seid König oder Königin,
seid Seemann oder Bayer!
Es steckt ein Sinn im Unsinn drin
und Lachen macht euch freier!

Macht mit und tut, was euch gefällt!
Lasst keck und ohne Trauern
die bunte Seifenblasenwelt
bis Aschermittwoch dauern.

Ich bringe euch die Narrenzeit.
Ihr dürft auf Händen laufen.
Auf meinem bunten Karren, Leut,
sind Träume zu verkaufen!

Dann nehmt die Maske vom Gesicht,
seid wieder Hans und Grete.
Jedoch vergesst im Leben nicht
den Ton der Blechtrompete!

James Krüss

(aus: Bruno Horst Bull (Hrsg.), Glück und Segen. Bertelsmann Jugendbuchverlag, © James Krüss Erben)

© Oldenbourg Schulbuchverlag GmbH, PRAXIS Bibliothek 184, Kinder begegnen Gedichten

Karteikarten 3.2

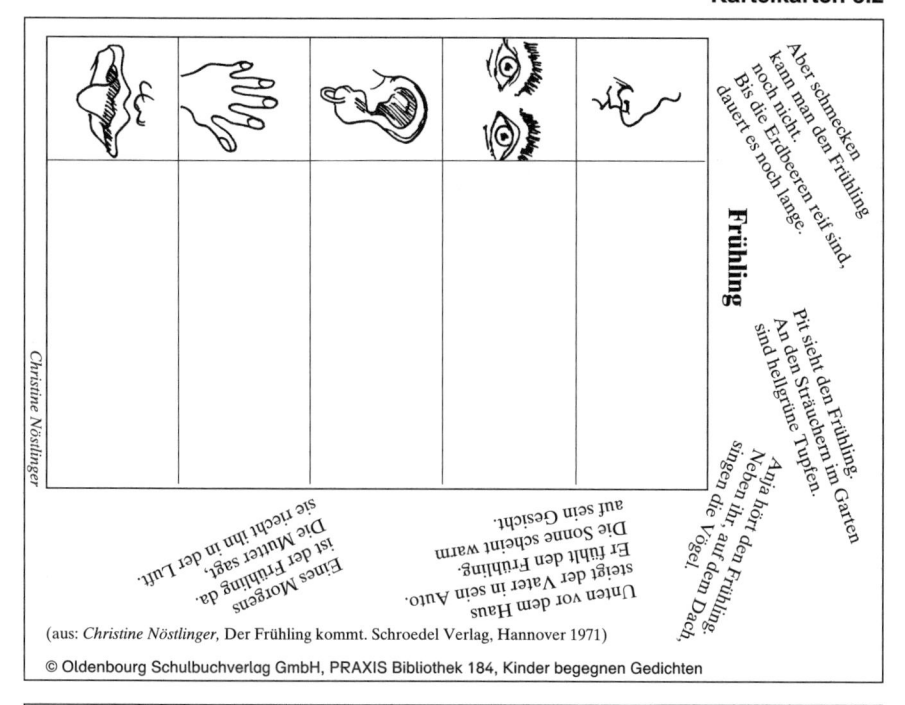

Christine Nöstlinger

Frühling

Aber schmecken kann man den Frühling noch nicht. Bis die Erdbeeren reif sind, dauert es noch lange.

Pit sieht den Frühling. An den Sträuchern im Garten sind hellgrüne Tupfen.

Anja hört den Frühling. Neben ihr, auf dem Dach, singen die Vögel.

Unten vor dem Haus steigt der Vater in sein Auto. Er fühlt den Frühling. Die Sonne scheint warm auf sein Gesicht.

Eines Morgens ist der Frühling da. Die Mutter sagt, sie riecht ihn in der Luft.

(aus: *Christine Nöstlinger,* Der Frühling kommt. Schroedel Verlag, Hannover 1971)

© Oldenbourg Schulbuchverlag GmbH, PRAXIS Bibliothek 184, Kinder begegnen Gedichten

---

Frühling

☺ **Ordne die Strophen in der richtigen Reihenfolge.**
Lies genau. Dann erkennst du jeweils ein Zeitwort, das zu einem Bild passt.
🔑 Lösungskarte Nr.

☺☺ Mutter, Vater, Anja und Pit sind Figuren, die sich Christine Nöstlinger ausgedacht hat, um zu zeigen, wie man den Frühling mit allen seinen fünf Sinnen erleben kann.
Tausche die Personen aus.
Schreibe von dir und von Menschen, die du magst.
Du darfst dabei auch Textteile verändern. Man kann den Frühling auch bei anderen Gelegenheiten und an anderen Orten riechen, sehen, hören, fühlen und schmecken.

☺ Das Nöstlinger-Original oder dein Gedicht kann das erste Blatt in einem **Frühlingsgedichtebuch** werden.
Sammle Frühlingsgedichte, die dir gut gefallen. Du findest sie in Lesebüchern, Gedichtbänden und Zeitschriften, auf Kalenderblättern und Postkarten. Schreibe sie ab und gestalte Schmuckblätter. Am Ende malst du ein Deckblatt, auf das du auch gepresste Blüten kleben kannst.
Binde alle Blätter mit einem Wollfaden oder einem Geschenkband zusammen.

© Oldenbourg Schulbuchverlag GmbH, PRAXIS Bibliothek 184, Kinder begegnen Gedichten

Karteikarten 3.2

Antonio Vivaldi hat ein weltberühmtes Werk komponiert. Es heißt **„Die vier Jahreszeiten". Höre dir daraus den Frühling an.**
Ein Komponist kann Stimmungen und Gefühle ebenso ausdrücken wie dies Schriftstellern mit Worten und Malern mit Motiv und Farbe gelingt. Er benützt dazu verschiedene Instrumente, unterschiedliche Tempi und Tonhöhen.
Schließe die Augen und genieße. Hörst du, wie die Melodie den Frühling beschreibt, wie die Vögel singen und sich die Natur unter den wärmenden Sonnenstrahlen entfalten kann?

Klebe auf einem größeren Stück Tonpapier den **Frühling als junges Mädchen**: Dazu schneidest du dir aus Stoffresten in leichten und hellen Frühlingsfarben verschiedene Blüten- und Blattformen. Vorzeichnen nicht vergessen.
Lass dann die Haare, die Figur und das Kleid wie eine *Collage* entstehen. Das Gesicht malst du besser auf ein anderes Blatt, schneidest es aus und klebst es auf das Tonpapier.
Versuche, Mitschüler für diese Idee zu gewinnen. Ihr könnt dann zusammen eine Ausstellung eurer *Frühlingsmädchen* machen.

Im Frühjahr liefert die Natur ein faszinierendes Schauspiel. Es blühen Blumen, Sträucher und Bäume.
- Welche Frühlingsblumen gefallen dir besonders gut?
  Schreibe die Namen auf, zeichne sie und lege dir eine kleine Blumenkartei an.
- Ein blühender Obstbaum ist nicht nur für dich ein prächtiger Anblick. Auch Bienen finden ihn besonders anziehend und summen begeistert von Blüte zu Blüte. Warum? Wie ist eine Blüte aufgebaut? Welche Funktion erfüllt sie? Informiere dich in Sachbüchern.

© Oldenbourg Schulbuchverlag GmbH, PRAXIS Bibliothek 184, Kinder begegnen Gedichten

---

Frühling

Eines Morgens
ist der Frühling da.
Die Mutter sagt,
sie riecht ihn in der Luft.

Pit sieht den Frühling.
An den Sträuchern im Garten
sind hellgrüne Tupfen.

Anja hört den Frühling.
Neben ihr, auf dem Dach,
singen die Vögel.

Unten vor dem Haus
steigt der Vater in sein Auto.
Er fühlt den Frühling.
Die Sonne scheint warm
auf sein Gesicht.

Aber schmecken
kann man den Frühling
noch nicht.
Bis die Erdbeeren reif sind,
dauert es noch lange.

Christine Nöstlinger

(aus: *Christine Nöstlinger*, Der Frühling kommt. Schroedel Verlag, Hannover 1971)

© Oldenbourg Schulbuchverlag GmbH, PRAXIS Bibliothek 184, Kinder begegnen Gedichten

Karteikarten 3.3

Die Blätter flattern munter   Er kleckst und pinselt fleißig   Die Tanne spricht zum Herbste
Und finden sich so schön.   Auf jedes Blattgewächs,   Das ist ja fürchterlich,

Was färbste nicht mal mich?   Die andern Bäume färbste,   Und malt die Blätter an,   Der Herbst steht auf der Leiter

Ein lustiger Waldarbeiter,   Sie werden immer bunter   Und kommt ein frecher Zeisig,
ein froher Malersmann.   Am Ende falln sie runter.   Schwupp, kriegt der auch nen Klecks.

(*Peter Hacks*, aus: Der Flohmarkt. © Middelhauve Verlag, München)

© Oldenbourg Schulbuchverlag GmbH, PRAXIS Bibliothek 184, Kinder begegnen Gedichten

---

Der Herbst steht auf der Leiter   Dichterhilfe:

Hier hat sich ein Gedicht versteckt!
Lies die Zeilen und versuche dann, das Gedicht richtig aufzuschreiben.
Tipp: Es besteht aus 4 Strophen mit je 4 Zeilen.
Die Reimform lautet **abab**.

Der Herbst steht auf der Leiter
von Peter Hacks

Der Herbst _____
_____
_____
_____

Er kleckst _____
_____
_____
_____

Die Tanne _____
_____
_____
_____

Die Blätter _____
_____
_____
_____

Lösungskarte Nr.

© Oldenbourg Schulbuchverlag GmbH, PRAXIS Bibliothek 184, Kinder begegnen Gedichten

Karteikarten 3.4

Peter Hacks lässt den Herbst als Maler im Wald arbeiten und schreibt mit dieser lustigen Idee ein fröhliches Gedicht.
Was in den Strophen geschieht, kannst du malen.
Erfinde eine Comicgeschichte aus 4 Bildern mit Sprech- und Denkblasen.

Die Blätter der Laubbäume verfärben sich im Laufe des Herbstes und fallen schließlich ab. Nadelbäume dagegen bleiben immer grün.
Warum?
Schlage im Kinderlexikon und anderen Sachbüchern nach. Finde noch mehr Unterschiede zwischen Laub- und Nadelbäumen.
Erstelle eine Liste der bei uns wachsenden Arten für deine Mitschüler.

Schreibe das Gedicht in Oktoberfarben ab.
Verwende Filz- und Buntstifte in warmen Farben, die zum Herbst passen (alle Gelb-, Braun- und Rottöne).
Tipps: • Ersetze einen Buchstaben im gesamten Text durch Blattformen. Z. B. **e**

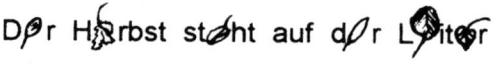

D🍂r H🍂rbst st🍂ht auf d🍂r L🍂it🍂r

oder
• Male anstelle einiger Wörter ein kleines Bild auf die Zeilen.
Z. B. Leiter, Blätter, Malersmann, Zeisig, Tanne, Bäume

Der Herbst steht auf der Leiter

Der Herbst steht auf der Leiter
Und malt die Blätter an,
Ein lustiger Waldarbeiter,
Ein froher Malersmann.

Er kleckst und pinselt fleißig
Auf jedes Blattgewächs,
Und kommt ein frecher Zeisig,
Schwupp, kriegt der auch nen Klecks.

Die Tanne spricht zum Herbste
Das ist ja fürchterlich,
Die andern Bäume färbste,
Was färbste nicht mal mich?

Die Blätter flattern munter
Und finden sich so schön.
Sie werden immer bunter
Am Ende falln sie runter.

Peter Hacks

(aus: Der Flohmarkt. © Middelhauve Verlag, München)

Karteikarten 3.4

Die Blätter an meinem Kalender

Die Blätter an meinem Kalender, die sind im Frühling klein und kriegen goldene Ränder vom Märzensonnenschein. Im Sommer sind sie grüner, im Sommer sind sie fest, die braunen Haselhühner erbaun sich drin ein Nest. Im Herbst ist Wolkenwetter und Sonnenschein wird knapp, da falln die Kalenderblätter, bums, ab. Im Winter, wenn die Zeiten hart, hat es sich auskalendert. Ich sitze vor der Wand und wart, dass sich das Wetter ändert.

Peter Hacks

(aus: Der Flohmarkt. © Middelhauve Verlag, München)

© Oldenbourg Schulbuchverlag GmbH, PRAXIS Bibliothek 184, Kinder begegnen Gedichten

Die Blätter an meinem Kalender

In diesem Text verbirgt sich ein Gedicht mit 4 Strophen in der Reimform abab.
Alle Zeilen des Gedichts sind aneinandergeschrieben.
So kannst du es finden:
Lege eine Folie auf die Karteikarte und unterstreiche zunächst die Reimwörter. Kennzeichne dann die Zeilenenden mit einem Strich.
Schreibe das Gedicht nun in Strophen auf und lasse zwischen jeder Strophe eine Leerzeile.
Verwende verschiedene Filzstifte in Farben, die zu den Jahreszeiten passen.
Lösungskarte Nr.

Bastle dir einen Gedichtekalender.
Suche dir zu jedem Monat ein passendes Gedicht, das du abschreiben oder kopieren kannst. Am besten wechselst du zwischen beiden Möglichkeiten.
Klebe die Gedichte dann auf 12 gleiche Blätter deiner Wahl und zum Inhalt Passendes. Verwende dabei unterschiedliches Material wie Wasserfarben, Wachsmalkreiden, Bunt- und Filzstifte. Ebenso kannst du aus Buntpapier und Ähnlichem etwas ausschneiden und ebenfalls aufkleben.
Hefte am Schluss deine 12 Blätter zusammen.
Verschenke den Kalender oder schmücke damit dein Zimmer.

© Oldenbourg Schulbuchverlag GmbH, PRAXIS Bibliothek 184, Kinder begegnen Gedichten

Karteikarten 3.4

Gestalte ein Werbeplakat für das Gedicht.
Dazu sollst du das Gedicht so anbieten, als wolltest du es verkaufen. Wenn du die Strophen schon geschrieben hast, kannst du sie ausschneiden und hier verwenden. Suche dann nach geeigneten Fotos, Bildern, zeichne selbst, schreibe.
Klebe alles zusammen, z. B. auf Packpapier.

Der Dichter Peter Hacks brachte zu Papier, was ihm zu den Jahreszeiten einfiel.
Was bedeuten für dich die Jahreszeiten?
Wie erlebst du sie?
Was machst du?
Schreibe zu jeder Jahreszeit deine Gedanken so auf:

Im Frühling _____

Im Sommer _____

Im Herbst _____

Im Winter _____

© Oldenbourg Schulbuchverlag GmbH, PRAXIS Bibliothek 184, Kinder begegnen Gedichten

Die Blätter an meinem Kalender

Die Blätter an meinem Kalender,
die sind im Frühling klein
und kriegen goldene Ränder
vom Märzensonnenschein.

Im Sommer sind sie grüner,
im Sommer sind sie fest,
die braunen Haselhühner
erbaun sich drin ein Nest.

Im Herbst ist Wolkenwetter
und Sonnenschein wird knapp,
da falln die Kalenderblätter,
bums, ab.

Im Winter, wenn die Zeiten hart,
hat es sich auskalendert.
Ich sitze vor der Wand und wart,
dass sich das Wetter ändert.

Peter Hacks

(aus: Der Flohmarkt. Gedichte für Kinder. © Middelhauve Verlag, München)

© Oldenbourg Schulbuchverlag GmbH, PRAXIS Bibliothek 184, Kinder begegnen Gedichten

4. Sach- und Lachgedichte

4.1 Gemüseball (Werner Halle)

(aus: Bilder und Gedichte für Kinder zu Haus, im Kindergarten und für den Schulanfang. Westermann Verlag, Braunschweig 1971. © Ilse Halle, Karlsruhe)

4.2 Das große, kecke Zeitungsblatt (Josef Guggenmos)

(aus: *Hans-Joachim Gelberg* (Hrsg.), Oh, Verzeihung, sagte die Ameise. Beltz & Gelberg, Weinheim 1990)

4.3 Gehen-laufen-springen (Rosemarie Künzler-Behncke)

(aus: *Hans-Joachim Gelberg* (Hrsg.), Überall und neben dir. Beltz Verlag, Weinheim und Basel 1986. Programm Beltz & Gelberg, Weinheim)

4.4 Die Speisekarte am Parkhotel (Hans Baumann)
Speisekarte im Jahre 2028 (Michail Krausnick)

(*Hans Baumann* aus: *Hans-Joachim Gelberg* (Hrsg.), Die Stadt der Kinder, Georg Bitter Verlag, Recklinghausen 1982;
Michail Krausnick aus: *Joachim Fuhrmann* (Hrsg.), Tagtäglich. Gedichte. Rowohlt Verlag, Hamburg 1978. © Michail Krausnick, Neckargmünd)

Karteikarten 4.1

Gemüseball

Gestern Abend auf dem Ball
tanzte Herr von _____
mit der Frau von Petersil.
Ach, das war nicht _____.

Die Prinzessin Sellerie
tanzte fein und _____
mit dem Prinzen Rosenkohl.
Ach, was war sie _____!

Der Baron von Kopfsalat
tanzte leicht und _____
mit der Frau von Sauerkraut;
doch die blickte _____.

Ritter Kürbis, groß und schwer,
trat oft auf die _____.
Doch die Gräfin Paprika
lief ihn einfach _____.

Werner Halle

(aus: Bilder und Gedichte für Kinder zu Haus, im Kindergarten und für den Schulanfang. Westermann Verlag, Braunschweig 1971. © Ilse Halle, Karlsruhe)

Wörter in der Tomate: stehen, glücklich, herzlich, übel

Wörter in der Paprika: Zwiebel, schmerzlich, Zehen, schicklich

© Oldenbourg Schulbuchverlag GmbH, PRAXIS Bibliothek 184, Kinder begegnen Gedichten

Karteikarten 4.1

Gemüseball

Für Gedichteprofis:
Setze die fehlenden Reimwörter richtig ein und bestimme die Reimform.
Lege dazu eine Folie über die Karteikarte und fülle die Leerstellen. Unterstreiche dann jeweils die Endreime und schreibe die Reim-Buchstaben in die Kästchen dahinter.
Lösungskarte Nr.

Einladung zum Weiterdichten
Dichte weitere Strophen mit vier Zeilen und versuche, die Reimform einzuhalten. Suche dir zuerst immer ein Gemüsepaar aus. Verpasse dann jeder Figur einen Adelstitel und erfinde eine Mini-Geschichte, die mit dem Gemüseball zusammenhängt.
Beispiel: **Tomate – Gurke**   Die lustige Frau von **Tomate**
　　　　　　　　　　　　　　wirbelte durch den <u>Saal</u>,
　　　　　　　　　　　　　　gemeinsam mit Graf von **Gurke**
　　　　　　　　　　　　　　und seinem flatternden <u>Schal</u>.

Dichterhilfen:
Spargel – Rübe / Kohlrabi – Mais / Lauch – Radieschen / Schnittlauch – Artischocke / Erbse – Rettich / Bohne – Spinat ...

Schreibe deine beste Gemüseballstrophe in schönster Schrift auf ein Blatt und male einen bunten Schmuckrand aus Gemüse dazu.

© Oldenbourg Schulbuchverlag GmbH, PRAXIS Bibliothek 184, Kinder begegnen Gedichten

---

Europäischer Obst- und Gemüsesalat
Es gibt bei uns das ganze Jahr hindurch die verschiedensten Obst- und Gemüsesorten zu kaufen. Informiere dich auf dem Wochenmarkt, beim Gemüsehändler und im Supermarkt. Sieh in Zeitschriften und Reklamesendungen nach.
Schneide dann Bilder aus, fotografiere und male selbst.
Woher kommt unser Obst und Gemüse?
Es gibt fast immer unterschiedliche Möglichkeiten. Frage im Gemüseladen, sieh im Lexikon nach und nimm andere Sachbücher zu Hilfe.
Ordne alles nach deutschen und europäischen Gemüsearten.
Z. B.: *Tomaten aus Holland, Orangen aus Spanien, Paprika aus ??*
Gestalte mit dem Material ein Obst- und Gemüseposter und beschrifte deine Ergebnisse.
oder
Bringe Bilder von Obst und Gemüse an einer Europakarte an, benenne Länder und Sorten und stelle alles im Klassenzimmer aus.

Finde zu verschiedenem Gemüse passende rhythmische Bausteine.
Überlege mit einem Partner. Zusammen geht das Sprechen und Silbenklatschen leichter.

Beispiele: Sauerkraut

　　　　　　Artischocke

　　　　　　Rübe

Macht eure rhythmischen Bausteine mit verschiedenen Orff-Instrumenten hörbar.

© Oldenbourg Schulbuchverlag GmbH, PRAXIS Bibliothek 184, Kinder begegnen Gedichten

Karteikarten 4.1

Kleines Gemüsetheater
Neben den 4 Strophen von Werner Halle soll auch eine Fortsetzung mit euren selbstgedichteten Strophen stattfinden.
Malt das Gemüse auf Karton, schneidet es aus und befestigt Schaschlikstäbe an den Figuren.
Denkt euch zu jeder Strophe eine kleine Spielszene aus.
Überlegt, wer von euch die Figuren bewegt und wer spricht. Auch strophenweises Abwechseln ist möglich.
Musik von einer Kassette (*Vorschlag* „Krebspolka" aus: Fidula-Kassette 15 „Tänze für Kinder") kann eure Vorführung leise begleiten. Es ist auch schön, wenn ihr die Gemüsenamen mit Orff-Instrumenten oder durch Klatschen, Stampfen, Schnalzen und Patschen rhythmisch betont.

Der italienische **Maler Giuseppe Arcimboldo** (1527–1593) wurde vor allem durch seine ungewöhnlichen Köpfe berühmt, die er aus Büchern, Blumen, Früchten, Gemüse oder Getreide zusammensetzte. Ein Beispiel seiner Kunst zeigt das Bild **„Der Sommer"**, das er im Jahre 1563, also vor mehr als 400 Jahren, malte.
Betrachte das Kunstwerk genau. Du siehst eine Figur von der Seite, die ausschließlich aus Gemüse, Obst und Getreide besteht. Sieh dir die Nase und die Augen an. Woraus sind sie gebildet? Statt Zähnen malte der Künstler Erbsen, Kirschen sollen die Lippen darstellen und als Kinn wählte er eine Birne. Sicher findest du noch weitere Einzelheiten!
Lust zum Ausprobieren?
Sammle aus Zeitschriften, Katalogen, Supermarktanzeigen usw. viele Gemüsesorten.
Schneide sie aus und klebe damit auf schwarzem Tonpapier ein Gemüsegesicht.

© Oldenbourg Schulbuchverlag GmbH, PRAXIS Bibliothek 184, Kinder begegnen Gedichten

von Giuseppe Arcimboldo

Der Sommer

© Oldenbourg Schulbuchverlag GmbH, PRAXIS Bibliothek 184, Kinder begegnen Gedichten

Karteikarten 4.1/4.2

Gemüseball

Gestern Abend auf dem *Ball*   a
tanzte Herr von Zwiebel   b
mit der Frau von Petersil.   c
Ach, das war nicht übel.   b

Die Prinzessin *Sellerie*   a
tanzte fein und schicklich   b
mit dem Prinzen Rosenkohl.   c
Ach, was war sie glücklich!   b

Der Baron von *Kopfsalat*   a
tanzte leicht und herzlich   b
mit der Frau von Sauerkraut;   c
doch die blickte schmerzlich.   b

Ritter Kürbis, groß und *schwer*,   a
trat oft auf die Zehen.   b
Doch die Gräfin Paprika   c
lief ihn einfach stehen.   b

Werner Halle

(aus: Bilder und Gedichte für Kinder zu Haus, im Kindergarten und für den Schulanfang. Westermann Verlag, Braunschweig 1971. © Ilse Halle, Karlsruhe)

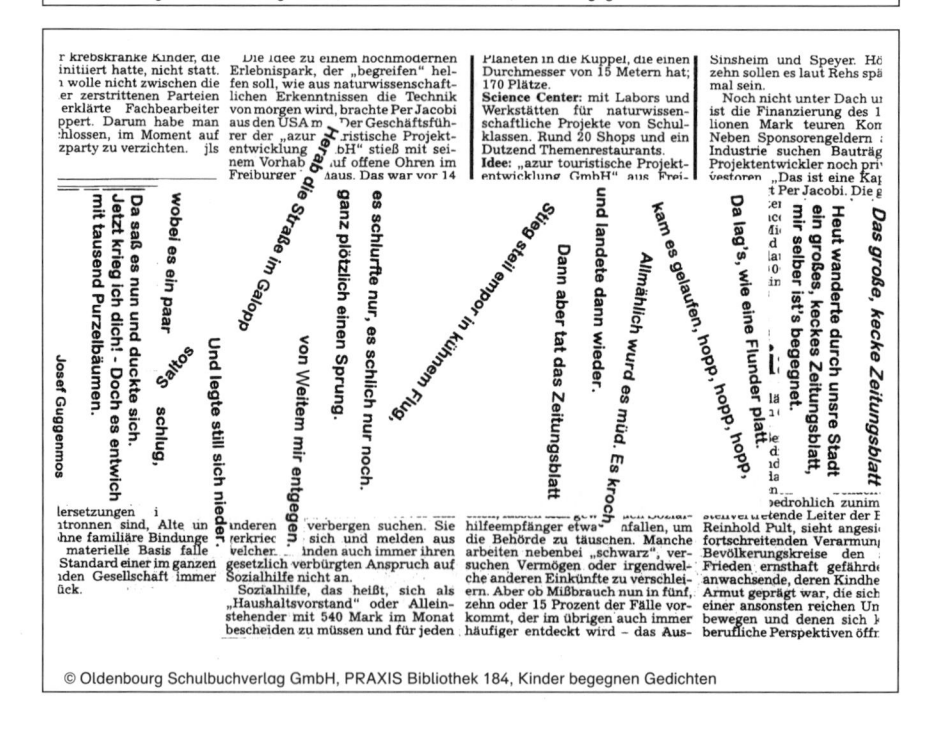

© Oldenbourg Schulbuchverlag GmbH, PRAXIS Bibliothek 184, Kinder begegnen Gedichten

---

Das große, kecke Zeitungsblatt

Das große, kecke Zeitungsblatt
wanderte durch unsre Stadt.
Heut sollen es laut Rehs späh'n
ein großes, keckes Zeitungsblatt,
das selber ist's begegnet.

Da lag's, wie eine Flunder platt,
hopp, hopp, hopp.

Allmählich wurd es müd. Es kroch
kam es gelaufen,
und landete dann wieder.
Dann aber tat das Zeitungsblatt
Stieg steil empor in kühnem Flug.
es schlurfte nur, es schlich nur noch,
ganz plötzlich einen Sprung.
von Weitem mir entgegen.
Und legte still sich nieder,
Saltos schlug,
wobei es ein paar
Da saß es nun und duckte sich.
Jetzt krieg ich dich! - Doch es entwich
mit tausend Purzelbäumen.

Josef Guggenmos

© Oldenbourg Schulbuchverlag GmbH, PRAXIS Bibliothek 184, Kinder begegnen Gedichten

Karteikarten 4.2

Das große, kecke Zeitungsblatt

☺ ☺ Zwischen der ersten und letzten Strophe hat das freche Zeitungsblatt einiges erlebt.
Willst du wissen, was geschehen ist?
Das geht so:
Besorge dir weißes Papier, einen großen Bogen einer Tageszeitung und schwarze Filzstifte.
Schreibe zuerst die Überschrift und die beiden vorhandenen Strophen des Gedichts ab, schneide alles aus und lege die drei Teile wie angegeben auf das Zeitungspapier.
Dann schreibe die einzelnen Streifen ab und schneide auch sie zurecht.
Versuche durch Legen und Hin- und Herschieben der Streifen herauszufinden, was passiert ist.
Hinweis: Erstelle einen sinnvollen Text. Er muss nicht mit dem Entwurf des Dichters übereinstimmen.

☺ ☺ Vergleiche deine Idee mit dem Original von Josef Guggenmos. Lösungskarte Nr.

Das fertige Gedicht lässt sich sehr gut in eine **Bildergeschichte** verwandeln.
Überlege dir, wie viele Bilder du brauchst. Teile dein Blatt entsprechend ein.
Zeichne den Weg des Zeitungsblattes.

Suche dir Partner und stelle den Text mit Instrumenten dar.
☺ ☺ Mit den richtigen Klängen und Geräuschen kann man hören, wie das Zeitungs-
☺ ☺ blatt fliegt, hopp-hopp-hopp läuft, müde wird oder plötzlich losspringt.
☺ Tragt das Gedicht dazu vor und verändert beim Lesen die Lautstärke.

© Oldenbourg Schulbuchverlag GmbH, PRAXIS Bibliothek 184, Kinder begegnen Gedichten

Das große, kecke Zeitungsblatt

**Heut wanderte durch unsre Stadt
ein großes, keckes Zeitungsblatt,
mir selber ist's begegnet.**

**Herab die Straße im Galopp
kam es gelaufen, hopp, hopp, hopp,
von Weitem mir entgegen.**

**Allmählich wurd es müd. Es kroch,
es schlurfte nur, es schlich nur noch.
Und legte still sich nieder.**

**Da lag's, wie eine Flunder platt.
Dann aber tat das Zeitungsblatt
ganz plötzlich einen Sprung.**

**Stieg steil empor in kühnem Flug,
wobei es ein paar Saltos schlug,
und landete dann wieder.**

**Da saß es nun und duckte sich.
Jetzt krieg ich dich! – Doch es entwich
mit tausend Purzelbäumen.**

Josef Guggenmos

(aus: Hans-Joachim Gelberg (Hrsg.), Oh, Verzeihung, sagte die Ameise. Beltz & Gelberg, Weinheim 1990)

© Oldenbourg Schulbuchverlag GmbH, PRAXIS Bibliothek 184, Kinder begegnen Gedichten

Karteikarten 4.3

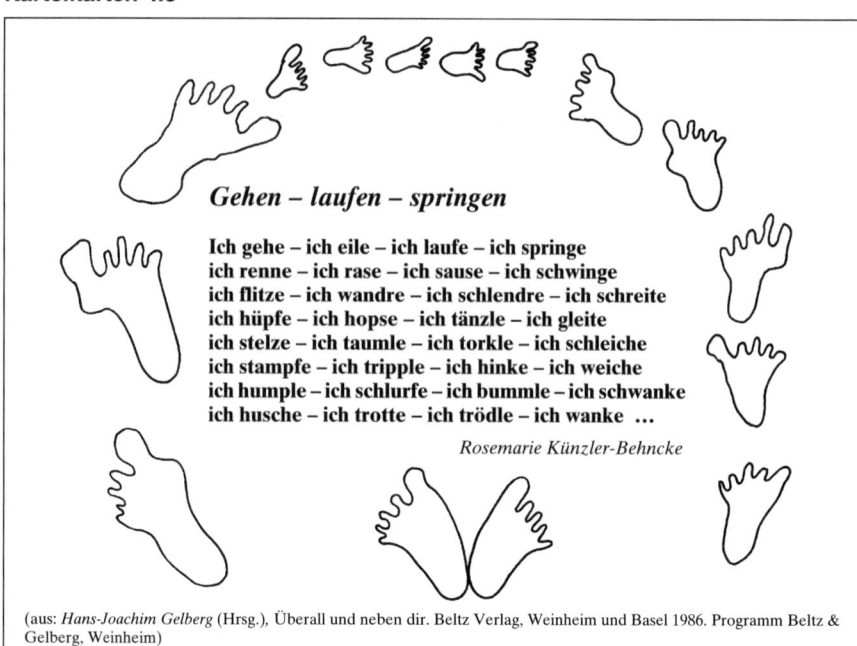

Gehen – laufen – springen

Ich gehe – ich eile – ich laufe – ich springe
ich renne – ich rase – ich sause – ich schwinge
ich flitze – ich wandre – ich schlendre – ich schreite
ich hüpfe – ich hopse – ich tänzle – ich gleite
ich stelze – ich taumle – ich torkle – ich schleiche
ich stampfe – ich tripple – ich hinke – ich weiche
ich humple – ich schlurfe – ich bummle – ich schwanke
ich husche – ich trotte – ich trödle – ich wanke …

Rosemarie Künzler-Behncke

(aus: *Hans-Joachim Gelberg* (Hrsg.), Überall und neben dir. Beltz Verlag, Weinheim und Basel 1986. Programm Beltz & Gelberg, Weinheim)

© Oldenbourg Schulbuchverlag GmbH, PRAXIS Bibliothek 184, Kinder begegnen Gedichten

Gehen – laufen – springen

Gefällt dir die Idee der Dichterin?
Dann suche dir einige Gangarten heraus und denke dir Bewegungen dazu aus.
Lass andere erraten, was du darstellst.

Findet passende Klänge mit Orff-Instrumenten.
Denkt an Lautstärke, Tonhöhe und Rhythmus.
Ihr könnt laut-leise, ängstlich-freudig, beschwingt, langsam-schnell, gemütlich-gehetzt und noch vieles mehr hörbar machen.

Beispiele:
ich schreite — ● ● ● ● ●
ich bummle — Metallophon
ich stelze
ich tripple

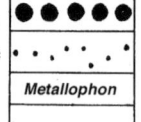

ich gehe — · · · · · · ·
ich rase — · · · · · · ·
ich stampfe — Handtrommel
ich schlurfe — ━ ━ ━ ━

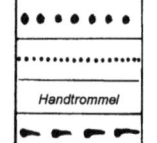

Vorschlag: Ein Partner kann die Bewegung darstellen, während der andere ihn mit einem Instrument begleitet.

© Oldenbourg Schulbuchverlag GmbH, PRAXIS Bibliothek 184, Kinder begegnen Gedichten

Karteikarten 4.3 / 4.4

Mit den Wörtern kann man malen.

hü^{pf}e torkle schwinge schwanke
sause

Nimm dicke Filzstifte und schreibe die Ideen ab. Du kannst auch Veränderungen vornehmen, wenn du andere Vorschläge hast.
Erfinde weitere Wortbilder.

Finde die **Paarreime** heraus, die die Dichterin benützt hat. Schreibe sie auf.
Sieh dir die Form genau an. Zähle die Zeitwörter in jeder Zeile.

Vorschlag zum Selberdichten:
Schreibe ein *FLÜSTERN–SPRECHEN–SCHREIEN*–Gedicht.
Du kannst statt „ich" auch ein anderes Fürwort wählen.
Sammle zunächst alle Wörter, die dir zu deiner Gedichtidee einfallen.
Es geht los!

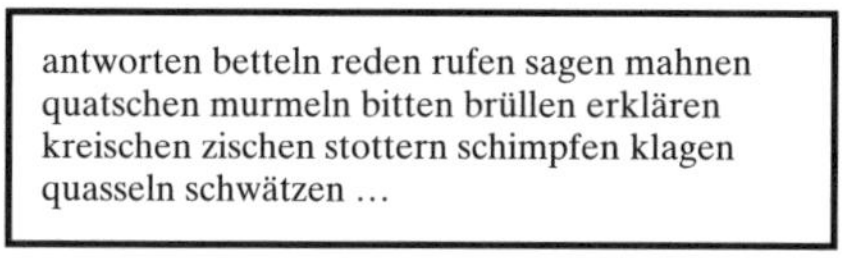

> antworten betteln reden rufen sagen mahnen
> quatschen murmeln bitten brüllen erklären
> kreischen zischen stottern schimpfen klagen
> quasseln schwätzen …

© Oldenbourg Schulbuchverlag GmbH, PRAXIS Bibliothek 184, Kinder begegnen Gedichten

---

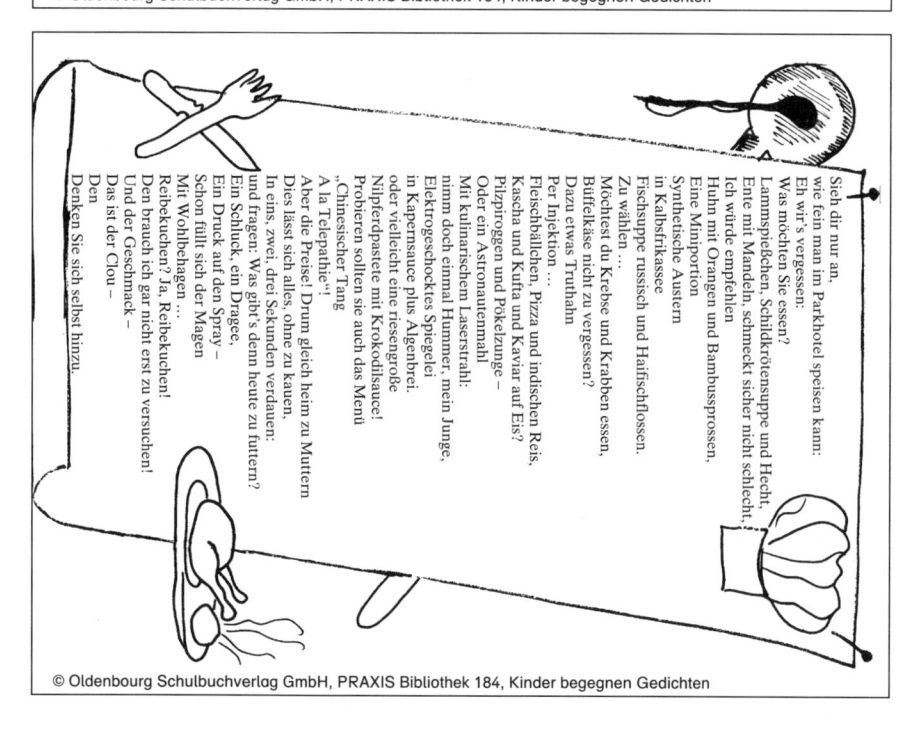

Sieh dir nur an,
wie fein man im Parkhotel speisen kann:
Eh wir's vergessen:
Was möchten Sie essen?
Lammspießchen, Schildkrötensuppe und Hecht,
Ente mit Mandeln, schmeckt sicher nicht schlecht.
Ich würde empfehlen
Huhn mit Orangen und Bambussprossen,
Eine Miniportion
Synthetische Austern
in Kalbsfrikassee
Fischsuppe russisch und Haifischflossen.
Möchtest du Krebse und Krabben essen,
Büffelkäse nicht zu vergessen?
Zu wählen …
Dazu etwas Truthahn
Per Injektion …
Fleischbällchen, Pizza und indischen Reis,
Kascha und Kutta und Kaviar auf Eis?
Pilzpiroggen und Pökelzunge –
Oder ein Astronautenmahl
Mit kulinarischem Laserstrahl:
nimm doch einmal Hummer, mein Junge,
Elektrogeschocktes Spiegelei
in Kapernsauce plus Algenbrei,
oder vielleicht eine riesengroße
Nilpferdpastete mit Krokodilsauce!
Probieren sollten sie auch das Menü
„Chinesischer Tang
A la Telepathie"!
Aber die Preise! Drum gleich heim zu Muttern
Dies lässt sich alles, ohne zu kauen,
In eins, zwei, drei Sekunden verdauen:
und fragen: Was gibt's denn heute zu futtern?
Ein Schluck, ein Dragee,
Ein Druck auf den Spray –
Schon füllt sich der Magen
Mit Wohlbehagen …
Reibekuchen? Ja, Reibekuchen!
Den brauch ich gar nicht erst zu versuchen!
Und der Geschmack –
Das ist der Clou –
Den
Denken Sie sich selbst hinzu.

© Oldenbourg Schulbuchverlag GmbH, PRAXIS Bibliothek 184, Kinder begegnen Gedichten

Karteikarten 4.4

Die Speisekarte im Parkhotel / Speisekarte im Jahre 2028

Achtung! Hier stimmt etwas nicht.
Das **Schüttelgedicht** besteht aus zwei unterschiedlichen Texten, die sich beide mit dem Thema „Essen" beschäftigen. Vermischt sind **Die Speisekarte im Parkhotel** von *Hans Baumann* und **Speisekarte im Jahre 2028** von *Michail Krausnick*.
Findest du die zusammengehörenden Teile und die richtigen Überschriften?
Lies genau und mehrmals.
Achte auf Punkte, Kommas und Großschreibung.
Lege eine Folie auf die Karteikarte und unterstreiche die Gedichte mit zwei verschiedenen Farben.
Schreibe dann beide Texte getrennt voneinander ab.
Lösungskarte Nr.

Interview für Hungrige
Zeigt im Schulhaus und daheim die beiden Gedichte. Befragt Rektor, Hausmeister, Lehrer, Sekretärin, Schüler, Eltern, Geschwister, Nachbarn usw. Sammelt unterschiedliche Meinungen und Gedanken zu den Texten:
Welches Gedicht gefällt Ihnen/dir besser? Warum?
Glauben Sie/ Glaubst du, dass wir in ungefähr 30 Jahren solche Gerichte zu essen bekommen (Speisekarte im Jahre 2028)?
Haben Sie/Hast du ein Lieblingsrestaurant? Was macht es so gut?
Was essen Sie/isst du am liebsten?
Können Sie/Kannst du kochen?
Wenn ja, welches Rezept gelingt am besten?

© Oldenbourg Schulbuchverlag GmbH, PRAXIS Bibliothek 184, Kinder begegnen Gedichten

---

Hans Baumann, der Autor des Gedichts „Speisekarte im Parkhotel", freut sich nach dem Lesen der exklusiven Speisen auf einfache Hausmannskost: Reibekuchen (Man nennt sie auch Kartoffelpuffer).
Bestimmt kennst du ein leckeres Gericht, das einfach und schnell zuzubereiten ist.
Frage deine Mutter oder sieh im Kochbuch nach.
Schreibe den Namen deines Lieblingsrezepts, sämtliche Zutaten und die Zubereitung auf einen Zettel und hefte ihn zu den Klassennachrichten.
Gestalte dazu eine auffällige Überschrift und schon bald werden andere Kinder mit ihren Vorschlägen zu einer tollen *Klassenrezeptesammlung* beitragen.
Tipp:

Anregungen für Mini-Köche: Pfannkuchen spezial, gebackene Apfelringe, Geburtstagskuchen, Pudding, Nudelsalat, Käseauflauf, Spaghetti, Pizza, Milchshake

Spezialitäten aus Europa
Andere Länder – andere Speisen: Fragt ausländische Mitschüler nach einem beliebten Sonntagsessen bei ihnen zu Hause.
Versucht, möglichst viele Spezialitäten und deren Kochanleitung aus unterschiedlichen Ländern zu sammeln.
Erstellt eine *appetitliche Info-Wand,* bei der jedem Leser das Wasser im Mund zusammenläuft.

© Oldenbourg Schulbuchverlag GmbH, PRAXIS Bibliothek 184, Kinder begegnen Gedichten

Karteikarten 4.4

Erfinde eine lustige Speisekarte.
Denke dir einen Namen für dein Lokal aus.
Teile dann dein Blatt in Vorspeisen, Hauptgerichte, Nachspeisen und Getränke ein.
Vergiss die Preise nicht.
Gestalte die Überschriften jeweils farbig und größer als den Rest.
Schreibe in schönster Schrift.
Dichterhilfen: Käfer auf Mückenfett, Muscheln an Drachensoße, Blätterwickel mit Pferdeäpfeln gefüllt, pikantes Kastanienmus mit Schnee, ...

Wayne Thiebaud ist ein amerikanischer Maler und Zeichner der Kunstrichtung Pop-Art. Er stellt vor allem Lebensmittel dar, die er wirklichkeitsgetreu wiedergibt.
Betrachte sein 1963 gemaltes Bild „Kuchentheke".
In einer Vitrine werden mehrstöckige Torten mit Zuckerguss und verschiedene einfachere Sahne- und Schokoladentorten zur Schau gestellt.
Sieht es nicht aus wie eine Fotografie?

Gestalte eine Lebensmittel-Theke wie Wayne Thiebaud.
Überlege vorher genau, was du malen möchtest.
Nimm ein Zeichenblatt im Querformat und teile das Blatt gut ein.
Verwende Filz- und Buntstifte, damit du viele Einzelheiten abbilden kannst.
Künstlerhilfen: Folgende Lebensmittel kannst du wie in einer Verkaufstheke malen: Käse/Schokolade, Pralinen und Kekse/Wurst und Fleisch/Brot, Brötchen, Baguettes, Hörnchen und Brezen/Milch, Sahne, Joghurts, Margarine und Butter/Fisch/Salate/Zuckerwatte, Mandeln und andere Süßigkeiten/...

© Oldenbourg Schulbuchverlag GmbH, PRAXIS Bibliothek 184, Kinder begegnen Gedichten

*Postkarten mit diesem Motiv sind im Buchhandel erhältlich. Bestell-Nr.: ML 80, Gebr. König Postkartenverlag, Köln.

Die Speisekarte im Parkhotel

Sieh dir nur an,
wie fein man im Parkhotel speisen kann:
Lammspießchen, Schildkrötensuppe und Hecht,
Ente mit Mandeln, schmeckt sicher nicht schlecht,
Huhn mit Orangen und Bambussprossen,
Fischsuppe russisch und Haifischflossen.
Möchtest du Krebse und Krabben essen,
Büffelkäse nicht zu vergessen?
Fleischbällchen, Pizza und indischen Reis,
Kascha und Kufta und Kaviar auf Eis?
Pilzpiroggen und Pökelzunge –
nimm doch einmal Hummer, mein Junge,
oder vielleicht eine riesengroße
Nilpferdpastete mit Krokodilsauce!
Aber die Preise! Drum gleich heim zu Muttern
und fragen: Was gibt's denn heute zu futtern?
Reibekuchen? Ja, Reibekuchen!
Den brauch ich gar nicht erst zu versuchen!

Hans Baumann

(aus: *Hans-Joachim Gelberg* (Hrsg.), Die Stadt der Kinder, 1982)

Speisekarte im Jahre 2028

Eh wir's vergessen:
Was möchten Sie essen?
Ich würde empfehlen
Eine Miniportion
Synthetische Austern
in Kalbsfrikassee
Zu wählen ...
Dazu etwas Truthahn
Per Injektion ...
Oder ein Astronautenmahl
Mit kulinarischem Laserstrahl:
Elektrogeschocktes Spiegelei
In Kapernsauce plus Algenbrei.
Probieren sollten sie auch das Menü
„Chinesischer Tang
A la Telepathie"!
Dies lässt sich alles, ohne zu kauen,
in eins, zwei, drei Sekunden verdauen:
Ein Schluck, ein Dragee,
Ein Druck auf den Spray –
Schon füllt sich der Magen
Mit Wohlbehagen ...
Und der Geschmack –
Das ist der Clou –
Den
Denken Sie sich selbst hinzu.

Michail Krausnick

(aus: Joachim Fuhrmann, Tagtäglich. Gedichte. Rowohlt Verlag, Hamburg 1978. © Michail Krausnick, Neckargmünd)

© Oldenbourg Schulbuchverlag GmbH, PRAXIS Bibliothek 184, Kinder begegnen Gedichten

5. Eine Anleitung zum Weiterentwickeln

Die abgedruckten Karteikarten sind als Grundstock einer umfangreicheren, persönlichen Gedichtekartei gedacht, die das individuelle Leistungsvermögen der Kinder berücksichtigt und auf besondere Vorlieben einer Klasse eingeht. Jeder Lehrer kann die bereits vorhandenen Arbeitsanregungen um eigene Ideen ergänzen und neue lyrische Texte in unbegrenzter Anzahl aufnehmen.

Für die Weiterentwicklung meines didaktischen Vorschlags und die konkrete Anwendung der Kartei im Unterricht bedarf es einiger praktischer Tipps:

- AB 21 fasst die **5 interdisziplinären Auftragsarten** und das sie jeweils symbolisierende Bildchen zusammen. Sie erleichtern die Kommunikation, dienen der raschen Orientierung und müssen vor Einsatz des Arbeitsmittels allen Kindern bekannt sein.
- Dies gilt ebenso für **Smilies**, die auf die Möglichkeit zur Einzel- (☺), Partner- (☺ ☺) oder Gruppenarbeit (☺ ☺ ☺ ☺ ☺) verweisen.
  Die Kinder müssen wissen, dass es sich dabei um eine Empfehlung, nicht aber um eine Vorschrift handelt. Wer eine Aufgabe entgegen des Vorschlags unbedingt allein bearbeiten möchte oder nicht ohne seinen besten Freund dichten will, soll daran nicht gehindert werden.
- Die Originalgröße der **Karteikarten** ist DIN-A5. Sie werden in Prospekthüllen aufbewahrt und in einer Zettelbox oder einem Schuhkarton gleichen Formats den Kindern zugänglich gemacht.

Abb.54 Gedichtekartei

Die Karten der vier Rubriken Mut- und Wutgedichte, Jahr- und Zeitgedichte, Sach- und Lachgedichte sowie Lösungen erhalten unterschiedliche Farben, um während der Benutzung die optische Zuordnung zu erleichtern. Dazu sind im Handel bunte Karteikarten erhältlich. Wem dies zu aufwendig erscheint, markiert jedes Blatt auf der rechten oberen Ecke mit einem entsprechenden farbigen Punkt.
Die 4 Trennblätter sind aus Pappe zurechtgeschnitten.

- Innerhalb der 3 Bereiche werden alle Texte fortlaufend **nummeriert**.

Auf jeder Lösungskarte sind die Nummer des betreffenden Gedichts und die Farbe der Sparte, der es inhaltlich zugeordnet ist, vermerkt.
Beispiel: „Enthüllung" von Pat Moon bekommt die Nummer 4. Der Text wird auf eine blaue Karteikarte geschrieben, da in meinem Unterricht alle Mut- und Wutgedichte die Erkennungsfarbe Blau haben.
So kann über Farbe **und** Ziffer die richtige Lösungskarte aus dem hinteren Bereich der Karteibox zur Selbstkontrolle zuverlässig entnommen werden. Jede Karte hat oben links einen gekennzeichneten Platz für die Nummerierung. Neben dem verwendeten „Schlüssel" sind ein einfacher Kreis, ein aufgeschlagenes Buch oder ein großer Briefkasten mögliche Alternativen.

Auf ein wesentliches Kriterium für die Auswahl zusätzlicher Gedichte sei explizit verwiesen:

Sie sollen gestaltende Interpretationsversuche zulassen, sprachliche Kreativität fördern und kindorientierte Aktivitäten motivieren.
Es gilt Arbeitsaufträge festzuhalten, die den produktiven Umgang mit dem Text betonen, verschiedene Bereiche des Deutschunterrichts ansprechen und auch andere Fächer miteinbeziehen.
Beim Ausbau der Kartei erweist sich eine ausgewogene Mischung zwischen Originalabdrucken und Textrekonstruktionen, wie sie die Gedichtewerkstatt exemplarisch demonstriert, als ideal. Für einen Text aus dem Bereich Jahr- und Zeitgedichte werden im Folgenden einige Arbeitsaufträge grob skizziert. Sie müssen noch ausformuliert werden, möchten erste Ideen zum Vergrößern der Karteibox liefern und zum Weitermachen animieren.

| Name | Datum | **AB 21** |

Dichterauftrag

Künstlerauftrag

Bühnenauftrag

Komponistenauftrag

Forscherauftrag

Zur Jahreswende
Eva Rechlin

Die Horoskope hatten Recht:
Das alte Jahr war manchmal schlecht
und manchmal war es gut.
Das neue wird genauso sein:
Zur Hälfte Glück, zur Hälfte Pein.
Nur Mut, nur Mut, nur Mut!

So manche Hoffnung ward erfüllt,
so manche Sorge nie gestillt,
oft war es unbequem.
Das neue Jahr wird auch so sein:
Zur Hälfte groß, zur Hälfte klein.
Trotzdem, trotzdem, trotzdem!

Der Mensch, der man im alten war,
den schleppt man mit ins neue Jahr,
die Last bleibt nicht zurück.
Doch ob sie groß ist oder klein:
Es kann ein neuer Anfang sein.
Viel Glück, viel Glück, viel Glück!

(aus: *Bruno Horst Bull* (Hrsg.), Glück und Segen. Mosaik Verlag, Hamburg 1964. © Eva Rechlin, Schönau)

- Der Text wird in Form eines Feuerwerks über den Dächern einer Stadt angeboten.
  Dazu werden aus den zerschnittenen Gedichtzeilen Böller, Dächer und Schornsteine geklebt.

- *Dichterauftrag:*
  Original herstellen und in 3 Strophen aufschreiben, dabei als Hilfe die Reimform aabccb angeben;
  Reimwörter unterstreichen lassen;
  bei jeder Strophe die ersten zwei Wörter vorgeben.

- *Künstlerauftrag:*
  Glücksbringer aus Tonpapier herstellen, z.B. Schwein, Kleeblatt usw. als Lesezeichen.

- *Forscherauftrag:*
  Interview im Schulhaus : Gute Vorsätze im Neuen Jahr.

- *Forscherauftrag:*
Silvesterbräuche bei uns und anderswo;
Nachschlagen in Sachbüchern, sich bei ausländischen Mitschülern informieren usw.

- *Künstler-/Forscherauftrag:*
Welche Tierkreiszeichen gibt es? Ein Plakat mit allen Sternzeichen und deren Symbolen gestalten; alle Mitschüler nach Geburtsdatum fragen und eintragen; im Sitzkreis Arbeit vorstellen und aktuelle Horoskope aus einer Zeitschrift vorlesen.
Kritik anregen: Glaubst du daran?

- *Komponistenauftrag:*
„Neujahrs-Konzert" mit Orff-Instrumenten oder „Feuerwerksmusik", bei der man die Böller knallen hört.

- *Dichterauftrag:*
Was hältst du von der Überschrift? Passt sie zum Inhalt? Gefällt sie dir?
Denke dir weitere, gelungenere Möglichkeiten aus.
und ... und ... und ...

VI. Interesse an Gedichten weckt man nicht mit Lesebüchern

1. Thematischer Gedicht-Vergleich: Eine Idee – Viele Autoren

Es ist eine Tatsache, dass Unterschiedliches schneller erfasst wird als Gleiches. Der Vergleich ist eine elementare menschliche Wahrnehmungs- und Erkenntnistätigkeit, verfeinert die Beobachtungsgabe und entfaltet individuelle Erfahrungsmöglichkeiten.

In der Primarstufe eröffnet das Lesen motivverwandter Texte eine große Chance kindorientiertes, entdeckendes Lernen mit spielerischer, weil vergleichender Interpretation zu verknüpfen. Aus den Unterschieden zwischen zwei Gedichten entwickeln sich zwangsläufig Fragen und kritische Gedanken zu Wortwahl und Struktur, zu Reim, Rhythmus, Satzbau und Gehalt.

Thematische Gedichtvergleiche bereichern den Deutschunterricht, weil Kinder
- entdecken, dass Autoren unterschiedliche Zugriffsweisen haben.
- Texte selbstständig inhaltlich und strukturell erforschen können.
- genaues, vergleichendes Lesen üben.
- ihre Erfahrungen einbringen und ihre Wahrnehmungsmöglichkeiten erweitern.
- erleben, dass ihre Beurteilung wichtig ist und ernst genommen wird.

Zu jedem Wechsel der Jahreszeiten werden meine Schüler angeregt Dinge aus der Natur und typische Gegenstände mitzubringen um sie im Klassenzimmer am „Jahreszeitenfenster" auszustellen. Für den Herbst sind das in erster Linie Laub, Kastanien, Fallobst, Nüsse und Drachen, die direkt ans Fenster geklebt werden.

Das mag banal wirken, doch schärft ein solches Vorgehen langfristig die Aufmerksamkeit der Kinder für Naturvorgänge und lässt sie (hier) den Herbst sinnlich erfahren. Um sich dem Thema Herbstgedichte weiter zu nähern, beginnen wir mit einer *Herbstwörtersammlung*.

Dazu schreibt jeder Schüler spontane Gedanken, Erfahrungen und Erlebnisse auf ein Blatt und trägt in der Zusammenschau seine Notizen vor. Während der Schreibphase hören die Kinder aus Vivaldis „Vier Jahreszeiten" den Passus *Der Herbst*.

Eine unkommentierte, lockere Auflistung vermittelt einen Überblick über die Bandbreite an Wörtern und Vorstellungen, die Viertklässler mit dem Begriff Herbst assoziieren:

Stürmisches Wetter, Drachen fliegen im Wind, Der Herbst verjagt viele Vögel, Vögel sind im Süden, Tiere legen sich Vorräte an, Igel, Krähen, Rabenschrei, Tiere bereiten sich auf den Winterschlaf vor, Blumen verwelken, Blätter verfärben sich, Blätter fallen runter, buntes Laub, man rutscht auf Blättern aus, kahle Bäume, Nüsse, Kartoffeln, Kastanien, Äpfel,
kalt, nass, dunkel, düster, trüb, langsam, langweilig, grau, braun, gelb, gold, rot, weinrot, orange, im Dunkeln zur Schule gehen, warm anziehen, Nebel, Regen, Wind, Wolken, Sturm, Angst, Traurigkeit, allein, Einsamkeit.
So vorbereitet sind die Kinder schließlich neugierig zu erfahren, wie „echte" Dichter über den Herbst denken, was diese erleben und dazu aufgeschrieben haben.

Eine **Gedichtesammlung** (siehe AB 22 *Gedichte vom Herbst*) mit 9 Texten, die zum Vergleich angeboten werden, stillt den Lesehunger. Literarische Vielfalt ist dabei ein wesentliches Auswahlkriterium, d.h. neben so genannten klassischen Kindergedichten sollen Texte namhafter Autoren aus verschiedenen Epochen vertreten sein.

Zunächst werden alle Gedichte laut vorgelesen, rhythmisch gesprochen und hörend erlebt. Danach erhalten die Schüler ein Blatt mit 5 Aufgaben (siehe AB 23 *Wir vergleichen Herbstgedichte*), die den Vergleich unterstützen und begleiten. Nach kurzer Besprechung macht sich jedes Kind selbstständig mit den Texten vertraut. Eine überraschende, lang anhaltende Stille und knisternde Konzentration bestätigen das Vorgehen. Keiner ruft, wie sonst so oft: „Puh, ist das viel zum Lesen!" Keiner jammert: „Wie lange noch?" Keiner quengelt nach wenigen Minuten: „Was soll ich jetzt machen?" Tatsächlich arbeiten alle entspannt und freudig an einer für sie neuen Aufgabe: Sie beurteilen jedes Gedicht in kindgemäßer Weise, schreiben zwei knappe Kommentare, wählen einen Favoriten und schlagen vor, wie man sich damit gemeinsam weiter auseinandersetzen könnte.

Die atmosphärische Grundstimmung der meisten Gedichte lässt handlungsorientierte Aktionen als kontraproduktiv empfinden, weil sie das sinnliche Erleben stören. Das scheinen instinktiv auch meine Schüler zu fühlen, da der schlichte Vorschlag eines Mädchens großen Anklang findet:

Alle schreiben ihr Lieblingsgedicht auf ein großes Plakat und malen was dazu.
Die Idee wird realisiert, indem jedes Kind sein Gedicht auf ein zurechtgeschnittenes Papier schreibt, das die Kontur eines Blattes zeigt. Die Gestaltung geschieht vollkommen frei. Sämtliche Blätter werden abschließend wie Herbstlaub auf ein Plakat geklebt und ausgestellt.

Name _____ Datum _____ **AB 22**

Herbst 1

Im Herbst muss man Kastanien aufheben,
die braun aus stachliger Schale streben;
man sammelt und sammelt um die Wette
und fädelt sie zu einer endlosen Kette.

Im Herbst muss man Haselnüsse essen,
das darf man auf keinen Fall vergessen!
Man muss sich beeilen, denn das Eichhorn mag sie auch
und plündert mit Windeseile den Strauch.

Im Herbst muss man Äpfel und Birnen schmausen,
doch nicht aus des Nachbars Garten mausen.
Man muss sich mit eignen Früchten befassen
oder sich nicht erwischen lassen.

Im Herbst muss der bunte Drachen steigen.
Man muss ihm den Weg in den Himmel zeigen.
Dann schwebt er hoch über Nachbars Dach,
und man reckt den Hals und schaut ihm nach.

Ilse Kleberger

Verklärter Herbst 2

Gewaltig endet so das Jahr
mit goldnem Wein und Frucht der Gärten.
Rund schweigen Wälder wunderbar
und sind des Einsamen Gefährten.

Da sagt der Landmann: Es ist gut.
Ihr Abendglocken lang und leise
gebt noch zum Ende frohen Mut.
Ein Vogelzug grüßt auf der Reise.

Es ist der Liebe milde Zeit.
Im Kahn den blauen Fluss hinunter
wie schön sich Bild an Bildchen reiht –
das geht in Ruh und Schweigen unter.

Georg Trakl

Herbst 3

Herbstschwere Sonne,
glasharte Disteln am Rain,
weißer Apfelduft aus den Körben,
hinter Scheibenwischern Heidekraut.

Die tonroten Blätter wurden
im Ofen des Herbstes gebrannt.
Sein Herz, die Kastanie,
pocht in der Kinderfaust.

Gerhard Portele

Herbststimmung 4

Die Luft ist lau, wie in dem Sterbezimmer,
an dessen Türe schon der Tod steht still;
auf nassen Dächern liegt ein blasser Schimmer, wie
der der Kerze, die verlöschen will.

Das Regenwasser röchelt in den Rinnen,
der matte Wind hält Blätterleichenschau; –
und wie ein Schwarm gescheuchter Bekassinen
ziehn bang die kleinen Wolken durch das Grau.

Rainer Maria Rilke

November 6

Es kommt eine Zeit,
da lassen die Bäume
ihre Blätter fallen.
Die Häuser rücken
enger zusammen.
Aus dem Schornstein
kommt Rauch.

Es kommt eine Zeit,
da werden die Tage klein
und die Nächte groß,
und jeder Abend hat
einen schönen Namen.

Einer heißt Hänsel und Gretel.
Einer heißt Schneewittchen.
Einer heißt Rumpelstilzchen.
Einer heißt Katherlieschen.
Einer heißt Hans im Glück.
Einer heißt Sterntaler.

Auf der Fensterbank
im Dunkeln,
dass ihn keiner sieht,
sitzt ein kleiner Stern
und hört zu.

Elisabeth Borchers

Novembertag 5

Nebel,
der alles verschlingt:
Jedes Haus, jeden Baum, jeden Strauch.
Ein Kind schreit vom Balkon:
„Bin allein,
endlich allein auf der Welt!"
Und aus dem Nebel die Antwort:
„Ich auch!"

Hans Manz

Herbstbild 7

Dies ist ein Herbsttag, wie ich keinen sah!
Die Luft ist still, als atmete man kaum,
und dennoch fallen raschelnd, fern und nah,
die schönsten Früchte ab von jedem Baum.

Oh stört sie nicht, die Feier der Natur!
Dies ist die Lese, die sie selber hält,
denn heute löst sich von den Zweigen nur,
was von dem milden Strahl der Sonne fällt.

Friedrich Hebbel

Herbstfeuer 8

Rings in allen Gärten,
die im Tale sind,
rauchen nun die Feuer,
und der Herbst beginnt.

Fern ist nun der Sommer
und der Blumenduft.
Rote Feuer lodern.
Rauch steigt in die Luft.

Lobt den Lauf des Jahres
und den Wechsel auch!
Blumen bringt der Sommer
und der Herbst den Rauch!

Robert Louis Stevenson

Herbstwind 9

Erst spielt der Wind nur Fußball
mit Vaters bestem Hut,
dann schüttelt er die Bäume,
die Blätter riechen gut,

und lässt die Drachen leben
und wringt die Wolken aus.
Der Herbstwind lässt uns beben,
wir gehen nicht nach Haus.

Günter Ullmann

© Oldenbourg Schulbuchverlag GmbH, PRAXIS Bibliothek 184, Kinder begegnen Gedichten

Name	Datum	**AB 23**

Wir vergleichen Herbstgedichte

- **Lies dir die Gedichte in Ruhe durch und beurteile sie dann mit diesen Zeichen:**

    Ich finde es toll! 😊

    Na ja. 😐

    Es gefällt mir nicht. ☹

- **Welche Wörter passen zu den Gedichten? Schreibe die Gedichtnummern dahinter.**

    langweilig   freundlich

    traurig   nachdenklich

    einsam   sehnsüchtig

    einfach   schwer

    lustig   spannend

    komisch   dumm

    übertrieben   geheimnisvoll

- **Welches Gedicht hat dir besonders gut gefallen?**
    Begründe auf dem Block. Schreibe auch Stellen und Wörter auf, die dir gefallen.

- **Welches Gedicht hat dir gar nicht gefallen?**
    Begründe deine Meinung auf dem Block. Schreibe Gedichtteile auf, die du nicht magst.

- **Schlage vor, was wir mit dem Gedicht, das dir sehr gut gefällt, tun könnten.**
    Schreibe deine Ideen auf den Block.

Quellenangaben zu den Texten der Gedichtesammlung (AB 22):
Elisabeth Borchers: November. Aus: Elisabeth Borchers, Und oben schwimmt die Sonne davon. Heinrich Ellermann Verlag, München 1965
Friedrich Hebbel: Herbstbild. Aus: Friedrich Hebbel, Werke in fünf Bänden. Band 3. Carl Hanser Verlag, München 1963
Ilse Kleberger: Herbst. Aus: Hans-Joachim Gelberg (Hrsg.), Die Stadt der Kinder. 1982
Hans Manz: Novembertag. Aus: Hans Manz, Mit Wörtern fliegen. Beltz Verlag, Weinheim und Basel 1995. Programm Beltz & Gelberg, Weinheim
Gerhard Portele: Herbst. Aus: Lyrik aus dieser Zeit 1961. Bechtle Verlag, München und Esslingen 1961 - in Verbindung mit dem Süddeutschen Rundfunk. © Marei Portele, Hamburg
Rainer Maria Rilke: Herbststimmung. Aus: Sämtliche Werke. Insel Verlag, Frankfurt a. M. o.J.
Robert Louis Stevenson: Herbstfeuer. Aus: Robert Louis Stevenson, Mein Königreich. Nachdichtungen von Josef Guggenmos. Signal Verlag, Baden-Baden 1969
Georg Trakl: Verklärter Herbst. Aus: Walter Killy/Hans Szklenar (Hrsg.), Dichtungen und Briefe. Historisch-kritische Ausgabe. Band 1. Otto Müller Verlag, Salzburg 1969
Günter Ullmann: Herbstwind. Aus: Hans-Joachim Gelberg (Hrsg.), Überall und neben dir. Beltz Verlag, Weinheim und Basel 1986. Programm Beltz & Gelberg, Weinheim

2. Steckbrief: Ein Autor - Viele Ideen

Alle Bemühungen rund um das Gedicht basieren auf der Absicht den Leseanfänger für Gedrucktes zu interessieren, die Freude am Lesen zu wecken und eine stabile Lesemotivation aufzubauen. In nahezu jeder Grundschulklasse sitzt eine immer größer werdende Anzahl von Kindern, die zu Hause kein Buch besitzen, stundenlang fernsehen, Medien überwiegend passiv konsumieren und ihre Eltern kaum lesend erleben. Es muss ein elementares Anliegen sein, gerade auch diesen Schülern Lesespaß zu vermitteln, mit Arbeitsformen, die das Buch nicht verschulen, sondern ihm die Nähe zur Freizeitlektüre lassen. Zu diesem Zweck plane ich jeweils gegen Ende der dritten Klasse ein umfangreiches Buchvorhaben ein, das verschiedene Genre der Kinderliteratur, die Buchproduktion, einen Bibliotheksbesuch, das Kennenlernen eines Autors und einer Klassenlektüre aus dessen Veröffentlichungen zum Inhalt hat. Letzteres kann mit einem Prosatext geschehen, doch ist das Vorhaben ebenso mit Lyrik durchführbar, wenn der Begriff Klassenlektüre anders definiert wird.
Dem Aufbau des Projekts liegt ein *extensiver Literaturbegriff* zugrunde. Dazu gehören die Ausweitung des Literaturbegriffs hin zu Medien aller Art (Kinderzeitschriften, Videos, Kassetten, ...) und die Einordnung von

Kinderbüchern in den Bedingungszusammenhang Autor-Text-Leser. Jeder Text wird als kommunikativer Prozess aufgefasst, der von der Produktion über die Distribution durch Verlage, Bibliotheken, Buchhandlungen, Presse, Rundfunk und Fernsehen zur Textaufnahme führt. Literarische Kommunikation ist jedoch meist Einbahn-Kommunikation, in der eine Rückkoppelung nur in Ausnahmefällen zustande kommt, etwa bei einer Autorenlesung oder bei Leserbriefen an den Autor. Die Kinder sollen also die gesamte Bandbreite literarischen Lebens – didaktisch reduziert – erfahren.
Drei wesentliche Kriterien bestimmen Aufbau und Durchführung des Projekts:

- Verbindung reflektiver, produktiver und rezeptiver Sprachtätigkeiten;
- teilweiser Angebotscharakter, d.h. die Kinder haben eine gewisse Entscheidungsfreiheit, Mitspracherecht und Handlungsspielraum;
- Aufgreifen handlungsorientierter Schülerinteressen.

Die nachstehenden Teilüberschriften folgen chronologisch der abgebildeten Wandzeitung (Ausschnitte, siehe Abb.55), die im Verlauf des Projekts im Klassenzimmer sukzessiv aufgebaut wird. Die Ausstellungsfläche reflektiert das bisher Geleistete, visualisiert den Lernfortschritt, motiviert und fordert zum Mitmachen auf.

Verschiedene Arten von Büchern
Unterschiedliche Arten der Kinderliteratur werden mit den Kindern erarbeitet, Begriffe veranschaulicht und geklärt, Überschneidungen diskutiert. Dabei entstehen zahlreiche Wortkarten, denen (auf dem Boden liegend) eine Reihe von Büchern, Spielen, Comics usf. zugeordnet wird. Das Material stammt teilweise aus der Klassenbücherei. Zusätzlich sollte in einer Vorphase so viel wie möglich bereits von den Kindern mitgebracht werden.

Wie ein Buch entsteht
Nachdem das Vorwissen der Schüler aktualisiert wurde, hilft ein gleichnamiges Plakat aus dem Kindersachbuch *Lesen macht stark* (aus: Kurt Franz, Lesen macht stark. Alles über Bücher. Vom Autor bis zum Leser. Deutscher Taschenbuch Verlag, München 1980, S.26/27) weiter, das im Großformat beim Verlag erworben werden kann.
Der Weg vom Schriftsteller bis hin zum Buchhändler wird mit Bildern und Stichwörtern hinreichend erörtert. Ferner findet sich zu diesem Thema in jedem Lesebuch ein Sachtext, der ergänzend gelesen wird.

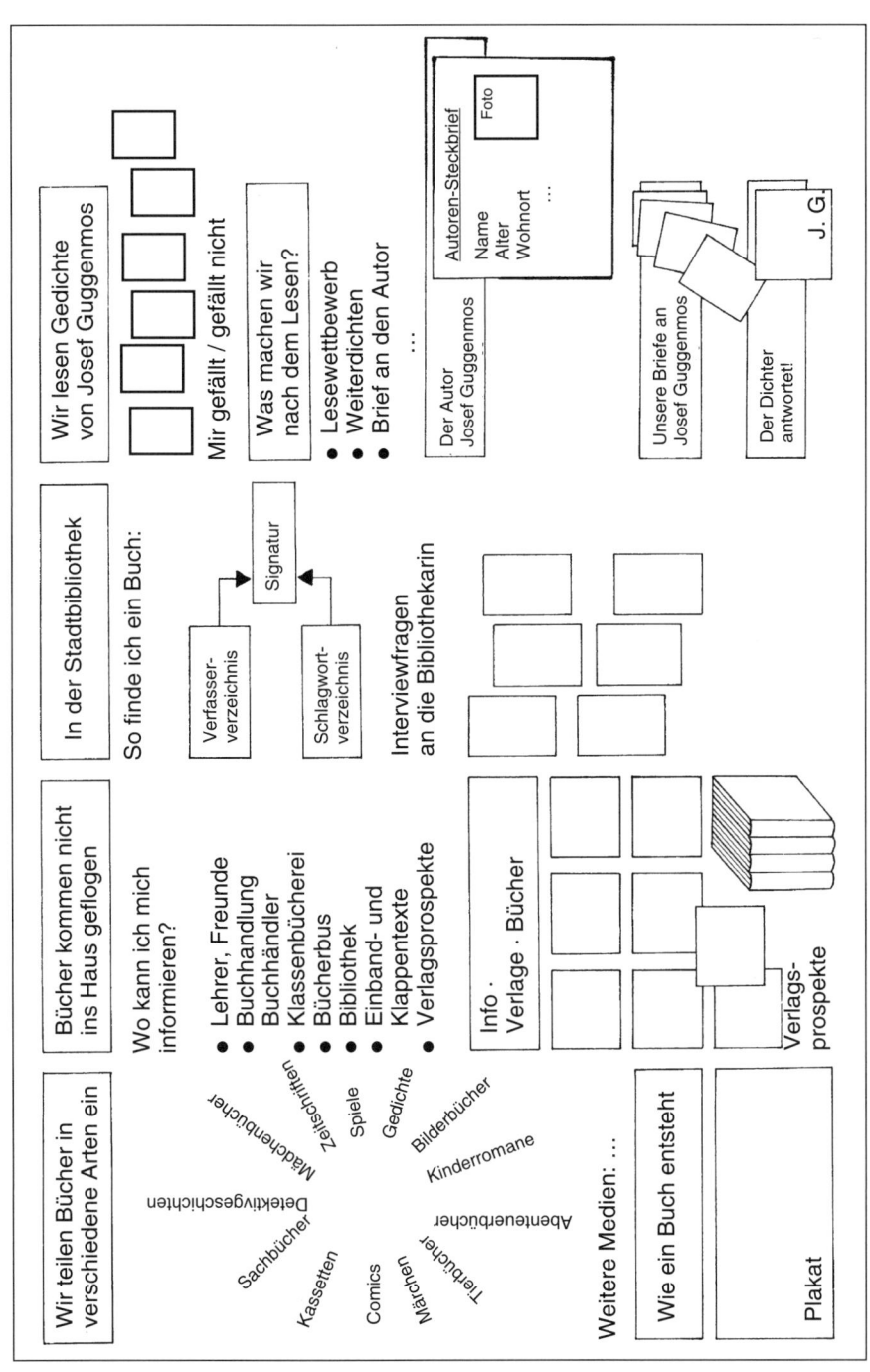

Abb. 55: Wandzeitung

Tipp: Zahlreiche Informationen für Lehrer wie Schüler liefert das Kindersachbuch *Angelika Kutsch erzählt vom Büchermachen. Friedrich Oetinger Verlag, Hamburg 1993.*

Bücher kommen nicht ins Haus geflogen!
Die Kinder erhalten Informationsmöglichkeiten über geeignete Lesestoffe und Neuerscheinungen. Um Schwellenängste abzubauen besuchen wir dazu eine Stadtteilbuchhandlung, lassen uns das Sortiment erklären, lesen Einband- und Klappentexte, prüfen, inwieweit diese Angaben die Kaufentscheidung beeinflussen und nehmen Verlagsprospekte mit. Zurück im Klassenzimmer werden die verschiedenen Wege zum Buch zusammengefasst, auf der Wandzeitung festgehalten und bebildert.
Vor allem aber entsteht eine *Info-Ecke* zu den bekanntesten Kinderbuchverlagen und ihrem aktuellen Angebot. Viele Schüler beschaffen während der nächsten Tage noch zusätzliches Material und erweitern die Verlagsprospekte.
Die begriffliche Erschließung des Mediums Buch mit den Fachausdrücken Autor, Verlag, Verlagsort, Klappentext usw. ist damit abgeschlossen.

In der Stadtbibliothek
Zur Vorbereitung des Unterrichtsgangs in die Kinderbuchabteilung einer Bibliothek findet sich in allen Lesebüchern der dritten oder vierten Klasse ein entsprechender Text. Weiter werden vorab die Begriffe Verfasser- und Schlagwortverzeichnis wie Signatur erklärt und mit Beispielen veranschaulicht (So finde ich ein Buch). In Gruppen erarbeiten die Kinder nach persönlichen Interessen und Vorlieben Interviewfragen an die Bibliothekarin.
In der Stadtbibliothek angekommen werden die Schüler mit der Technik des Ausleihens vertraut gemacht, lernen den Aufbau der Bücherei kennen und werden in das Benützen von Autoren- und Sachkatalogen eingeführt.
In unserem Fall werden alle verfügbaren Gedichtbände des Autors Josef Guggenmos gesucht, ausgeliehen und ins Klassenzimmer mitgenommen. Ein Ausstellungstisch mit Guggenmosbüchern motiviert die Kinder in den folgenden Tagen zum Schmökern und Beurteilen. Sie sind beeindruckt von der Fülle an Veröffentlichungen und der Tatsache, dass es sich um „richtige" Bücher handelt. Bislang kannten sie nur Auszüge in Form von Lesebuchtexten. So gewinnt auch die Herstellung und Zusammensetzung eines Lesebuchs an Transparenz.

Die Interviewfragen sind inzwischen ebenfalls ausgewertet und mit den Antworten auf der Wandzeitung angebracht.

Wir lesen Gedichte von Josef Guggenmos
Von den 16 zur Verfügung stehenden Büchern stammen 12 aus der Leihbücherei und 4 aus privaten Beständen. Sie werden gründlich betrachtet und Titelbilder sowie Umschlaggestaltungen einer kritischen Prüfung unterzogen.
Danach beschäftigen sich einzelne Gruppen mit den Anthologien. Sie sollen aus jedem der ihnen zugeteilten Bücher ein Gedicht aussuchen, abschreiben und unter Angabe der Quelle auf die Wandzeitung kleben. Das bedeutet blättern, schmökern, genaues Lesen, aber auch kursives Lesen, da keines der Kinder einen Gedichtband von der ersten bis zur letzten Seite durchforsten muss. Beim Vergleich der 16 ausgewählten Texte fällt die Wahl meiner Schüler auf *Der Faden* (aus: Was denkt die Maus am Donnerstag? Deutscher Taschenbuch Verlag, München 1971).

Was machen wir nach dem Lesen?
Verschiedene, dem Gedicht angemessene Möglichkeiten werden angeboten. Mit Ausnahme des Briefes an den Autor haben die Kinder freie Auswahl und können allein oder in Gruppen ihre Aktivitäten planen und durchführen. Der Lehrer steht beratend zur Seite:

- Lesewettbewerb;
- Weitere Paarreime dichten;
- Zu jeder Strophe ein Bild malen, die Zweizeiler zerschneiden und mithilfe der Bilder ordnen lassen;
- Abschreiben;
- Eine Gedichtempfehlung schreiben oder ein Werbeplakat gestalten;
- Jeden Paarreim als Mini-Szene mit einer Schnur am Tageslichtprojektor darstellen, während ein anderer vorliest;
- Bilderbuch herstellen: pro Seite ein Paarreim und der entsprechende Schnur-Druck.
  Jede Form des Fadens mit dicker Paketschnur nachbilden, auf Karton kleben, mit Wasserfarbe einpinseln und unter den abgeschriebenen Vers drucken;
  eigene Strophen können das Buch erweitern;
- Eine Geschichte erfinden, in der das Gedicht vorkommt;
- Den Text mit passenden Klängen und Geräuschen vertonen;
- Einen Brief an den Autor schreiben.

Nachdem im Verlauf des Projektes so viel über die Buchherstellung gesprochen wurde, entscheiden sich die meisten für das *Bilderbuch,* das allerdings mit Schreiben, Drucken und eventuellem Weiterdichten viel Zeit in Anspruch nimmt. Daher sollte es nur mit einer Gruppenstärke von etwa 5 Kindern, die arbeitsteilig vorgehen, realisiert werden. Die Buchmacher werden entlohnt durch reichlich Spaß bei der Produktion, Freude am Selbermachen und Dichten sowie Stolz auf das fertige Werk.

Eine vierköpfige Gruppe produzierte auf diesem Weg ein stattliches Bilderbuch und dichtete neben dem Originaltext noch eine ganze Reihe weiterer Paarreime:

Achtung, Herr Josef Guggenmos
1,2,3 und nun geht's los!

Schon hat die 3b den Faden entdeckt.
Schnell hat er sich versteckt!

Er schlüpft hinter eine Mauer
und liegt dort auf der Lauer.

Jetzt kommt er wieder heraus
und verwandelt sich in eine Maus.

Da denkt er an den Nil
und wird blitzschnell ein Krokodil!

Plötzlich findet er ein Nest aus weichem Flaum
und wird im Nu ein dicker Baum.

Dabei wird ihm mitze, matze heiß.
Er verzaubert sich in ein erfrischendes Eis.

Danach geht er zu einer Fete
und formt sich zu einer Trompete.

Wir haben uns jetzt genug ausgedacht
und wünschen allen Lesern „Gute Nacht"!

Autoren-Steckbrief

Daten zur Person, evtl. ein Foto, ausgeschnittene Abbildungen seiner Bücher aus Prospekten und weitere Informationen werden gemeinsam auf einem großen Bogen Packpapier arrangiert und zu einem *Autorensteckbrief* zusammengeklebt (siehe Abb. 56). Zu „Seine Gedichte und Bücher" können auch einige von Kindern abgeschriebene Texte des Dichters angebracht werden. Im Idealfall beschriften die Schüler mit Ausnahme der Überschriften den Steckbrief selbst. Unter „Das interessiert uns" kann jedes Kind innerhalb einiger Tage Fragen und Wünsche festhalten.

Autoren - Steckbrief

Name
Josef Guggenmos

Alter
75 Jahre; geboren am 2.Juli 1922

Wohnort
Er wohnt in Irsee im Allgäu.

So sieht er aus:

Das wissen wir aus seinem Leben:

Seine Gedichte und Bücher:
Er hat mindestens 500 Kindergedichte geschrieben, die in ungefähr 80 Büchern veröffentlicht sind.
Einige Beispiele:
- Es gingen drei Kinder durch den Wald
- Oh, Verzeihung sagte die Ameise
- Sonne, Mond und Luftballon
- Gorilla, ärgere dich nicht!
- Ich will dir was verraten
- Was denkt die Maus am Donnerstag?

Das interessiert uns:

Abb. 56: Autoren-Steckbrief

Nach einer Stoffsammlung an der Tafel verfassen die Kinder in Gruppen einen Brief-Erstentwurf an den Autor. Er kann Fragen zu Beruf und Mensch, zur Entstehung bestimmter Gedichte und deren Inhalt aufnehmen.
Die Briefe werden gesammelt und ausgestellt. Nach einer Pause und Zeit zum Überlegen entwickelt sich ein gemeinsamer Brief, der Vorschläge und Ideen jeder Gruppe berücksichtigt (siehe Abb. 57). Der Brief wird abgeschickt und es beginnt ein spannendes Warten auf die Antwort.
Die Autorenadresse und Informationen über den Dichter sind beim Verlag zu bekommen.

> Nürnberg, den 26. Juli 96
>
> Lieber Herr Guggenmos,
>
> Wir, die Klasse 3b, haben schon viele Gedichte von Ihnen gelesen. Die meisten Gedichte haben uns sehr gut gefallen. Wir haben schon viele Sachen damit gemacht, z.B. weiter gedichtet oder auch ein Mäusekino vom Gedicht „Die Bohne" hergestellt.
>
> Vor zwei Wochen waren wir in der Stadtbibliothek und haben ganz viele Bücher von Ihnen ausgeliehen. Die liegen jetzt in unserem Klassenzimmer und wir können darin lesen.
>
> Wir haben erfahren, daß Sie in Irsee wohnen und am 2. Juli Geburtstag hatten. Wir wünschen Ihnen nachträglich zum Geburtstag alles Gute, viel Glück und viel Gesundheit.
>
> Außerdem haben wir uns etwas ausgedacht und Ihnen ein kleines Geschenk gemacht.
>
> Wir möchten noch mehr von Ihnen wissen und haben unsere Fragen an Sie gesammelt. Bitte nehmen Sie sich Zeit, sie zu beantworten.

> 1. Wieso schreiben Sie Gedichte und keine anderen Sachen?
> 2. Wie sind Sie darauf gekommen, ausgerechnet für Kinder zu schreiben?
> 3. Woher haben Sie die tollen Ideen für Ihre Texte?
> 4. Welches Ihrer Gedichte finden Sie am schönsten?
> 5. Wie lange arbeiten Sie ungefähr an einem Gedicht?
> 6. Wie viele Gedichte haben Sie schon geschrieben?
> 7. Was machen Sie in Ihrer Freizeit?
> 8. Was ist Ihr Lieblingsgericht?
> 9. Welches Lieblingsfach hatten Sie als Kind in der Schule?
> 10. Beschäftigen Sie sich oft mit Kindern?
> 11. Haben Sie ein Haustier?
> 12. Lesen Sie gerne Krimis?
>
> Wir würden uns sehr über einen Antwortbrief freuen.
> Viele liebe Grüße,
> Ihre Klasse 3b aus Nürnberg.

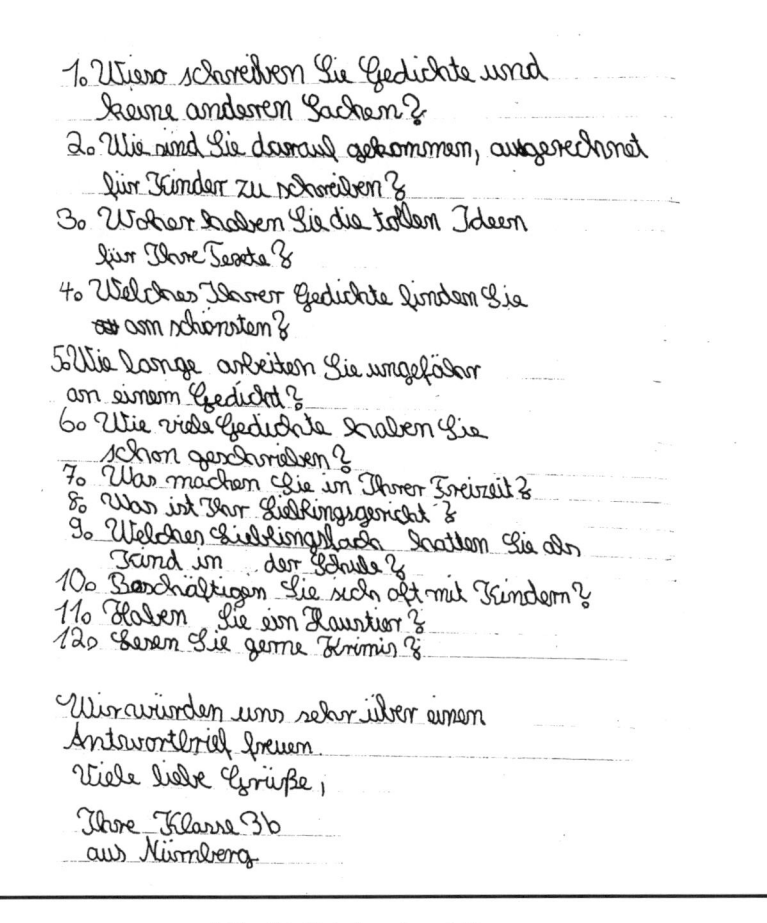

Abb. 57: Brief an Josef Guggenmos

3. Redaktionelle Arbeit: Gedichtezeitung *Im Land der Buntgemischten*

Im Laufe der allgemeinen Vorbereitungen für ein Sommerfest in der Schule übernimmt meine vierte Klasse die Aufgabe, eine Gedichtezeitung zu produzieren, die auf dem Schulfest verkauft werden darf.
Das Motto des Festes **„Im Land der Buntgemischten"** entsteht in Anlehnung an den Text *Anderssein* von *Klaus W. Hoffmann* (siehe IV./3. Visuelle Gestaltung; 3.6 Gedichtposter). Es gibt der Zeitung ihren Namen und ist zugleich richtungsweisend für die inhaltlichen Elemente.

Abb. 58: Plakativer Titel

Das Projekt wird mit Kindern durchgeführt, die bereits zwei Jahre Erfahrungen im Umgang mit Gedichtewerkstatt und -kartei sammeln konnten. Sie haben Freude am selbstständigen Arbeiten, sind sensibilisiert für die besondere lyrische Ausdrucksweise, kennen eine Reihe von Gedichten und verfügen über eine großen Vorrat an Möglichkeiten sich ihnen handlungsorientiert zu nähern.

Die Frage an meine Schüler, inwieweit sie Lust haben eine Zeitung für das Schulfest zu erstellen, löst bei allen zunächst helle Begeisterung aus – unkritisch und nichtsahnend ob des immensen Aufwandes, wie sich bald zeigen würde. Um die Kinder langfristig zu motivieren müssen alle Schritte transparent gemacht werden und sämtliche Entscheidungsprozesse demokratisch ablaufen. Dazu sind während der gesamten Projektdauer von knapp 5 Wochen eine Reihe von Redaktionssitzungen nötig, die oft turbulent ablaufen und dem Lehrer viel Energie abverlangen um konstruktiv voranzukommen. Ausschnitte aus den Sitzungen, wichtige Ergebnisse und Informationen werden im Folgenden zusammengefasst:

Redaktionssitzungen
Es ist ein großer Vorteil, dass die Kinder das „Basisgedicht" *Anderssein* bereits kennen und dazu ein Gedichtposter gestaltet haben. So kann sowohl inhaltlich als auch für das Titelbild darauf zurückgegriffen werden.

Viele sind zunächst erstaunt, dass der Lehrer ihnen nicht mitteilt, wie die Zeitung aussehen soll, sondern stattdessen auf die bevorstehenden, einzelnen **Arbeitsschritte** hinweist:

1. Welche Gedichte und wie viele werden aufgenommen?
   Wie können wir sie interessant und abwechslungsreich darbieten?
   Ideensammlung
2. Festlegen der Seiten und Verteilung der Aufgaben
3. Schreiben der Texte
4. Gestaltung mit Bildern, Zeichnungen und Fotos
5. Korrigieren und Überarbeiten
6. Reinschrift
7. Lay-out
8. Druck

Die Kinder erhalten zunächst eine **Gedichtauswahl**, die sich mit zum Titel passenden Themen wie Frieden, Freundschaft, Ausländer, Angst und Mut, Ich und die anderen, Verantwortung, Vertrauen, Hoffnung und Außenseiter befassen. Daraus werden einvernehmlich 11 Texte ausgesucht.

Während einer **Ideensammlung** machen die Kinder Vorschläge zur weiteren Bearbeitung. Sie werden ungeordnet auf einer am Boden liegenden Packpapierrolle mit Textmarkern notiert:

Kreuzworträtsel, Interview zu bestimmten Texten, Gedichtecomic, Rätsel (alle Gedichtüberschriften vertauschen; Was gehört zusammen?), Weiterdichten, Lückengedicht und fehlende Wörter zuordnen lassen, Puzzle, Gründung eines Dichterclubs, Gedichteschlange, Schüttelgedicht, Titelbild-Inhaltsverzeichnis-Lösungsblatt, ein Gedicht fortlaufend durch die ganze Zeitung abdrucken - eine Zeile am Ende jeder Seite, Gedichte mit Kuckuckseierzeilen (immer 2 Zeilen gehören nicht dazu, zusammen ergeben sie ein ganzes Gedicht), Bonbons als Preis, deren Einwickelpapier im Innern ein Gedicht enthält, Gedichte fotografieren und eine Collage daraus als Titelbild, Gedichtepostkarten mit Schmuckrand im Hof verstecken und während des Festes suchen lassen/Hinweise dazu in der Zeitung, Bild oder Foto abdrucken - Zu welchem Gedicht passt das Bild? ...

Die Vorschläge werden in einer weiteren Sitzung auf ihre Machbarkeit hin überprüft, verworfen, verändert und erweitert. Schließlich werden die **Seiten eingeteilt**, konkrete **Aufgaben verteilt** und ein **Zeitplan** festgelegt. Jedes Kind soll nach Möglichkeit das tun, was es gut kann: Schreiben, malen, Überschriften, Inhaltsverzeichnis und kleine Arbeitsanweisungen auf dem Computer schreiben, fotografieren, interviewen, dichten, plakativen Titel entwerfen usw.

Um den Herstellungsprozess und den aktuellen Stand zu visualisieren, werden alle 20 geplanten Seiten in Form von **nummerierten Zeichenblockblättern** an der Längsseite des Klassenzimmers angebracht. Darauf stehen jeweils Gedicht/e und Vorhaben. Darüber werden mit Tesafilm kleine Kärtchen mit den Namen der verantwortlichen Kinder geklebt.

Arbeit in Kleingruppen
Während der nächsten Wochen sind jeden Vormittag feste Redaktionszeiten eingeplant, in denen die Kinder selbstständig arbeiten, mich aber jederzeit um Hilfe bitten können. Viele Gruppen treffen sich auch an einigen Nachmittagen. Manche Eltern teilen den Enthusiasmus ihrer Kinder und helfen mit. So entwickelt zum Beispiel ein Vater die Fotos zu Hause mit einem speziellen Verfahren, damit die Kontraste beim späteren Druck gut sichtbar sind.
Dennoch gibt es eine Reihe von Schülern, die ständig angemahnt werden müssen und eine Weile brauchen, bis sie die Notwendigkeit kooperativen Handelns einsehen und verstehen, dass die Zeitung ohne ihren Beitrag nicht fertig gestellt werden wird.

Lay-out
Analog zu den Einzelseiten an der Wand liegen nun DIN-A4-Blätter (Originalformat) durchnummeriert auf dem Boden.

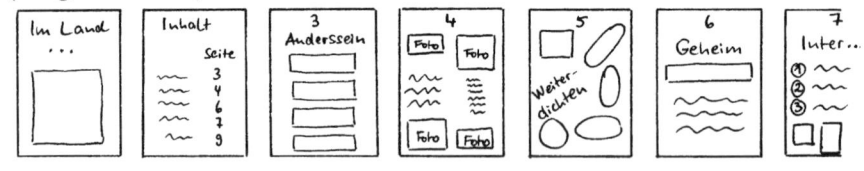

Zugleich erleichtern gefaltete und ineinander geschobene DIN-A4-Seiten die Vorstellung vom Endprodukt:

Die Kinder lernen handelnd, dass die Seiten klar gegliedert und ästhetisch aufbereitet sein müssen um den Leser anzusprechen. Zunächst ordnen sie Text und Bilder auf „ihrer" Seite, dann werden die Entwürfe im Plenum diskutiert und gegebenenfalls verändert. Manches ist zu groß geraten und muss am Kopiergerät verkleinert werden.
Endlich ist es geschafft! Ein Gemeinschaftswerk ist fertig, das angefangen bei ersten vagen Ideen bis zum Aufkleben der letzten Bilder von den Kindern weitgehend selbstständig und planvoll hergestellt wurde. Die

Gedichtezeitung umfasst 20 Seiten. Neben Deckblatt, Inhaltsverzeichnis und Lösungen auf dem Umschlagrücken sind enthalten:

- Das mottogebende Gedicht „Anderssein" in Schönschrift;
- Zwei Texte der experimentellen Lyrik, die einige Kinder mit Körperhaltungen interpretieren (Fotos) und Weiterdichtungen;
- Ein Gedicht in Geheimschrift, wobei Buchstaben durch Symbole ersetzt sind;
- Gedichteinterview mit Fragen zu 5 Texten. Ferner sind auf einer Doppelseite die befragten Personen mit Foto abgebildet und ihre Meinungen in Sprechblasen abgedruckt;
- Vertauschte Strophen, die mithilfe von Bildern geordnet werden;
- Gedanken und Fragen zum Anderssein;
- Ein Figurengedicht zum Rekonstruieren für Gedichteprofis;
- Friede wünschen sich alle Kinder (siehe Abb. 59);
- Das denken wir zum Thema Freundschaft (siehe Abb. 60);
- Gedichtpuzzle.

Nach all der Mühe haben wir zum Schluss großes Glück: Die fertige Zeitung wird von der städtischen Druckerei in gewünschter Anzahl vervielfältigt und geheftet. Am Tag vor dem Schulfest liegen alle Exemplare zur Abholung bereit. Die Zeitungsmacher können es kaum erwarten!

Abb.59: Gedichtezeitung: Friede wünschen sich alle Kinder

298

Friede

„Bloß kein Zank
und keinen Streit!"
Das heißt auf Englisch
ganz einfach
PEACE
und auf Französisch
PAIX

und auf Russisch
MIR
und auf hebräisch
SHALOM
und auf Deutsch
FRIEDE

oder:
„Du, komm,
lass uns zusammen spielen,
zusammen sprechen,
zusammen singen,
zusammen essen,
zusammen trinken,
und zusammen
leben,
damit wir
leben.
© Josef Reding,
Dortmund

Diese Kinder rufen dir **FRIEDE** in ihrer Sprache zu!
Findest du heraus, aus welchem Land sie kommen?
(Die Auflösung steht auf der letzten Seite.)

*Holland – China – Indien – USA – Sri Lanka – Türkei – Rumänien –
Iran – Polen – Frankreich – Tschechien – Ungarn – Spanien – Italien*

Wann Freunde wichtig sind

Freunde sind wichtig
zum Sandburgenbauen,
Freunde sind wichtig,
wenn andre dich hauen,
Freunde sind wichtig
zum Schneckenhaussuchen,
Freunde sind wichtig
zum Essen von Kuchen.

Vormittags, abends,
im Freien, im Zimmer ...
Wann Freunde wichtig sind?
Eigentlich immer!

© Georg Bydlinski

Das denken wir zum Thema *Freundschaft*:

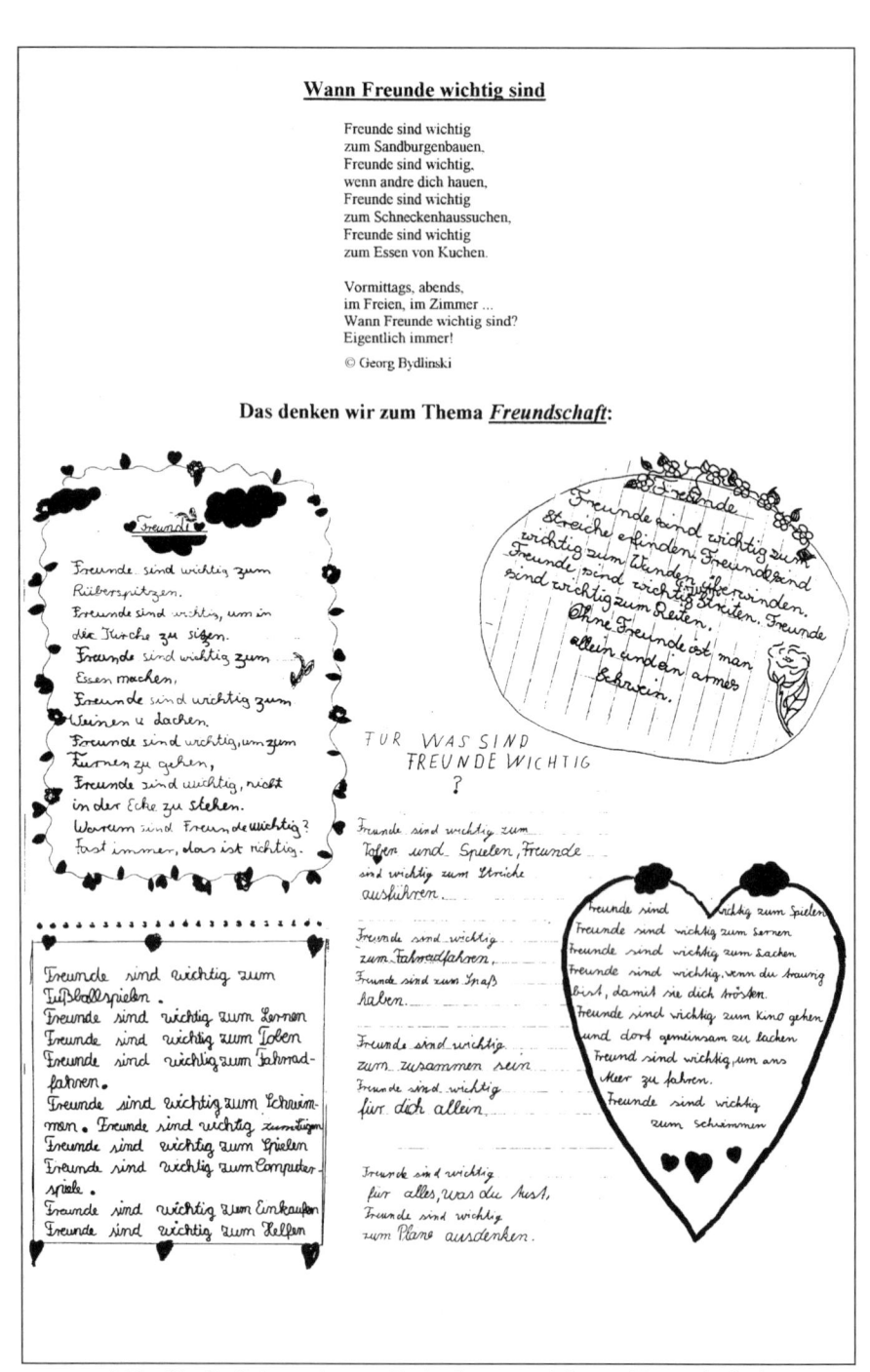

Abb. 60: Gedichtezeitung: Gedanken zum Thema Freundschaft

Was meinst du dazu? Du kannst uns schreiben. (Zimmer 17)

Quellenangaben zu den beiden Gedichten der Abbildungen 59 und 60:
Josef Reding: Friede. Aus: Hildegard Wohlgemuth, Frieden ist mehr als ein Wort. Reinbek 1981. © by Josef Reding, Dortmund
Georg Bydlinski: Wann Freunde wichtig sind. Aus: Georg Bydlinski, Der Mond heißt heute Michel. Gedichte für Kinder. Herder Verlag, Wien 1981. © Georg Bydlinski

4. Gedichte aus alter Zeit: Buchherstellung fast wie im Mittelalter

In Nürnberg, wo ich zum Zeitpunkt des Projekts unterrichtete, gibt es eine für Schüler wie Lehrer gleichermaßen fantastische Einrichtung namens *Museum im Koffer*. Ein mobiles Museum bietet zu unterschiedlichen Schwerpunkten umfangreiches, didaktisch selektiertes Material an. Im aktiven Umgang mit originalen Gegenständen können die Kinder handelnd Geschichte erleben. Gleichzeitig umfasst das Angebot Sachbücher in großer Auswahl und eigens zusammengestellte Informationen in Wort und Bild. Das Museum zum Anfassen kommt nach vorheriger Terminabsprache für eine Woche ins Klassenzimmer.

Für meine dritte Klasse wähle ich ein Projekt, das sich im weitesten Sinn mit Schreiben im Mittelalter befasst. Es wird ein Schreibpult gebracht, das unübersehbar im Zimmer steht und alle Kinder zu Sitz- und Schreibproben einlädt. In Kisten verpackt stecken „echte Schätze": Rezepte für Bindemittel und Rußtinte, Gläschen und Töpfchen mit allerlei unbekannten Pulvern wie in einer Giftküche, Initialgemälde in vielfacher Ausfertigung, Muscheln und Spatel zum Farbenrühren, Tonschälchen, Federkiele und Hörner zum Eintauchen usw.

Schriftliche Informationen entnehmen die Kinder Stellwänden, die in angemessener Sprache Wesentliches zum Thema vermitteln:

Buchherstellung im Mittelalter
Bücher wurden im frühen Mittelalter, etwa seit dem 8. Jahrhundert, hauptsächlich von Mönchen in Klöstern hergestellt. Dort hat man die Bücher auch in Bibliotheken aufbewahrt. Ab dem 13. Jahrhundert begannen in den Städten auch Handwerker mit der Buchherstellung: Pergamentmacher, Schreiber, Buchmaler und Buchbinder.
Schreiben
auf Tierhäuten und auf Wachstafeln
Im Mittelalter wurde meistens auf Pergament geschrieben. Es wird aus der Haut von Schafen, Ziegen oder Kälbern hergestellt. Die Mönche kauften sich das fertige Pergament beim Pergamentmacher. Große Klöster stellten es auch selbst her. Die Schreibermönche schnitten die Buchseiten aus dem Pergament heraus. Die Zeilenabstände wurden mit einem Zirkel vorgestochen. Dann zog man die Linien mit Griffeln aus Blei, Zinn oder Silber.

Geschrieben wurde mit Gänsefedern. Sie mussten immer wieder mit dem Federmesser zugespitzt werden.
Die Tinten wurden selbst zubereitet: aus Dornen, Galläpfeln, Ruß und sogar Silber oder Gold. Rote Tinte war beliebt für die Anfangsbuchstaben und für die Überschriften. Notizen ritzte man in hölzerne Wachstafeln.
Der Illuminator (Buchmaler) schmückte die handgeschriebenen Texte mit Ranken oder kunstvollen Anfangsbuchstaben aus.
Die fertigen Buchseiten wurden in der Mitte gefaltet und vier Blätter zu einer Lage aufeinander gelegt. Die Lagen nähte man zu einem dicken Buchblock zusammmen. Für die beiden Buchdeckel wurden 2 Holzbretter zurechtgehauen.
Das Buch wurde mit Pergament oder Leder bezogen. Zum Schluss presste man es in einer Buchpresse.
Besondere Bücher für hohe Persönlichkeiten wurden mit Goldblech, Edelsteinen, Perlen, Email und Elfenbeinschnitzereien kunstvoll verziert.
Illuminieren = Bebildern und Ausmalen von Handschriften mit Farben aus Erden, Mineralien, Pflanzen, Tieren und Gold.
(Mit freundlicher Genehmigung des Museum im Koffer e.V., Hessestr. 4, 90443 Nürnberg)

Schreiben und Gestalten der Buchseiten
Zur Vorbereitung unseres Vorhabens *Wir machen ein Buch mit Gedichten aus alter Zeit* bekommen die Kinder Texte zur Auswahl, die zwar fast alle nicht aus dem Mittelalter, aber zumindest in der überwiegenden Mehrzahl aus dem 18. oder 19. Jahrhundert stammen. Vertreten sind Autoren wie Hermann Hesse, Friedrich Hebbel, Rainer Maria Rilke, Günter Eich, Johann Gottfried Herder, Heinrich Heine, Christoph Hölty, Theodor Storm, Joseph von Eichendorff, Eduard Mörike, Der von Kürenberg, Georg von der Vring und andere. Jeder entscheidet sich für ein Gedicht, das er später abschreiben wird. Um Wiederholungen im Buch zu vermeiden sollten alle Schüler unterschiedliche Texte aussuchen. Das bedeutet beim einen oder anderen harte Überzeugungsarbeit.
Während eines Aktions-Vormittages soll jedes Kind ein in der Mitte gefaltetes Zeichenpapier im DIN-A3-Format wie im Text angegeben einteilen, die Zeilenabstände mit Zirkel vorstechen und die Zeilen mit Bleistift und Lineal ziehen. Oben links ist auf jeder Seite Platz zum Ausschmücken des Anfangsbuchstabens vorgesehen:

Um sich für ihre eigene Arbeit Anregungen zu holen betrachten die Kinder Initialgemälde. Dazu sind im Museumsmaterial kopierte Beispiele fast aller Buchstaben vorhanden. Man kann sich die Kopien aus entsprechenden Sachbüchern auch selbst machen oder einige Kunstpostkarten mit ausgeschmückten Anfangsbuchstaben käuflich erwerben. Letzteres hat den Vorteil, der Klasse farbige Muster zeigen zu können.

Schnell verwandelt sich das Klassenzimmer in eine klösterliche Schreibstube, freilich ohne Silentium. Jeder Schreiber zeichnet zunächst im dafür vorgesehenen Feld den ersten Buchstaben seines Textes mit Bleistift vor und überlegt sich Ausschmückungen. Mit Gänsefedern und Tinte aus den Museumsbeständen werden anschließend die Gedichte abgeschrieben, wahlweise in Druck- oder Schreibschrift. Mit Ausnahme einiger Kleckse klappt es bei den meisten erstaunlich gut. Drei Schüler haben dabei aber so große Schwierigkeiten, dass sie lieber ihren Füller zur Hand nehmen.

Mönche verzierten mit feinen Pinseln aus Tierhaar ihre Texte. Die Kinder verwenden für ihre Initialgemälde dünne Pinsel und mit natürlichen Materialien hergestellte Farben aus der „Hexenküche" des Museums, die in Muscheln auf den Tischen verteilt werden.

Obwohl die Arbeiten einige Unterrichtsstunden in Anspruch nehmen, sind alle lang anhaltend motiviert. Unvoreingenommen begegnen die Schüler den für sie sicher antiquiert anmutenden Gedichten. Bei der Gestaltung der Initialen beweisen sie beachtliche Kreativität und Sinn für Ästhetik und Proportionen, was die Ergebnisse vielfach demonstrieren.

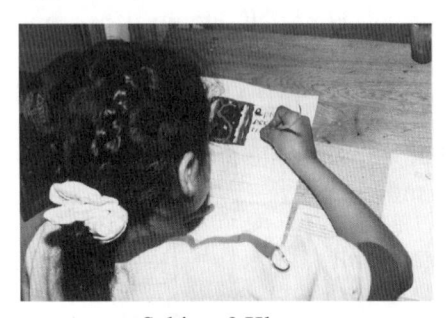

Sabine, 3.Klasse   Lena und Stephanie, 3.Klasse

Abb. 61: „Schreibermönche" – vertieft in ihre Arbeit

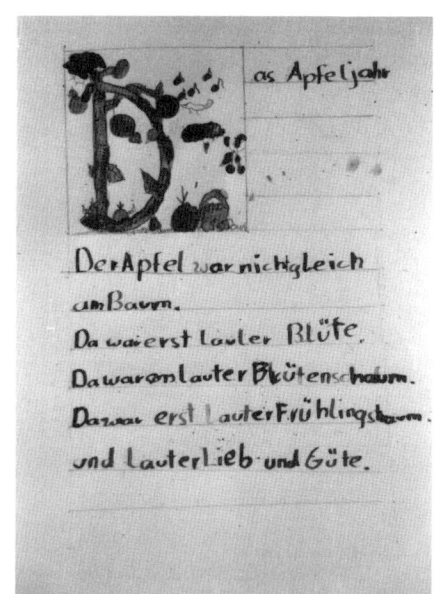

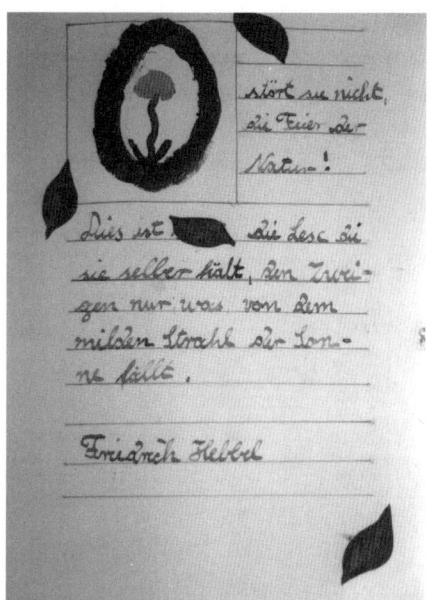

Abb. 62: Fertige Buchseiten

Quellenangaben zu den Texten der Abbildung 62:
Hermann Claudius: Das Apfeljahr. Aus: Bruder Singer. Bärenreiter Verlag, Kassel 1958. © Gisela Claudius, Grönwohld
Friedrich Hebbel: Herbstbild. Aus: Friedrich Hebbel, Werke in fünf Bänden. Band 3. a.a.O.

Gestalten des Bucheinbandes
Um den Zeitaufwand realistisch zu begrenzen muss der Lehrer einige Aufgaben übernehmen:

- Er besorgt Fimo, kleine, bunte Plastikperlen und Glitzersteine (Bastelladen);
  pergamentähnliche Papierbögen und Geschenkband (Bürobedarf) sowie dünne Holzbretter im DIN-A4-Format (Baumarkt).
- Ferner werden die fertigen Buchseiten in Lagen aufeinander gelegt und mit schmalen Papierstreifen zusammengeklebt.

Im Sitzkreis betrachten die Kinder den Rohling und überlegen handelnd, wie aus Holzbrettern und Papierbögen ein richtiger Bucheinband werden kann. Schließlich werden je zwei Bretter bei etwas Zwischenraum für die Seiten mit Papier überzogen (siehe Abb.63: ① und ②). Auf die Deckelinnenflächen wird einmal gefaltetes Pergamentpapier geklebt um unschöne Übergänge zu verbergen (③). Wichtiger noch ist die dabei entstehende Halterung für die Buchseiten, die später an die beiden losen Blätter genäht werden ((5)). Zum Verschließen des Buches können Geschenkbänder ((4)) zwischen die Lagen gelegt werden.

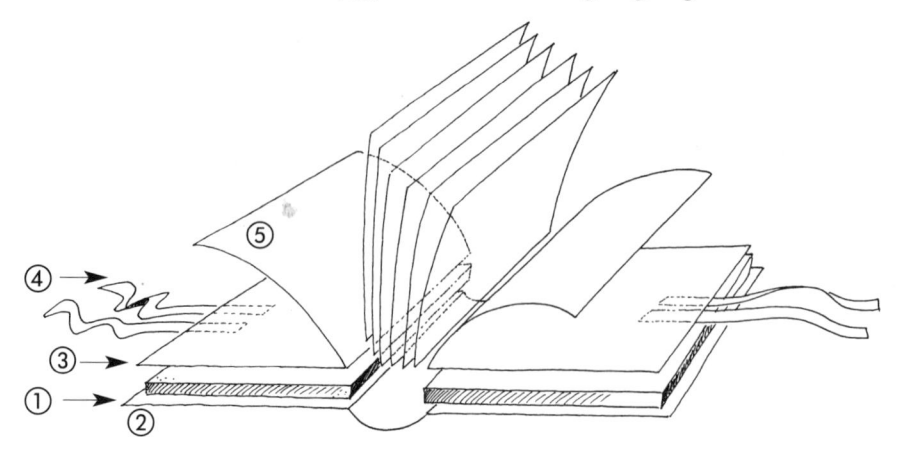

Abb. 63: Bastelanleitung Bucheinband

Fünf Bucheinbände entstehen auf diese Weise. Nun sollen sie kunstvoll verziert werden.
Die Kinder betrachten Abbildungen und sind beeindruckt von der Geschicklichkeit der Mönche. In fünf Gruppen stellen sie mit dem erwähnten Bastelmaterial prächtige Buchdeckel her, erfinden Muster und Motive und verzieren mit Perlen und funkelnden Steinchen, die sie in die noch weiche Masse drücken. Einer der Einbände darf die Gedichte aus alter Zeit umhüllen. Das fertige Buch wird von den Schülern wie ein Schatz gehütet. Die übrigen Umschläge werden für andere Buchprojekte aufbewahrt.

Abb. 64: Ausgeschmückter Buchdeckel

5. Lese-Fitness-Training mit Gedichten

Leseanreiz und Lesekompetenz bedingen sich wechselseitig. Wer sich Texte aufgrund unzureichender Lesetechnik nicht selbstständig erschließen kann, wird auch keinen Lesespaß erfahren. Zu viele Kinder meiden im Laufe ihrer Schulkarriere zunehmend den Umgang mit Druckmedien, von Poesie ganz zu schweigen. Sie können keine Erfolgserlebnisse im Umgang mit Kinderliteratur genießen, weil die Voraussetzung dazu, eine gut ausgebildete Lesefertigkeit, fehlt.

Lesekriterien wie Lesesicherheit, Lesetempo, Klanggestaltung und Sinnerschließung bilden Vorbedingungen für den Umgang mit Literatur. Nur so gelingt es, auch unbekannte Texte flüssig zu lesen, den Sinngehalt schnell und sicher zu erfassen und Einsichten zu gewinnen. Jede Arbeit mit Lyrik in der Schule ist zum Scheitern verurteilt, wenn individuelle Lesefähigkeiten nicht konsequent entwickelt werden.

Deswegen ist ein Lese-Fitness-Training neben den alltäglichen Übungsphasen zweimal im Jahr fester Bestandteil meines Unterrichts. Differenzierte und abwechslungsreiche Leseübungen, hier mit dem Schwerpunkt Lyrik, werden den Kindern in attraktiver Verpackung angeboten. Die Auswahl trifft der Lehrer, der neben sachlichen Kriterien auch die Durchführbarkeit in der Praxis und ökonomische Kontrollmöglichkeiten berücksichtigen muss. Man kann selbst gemachte Übungen verwenden, aber auch Ausschnitte aus Arbeitsheften rund um das Thema Lesen einsetzen, die in allen Schulbuchverlagen zum Programm gehören. Darin finden sich z.B. folgende Arbeitsaufträge:

- Ein Versprechgedicht ohne Stolpern vorlesen;
- In einem Text Fehler suchen und verbessern;
- Die Strophen eines Figurengedichts finden und aufschreiben;
- Die beiden Texte eines Schüttelgedichts herausfinden und die zusammengehörenden Zeilen aufschreiben;
- Fragen zum Inhalt des Gedichts beantworten.

Zehn unterschiedliche Arbeitsblätter im Klassensatz werden in Schachteln oder Klarsichthüllen eingepackt, mit gut sichtbaren Nummern versehen und an verschiedenen Stellen im Klassenzimmer platziert.

Während einer „Trainingsdauer" von ca. 4 Wochen haben die Schüler Zeit die zehn Stationen in der vorgegebenen Reihenfolge zu durchlaufen. Bearbeitete Blätter werden beim Lehrer zur Kontrolle abgegeben. Aufgaben, die nach dem Üben ein Vorlesen erfordern, werden in informellen Situationen oder vor dem Unterricht betreut.

Die Kinder wissen: *Wenn ich alle Stationen bewältigt habe, bin ich Gedichteprofi und erhalte den „Goldenen Gummibär!"* (siehe Abb.65) Das ist eine auf festen Karton kopierte Medaille, die alle Teilnehmer bekommen und mit dem Namen des jeweiligen stolzen Besitzers beschriftet wird. Das Ziel ist klar umrissen und überschaubar. Jeder übt in individuellem Tempo und erfährt: *Ich kann etwas, nämlich lesen!*

Abb. 65: Goldener Gummibär

6. Mitgestaltung des Schullebens

Vielfach sind Möglichkeiten angeklungen mit Lyrik am schulischen Leben mitzuwirken. Das waren jedoch vorrangig Projekte, die andere Klassen integrierten und zum Mitmachen aufforderten wie etwa ein Autoren-Steckbrief oder die Produktion einer Zeitung für die ganze Schule. Doch bleiben solche Vorhaben aufgrund der erhöhten Anforderungen und des oft immensen Zeitaufwandes Ausnahmen im Schuljahr. Hier sollen abschließend in lockerer Aufzählung Vorschläge gemacht werden, wie Begegnungen mit Gedichten das soziale Zusammenleben innerhalb einer Klasse bereichern können. Dies ist auch deshalb so wichtig, damit die Mühen und Arbeiten der Kinder angemessen honoriert werden und nicht in einem Regal im Klassenzimmer verstauben.

- *Vernissage mit Gedichten*

Selbst verfasste oder abgeschriebene Texte werden ästhetisch präsentiert;
z.B. *Frühlingsgedichte* auf Blütenformen kleben, die in Pastelltönen aus Tonpapier geschnitten und auf Packpapier angeordnet werden – oder – *Nachtgedichte* auf gelben Tonpapiersternen und -mond fixieren und vor einem schwarzen Hintergrund „leuchten" lassen.

- *„Literarische Stunde" für die Eltern*

Gedichte innerhalb eines bestimmten Rahmens oder eine kunterbunte Sammlung werden den Eltern auf kurzweilige und vergnügliche Weise dargeboten;
Ideen dazu liefert der Fundus der Gedichtewerkstatt wie Vortragen mit verteilten Rollen, Erzählkino, Theater mit Stabpuppen, Schattentheater, akustische Umsetzung und musikalische Ausgestaltung usw.

- *Themenbezogene Feiern mit und ohne Gäste*

z. B. *Adventsfest,* wo mit gemeinsamen Aktivitäten zu vorab ausgesuchten lyrischen Texten die Vorfreude auf das Weihnachtsfest und die Ferien geteilt wird - oder - *Regenfeier,* während der uns mit Gedichten über das Wetter für ein bis zwei Stunden der Dauerregen vor der Tür gleichgültig ist.

- *Illustrierte Sammelbände zum Selberbehalten oder Verschenken*

z. B. Mein Winterbuch, Gedichte aus alter Zeit (Sammelband für die Leseecke), Gedanken und Gedichte über den Frieden, Mein Sommer-Sonnenbuch usw.

- *Klassengedichteband*

Eine Anthologie ohne Beschränkungen, die im Laufe eines Schuljahres wächst und zu der jedes Kind reihum ein Gedicht in einer ihm genehmen Form beitragen soll. Da die Lesefähigkeiten und Interessen unterschiedlich entwickelt sind, entsteht auf diese Weise eine ausgesprochen bunte Mischung. Beim Schmökern kann sich jeder Schüler das für ihn attraktive Gedicht auswählen.

- *Mappe „Meine Gedichte"*

Im Gegenzug werden darin eigene Gedichte, persönliche Gedanken und Lieblingsgedichte aufgenommen und nach individuellem Geschmack

gestaltet. Inwieweit die Mappe anderen Kindern zugänglich gemacht wird, entscheidet jeder selbst.
- *Morgenfeier-Buch*
Es liegt auf einem festen Platz im Klassenzimmer und enthält Morgenlieder, Gebete, Minispiele im Sitzkreis, Vorschläge zu kleinen Meditationen, Geschichten und vor allem viele Gedichte. Jeder darf weitere Vorschläge hinzufügen und den Inhalt bereichern. Mithilfe des Buches legt täglich ein anderes Kind den Schwerpunkt der Morgenfeier fest.
- *Geburtstagsbaum*
Neben dem Geburtstagskalender hängt ein großer, gemalter Laubbaum. Auf seinen Ästen kleben kleine Briefumschläge (mindestens 30), die jeweils ein Gedicht enthalten. Jedes Geburtstagskind darf einen beliebigen Umschlag öffnen und sich wünschen, was mit dem gezogenen Text unternommen werden soll. Das muss nicht immer eine Aktivität der Schüler zur Folge haben, sondern kann auch eine Bitte an den Lehrer sein, Informationen über das Leben des Dichters zu besorgen und andere Gedichte aus seinem Werk vorzulesen.
Produktiver Umgang mit Lyrik bedeutet nicht, dass man nicht einfach nur Lesen, Zuhören, Nachdenken und Staunen darf. Alles zu seiner Zeit.

Auch die letzten Impulse machen noch einmal deutlich, welche Aspekte ich im Zusammenhang mit Lyrik in der Primarstufe und einer fundierten und planvollen Leseförderung für unverzichtbar halte:

Erziehung zum Lesen heißt Erziehung zur Selbstständigkeit.
Dazu gehören kontinuierlich Übungen zur Lesefertigkeit, die gezielte Vermittlung individueller Erfolgserlebnisse mithilfe angemessener Lesestoffe und methodischer Maßnahmen, ein ermutigendes Lehrer-Verhalten, das das Vertrauen in die eigene Lesekompetenz konsequent stärkt und Informationen über das literarische Leben, die Gedichte (Bücher) als etwas Gemachtes darstellen, denen man sich ohne Hemmungen nähern kann.

Erziehung zum Lesen erfordert ein überlegtes Textangebot.
Lesebedürfnisse werden dann weiterentwickelt, wenn Kinder ihre Neugierde in den Inhalten befriedigt sehen und eine persönliche Beteiligung möglich ist. Lyrik kann im Gegensatz zur Prosa kaum Identifikationsfiguren anbieten. Daher müssen Schüler ihre Interessen, Fragen, Probleme und Freuden in den Gedichten wiederfinden und erleben, dass ihre Erfahrungen im Zuge der inhaltlichen Auseinandersetzung gebraucht werden.

Wer Kinder als Persönlichkeiten ernst nimmt, darf sein Textangebot nicht auf simple Aussagen und naive Verschen beschränken. Langfristig erfolgversprechend sind anspruchsvollere Themen, die Berücksichtigung unterschiedlicher sprachlicher Kompetenzen und die Beachtung literarischer Vielfalt.

Erziehung zum Lesen fördert eine aktive Lesehaltung.
Grundlage ist das experimentierfreudige, mit Sprache agierende Kind, das ein Recht auf Methoden hat, die ihm einen altersgemäßen, operativen Zugang erleichtern. Die Begegnung mit Gedichten kann für Grundschüler nicht im Gespräch über deren lyrische Aussage und Form stattfinden. Gleichzeitig darf sich Rezeption nicht ausschließlich auf die Suche nach Handlungsanweisungen beschränken. Im Idealfall erhalten Schüler Gelegenheit sich dem Text emotional, kognitiv und selbsttätig zu nähern und das Gelesene produktiv zu bewältigen.

Erziehung zum Lesen braucht offene Lernphasen.
Zeiträume, in denen der Lehrer in den Hintergrund treten kann, begünstigen individuelle Zugriffsweisen und kreative Prozesse, verlangen Initiative und fördern die Entwicklung einer selbstverantwortlichen Lernhaltung. Mit entsprechendem Material, wie der vorgestellten Gedichtekartei, selbst gemachten Sammelbänden, gekauften Anthologien und den Handwerker-Utensilien, können Kinder eigenen Leseinteressen folgen, Lesestoffe entsprechend ihrer Fähigkeiten und Vorlieben auswählen und sprachliche Kreativität ausbilden.

Erziehung zum Lesen hat eine soziale Komponente.
Kinder brauchen mehr als einsame Lesemomente. Kommunikation mit anderen in einer Atmosphäre emotionaler Geborgenheit und ein konstruktiver Meinungsaustausch über den Lesestoff verhindern Langeweile und Leseunlust. Aus der Lektüre erwachsen vielfach handlungsorientierte Schülerinteressen, die eine kooperative Zusammenarbeit nach sich ziehen. Gedichte mit Kindern zu erforschen ist ein faszinierendes Abenteuer. Wer einmal die Freude in ihren Augen gesehen und deren unbekümmerte Energie erlebt hat, wenn das Gelesene nicht unverarbeitet im Raum stehen bleibt, sondern sie Anregungen erhalten, damit gemeinsam gestaltend umzugehen, wird mich verstehen können.

Die Autorin

Petra Selnar ist Grundschullehrerin und seit 1990 in der Lehrerausbildung mit dem Schwerpunkt Deutsch tätig. Sie ist Mitautorin des Handbuchs „Aufsätze planen, schreiben, beurteilen" (Regensburg 1995).